花样跳绳中级教程

主　编　王奉涛　匡梨飞
副主编　李华菊　张　娅　余国超　周彩云
　　　　　许　凡　张昌爱　成　曼　徐益雄
参　编　熊　俊　郑平北川　马　宁　杨森英
　　　　　梁　礼　胡晓康　胡　帆　张小旋
　　　　　赵克荣　补丕凯　郑荣超

北京理工大学出版社
BEIJING INSTITUTE OF TECHNOLOGY PRESS

内 容 简 介

本教材是贵州师范学院省级教学名师王奉涛组织贵州省内的6所高校和省外的湖南师范大学、天津体育学院、南昌师范学院等高校从事花样跳绳教学的一线教师，特意为贵州花样跳绳省级金课编写的配套教材。教材主要介绍了花样跳绳的相关知识，共分十章，具体内容包括花样跳绳运动概述、花样跳绳专业术语、花样跳绳理论基础、花样跳绳套路创编、花样跳绳的教学、花样跳绳的训练、国内花样跳绳赛事及其组织、国内花样跳绳竞赛规则解析、花样跳绳运动的价值及功能、花样跳绳基本技术教学。本教材内容充实，结构完整，布局合理，内容新颖，既可作为各类学校学习花样跳绳的教材，也可供花样跳绳爱好者参考。

版权专有　侵权必究

图书在版编目（CIP）数据

花样跳绳中级教程 / 王奉涛，匡梨飞主编. --北京：北京理工大学出版社，2024.8.
ISBN 978-7-5763-3837-9
Ⅰ.G898.1
中国国家版本馆 CIP 数据核字第 2024S1F075 号

责任编辑：徐艳君	**文案编辑**：徐艳君
责任校对：刘亚男	**责任印制**：李志强

出版发行 / 北京理工大学出版社有限责任公司
社　　址 / 北京市丰台区四合庄路6号
邮　　编 / 100070
电　　话 / （010）68914026（教材售后服务热线）
　　　　　　（010）68944437（课件资源服务热线）
网　　址 / http://www.bitpress.com.cn

版 印 次 / 2024年8月第1版第1次印刷
印　　刷 / 唐山富达印务有限公司
开　　本 / 787 mm×1092 mm　1/16
印　　张 / 15.5
字　　数 / 361千字
定　　价 / 43.00元

图书出现印装质量问题，请拨打售后服务热线，负责调换

前言

党的二十大报告指出，人民健康是民族昌盛和国家强盛的重要标志。跳绳作为我国优秀的民间传统体育项目，是一项简单而又充满乐趣的运动，不仅适合各个年龄段的人群，而且对身体的锻炼效果十分显著。

花样跳绳是传统跳绳运动的发展和延伸，它不仅是一项体育运动，更是一种生活方式。通过跳绳，我们可以锻炼身体的协调性、灵活性和耐力，也可以增强心肺功能，促进血液循环，提升整体健康水平。无论是在学校操场上、公园、广场，还是在家中的院子里，跳绳都是一种简便有效的运动方式。

本教材内容涵盖了从基础跳绳动作到高级技巧的讲解，适合初学者和进阶者学习。我们希望通过本教材，激发大家对跳绳的兴趣，帮助大家掌握跳绳的技巧，享受运动的快乐，并找到健康的生活方式。

本教材由 15 名教师和 6 名教练员共同编写。具体分工为：王奉涛（贵州师范学院）、匡梨飞（湖南师范大学）担任主编，李华菊（贵州师范学院）、张娅（遵义医科大学医学与科技学院）、余国超（贵州师范大学）、周彩云（华中师范大学附属贵阳学校）、许凡（贵州省跳绳协会）、张昌爱（六盘水师范学院）、成曼（天津体育学院）、徐益雄（南昌师范学院）担任副主编，参加编写的人员有熊俊（武汉体育学院体育科技学院）、郑平北川（成都体育学院）、马宁（铜仁学院）、杨森英（凯里学院）、梁礼（广西师范大学）、胡晓康（贵州省跳绳协会）、胡帆（贵州省跳绳协会）、张小旋（贵州省跳绳协会）、赵克荣（贵州省跳绳协会）、补丕凯（贵州省跳绳协会）、郑荣超（贵州省跳绳协会）等。

本教材的插图和视频，由贵州省跳绳协会、贵州师范学院联合拍摄，参与拍摄人员有赵秉涛、吴元梦、周杰、张航、吴雪松、王兰、吴枝婷、袁宇、张继林、王永恒、杨红飘、李俊杰、杜仕莎、李银河、韩青青、王聪、李松平、鲜文普、李青青、王仕红、金光珍、张忠英、杨伟等。

最后，衷心感谢所有为本教材出版提供支持和帮助的人士，也希望读者们在学习跳绳的过程中能够收获快乐和成长。

编 者

2023 年 6 月

第一章　花样跳绳运动概述	(1)
第一节　花样跳绳的概念	(1)
第二节　花样跳绳的内容与分类	(2)
第三节　花样跳绳的特点	(6)
第四节　跳绳运动的发展	(7)
第二章　花样跳绳专业术语	(10)
第一节　花样跳绳术语的概念与分类	(10)
第二节　跳绳动作的基本术语	(16)
第三节　花样跳绳动作术语的记写方法	(17)
第三章　花样跳绳理论基础	(19)
第一节　花样跳绳的生理学基础	(19)
第二节　花样跳绳的运动力学基础	(20)
第三节　花样跳绳的运动生理学基础	(22)
第四章　花样跳绳套路创编	(26)
第一节　花样跳绳套路创编概述	(26)
第二节　花样跳绳套路创编流程	(34)
第五章　花样跳绳的教学	(39)
第一节　花样跳绳教学原则	(39)
第二节　花样跳绳的教学方法	(40)
第六章　花样跳绳的训练	(46)
第一节　花样跳绳训练的特点与基本原则	(46)
第二节　花样跳绳训练内容	(48)
第七章　国内花样跳绳赛事及其组织	(54)
第一节　国内花样跳绳赛事现状分析	(54)
第二节　花样跳绳比赛的组织与规程制定	(56)

第三节　花样跳绳竞赛规程范例 ……………………………………………（57）

第八章　国内花样跳绳竞赛规则解析 ……………………………………（63）
　　第一节　速度类竞赛规则解析 ………………………………………………（63）
　　第二节　花样类竞赛规则解析 ………………………………………………（70）
　　第三节　传统项目竞赛规则解析 ……………………………………………（87）
　　第四节　集体自编赛竞赛规则解析 …………………………………………（88）

第九章　花样跳绳运动的价值及功能 ……………………………………（97）
　　第一节　花样跳绳运动的价值 ………………………………………………（97）
　　第二节　花样跳绳运动的功能 ………………………………………………（100）

第十章　花样跳绳基本技术教学 …………………………………………（102）
　　第一节　单绳个人花样——单摇 ……………………………………………（102）
　　第二节　个人花样——多摇 …………………………………………………（119）
　　第三节　双人单绳和车轮跳 …………………………………………………（188）
　　第四节　交互绳 ………………………………………………………………（208）
　　第五节　长绳 …………………………………………………………………（233）

参考文献 ………………………………………………………………………（239）

第一章 花样跳绳运动概述

党的二十大报告指出，要广泛开展全民健身活动，加强青少年体育工作，促进群众体育和竞技体育全面发展，加快建设体育强国。跳绳作为我国传统的大众体育项目，具有广泛的群众基础，应积极推广与普及跳绳运动，为提高群众健康水平、建设体育强国助力。

第一节 花样跳绳的概念

花样跳绳是在传统跳绳方式的基础上融入体操、音乐、舞蹈、个性表演等众多元素，通过参与者各种技巧和动作，如交叉、旋转、跳跃等，以及各种节奏、速度和编排，展示出跳绳的多样性和创意性，具有观赏性、娱乐性等特点的运动项目。

花样跳绳是一项具有创意和艺术性的运动，它在传统跳绳的基础上融入了各种技巧和动作，以增加跳绳的趣味性和观赏性。

花样跳绳不仅是一种锻炼身体的方式，也是一种展示个人才华和创造力的艺术形式。参与者可以通过变换跳绳的速度、节奏、方向、手臂和腿部动作等，创造出各种花样。

花样跳绳通常包括单人跳绳、双人跳绳和团体跳绳等形式。单人跳绳可以通过各种手臂和腿部的协调动作，如交叉跳、前后跳、侧身跳等，展现个人的技巧和灵活性。双人跳绳则需要双方的默契配合，通过同时跳跃和变换动作，创造出独特的花样。团体跳绳则是多人协作，通过编排和协调，展示出整齐划一的动作和壮观的效果。

花样跳绳不仅能够锻炼身体的耐力、协调性和节奏感，还能培养团队精神和创新思维。它是一项适合各个年龄段人群的运动，无论是儿童、青少年还是成年人，都可以通过花样跳绳来享受运动的乐趣和健康的益处。

总的来说，花样跳绳是一种将跳绳与创意和艺术相结合的运动形式，能以丰富的花样和技巧展示个人和团队的风采，也是一种锻炼身体和培养团队精神的有趣方式。

第二节　花样跳绳的内容与分类

跳绳运动经历了漫长的演变，在其发展的不同时期融入了不同的文化元素，从而产生了不同的"跳法"。在融入更多的现代元素形成花样跳绳的同时，摒弃了以往单一乏味的形式，使跳绳运动变得有趣、生动、活泼。现今的花样跳绳融合了舞蹈、武术、健身操等时下流行的时尚元素，更具吸引力。国内有关专家这样评价花样跳绳："花样跳绳具有跑步的健身效果、舞蹈的优美姿态、音乐的节奏旋律，是一项非常适合大众健身和竞技的运动项目。"

一、花样跳绳的内容

花样跳绳在国际上称为"Rope Skipping"，国内也称为花式跳绳。跳绳由"跳"和"摇"两个元素组成，所有类别的跳绳动作必须至少包含"跳绳"和"摇绳"两个元素中的一个，在"跳"和"摇"的基础上分别衍生出很多花样。比如个人花样中"跳"的动作包括步法、转体等动作，"摇"的动作包括摇绳方向、手臂位置、摇绳圈数等，"跳"和"摇"综合变化可以衍生出更多的花样。花样跳绳的内容非常多，但以竞速或耐力为主要目的、简单地重复某单一的动作、缺少配合和变化的跳绳则不属于花样跳绳，如连续的单摇跳、双摇跳或三摇跳等。简而言之，个人或多人配合，通过不同形式的动作来展现的跳绳属于花样跳绳。花样跳绳主要包括大众健身类花样跳绳（如绳操、绳舞等）、专业竞技类花样跳绳（如计数赛、花样赛等）、趣味表演类花样跳绳（如趣味赛、表演赛等）。

（一）大众健身类花样跳绳

以增强体质、促进身体全面发展、培养个人基本活动能力及提高基本运动技能为目的的花样跳绳属于大众健身类花样跳绳的范畴。目前，国内大众健身类花样跳绳主要有基础的花样跳绳动作、组合或成套动作，如"绳王"胡安民创编的花样跳绳初级八套路、跳绳八节操、中老年人绳操等。

（二）专业竞技类花样跳绳

专业竞技类花样跳绳是指以竞赛争胜为目的的花样跳绳，是一种高水平的跳绳运动，需要运动员具备出色的技巧、力量、协调性和节奏感。运动员具备高水平的技巧和身体素质，并经过长期的训练和磨炼，才能达到竞技水平。在专业竞技类花样跳绳中，运动员们通过精湛的技巧和表演，展现出花样跳绳运动的魅力和艺术性。花样跳绳竞赛的形式主要有两种，分别是计数赛和花样赛。

1. 计数赛

计数赛是一种竞技形式，它根据参赛者在（或不在）规定时间内跳绳次数多少计算成绩。这种比赛通常用于测试参赛者的耐力、速度和跳绳技巧。花样跳绳计数赛比较典型的项目就是交互绳接力赛，根据参赛运动员性别可分为男子组、女子组、混合组，还可根据运动员人数分为2×60秒交互绳、4×45秒交互绳。

2. 花样赛

花样赛是指在规定时间内完成难度动作的数量和难度分值加上完成、创意、编排等分值为最后得分，以分数高低决定名次。花样赛分为个人花样赛和团体花样赛，其中个人项目只分男子组、女子组，团体项目包括男子组、女子组、混合组三类，均可分为双人同步花样赛、三人交互绳花样赛、四人同步花样赛、四人交互绳花样赛，如表1-2-1所示。

表1-2-1 花样赛比赛项目

项目名称	组别	个人项目	双人项目	三人项目	四人项目
花样赛	男子组	个人花样赛	双人同步花样赛	三人交互绳花样赛	四人同步花样赛 四人交互绳花样赛
	女子组	个人花样赛	双人同步花样赛	三人交互绳花样赛	四人同步花样赛 四人交互绳花样赛
	混合组	—	双人同步花样赛	三人交互绳花样赛	四人同步花样赛 四人交互绳花样赛

（三）趣味表演类花样跳绳

趣味表演类花样跳绳是一种注重创意和娱乐性的跳绳形式，旨在通过独特的表演和技巧给观众带来欢乐和惊喜。这种形式的跳绳不仅可以展示运动员的技巧和创造力，还能够激发观众的兴趣，增强观众的参与感。

趣味赛是指国内各地区以跳绳为载体展示地方特色及传统特点，从而形成的趣味比赛。例如，"抱娃娃"跳、"一带一"跳、双人单绳单摇跳、双人和谐跳、三人和谐跳、十人长绳同步跳、十人交互绳接力等。

表演赛是将各种不同的元素融入花样跳绳中，将花样跳绳运动转化为一个表演节目。它具有较高的艺术价值和观赏价值，是一种很好的传承文化的载体。表演赛通常为8~20人，时间为6~8分钟。在表演过程中，演员和观众的互动也是评判的标准之一。

二、花样跳绳的分类

花样跳绳根据参与人数、跳绳长短、跳绳数量、动作特点等不同有不同的分类方法。根据绳子的长短可分为短绳类、中长绳类、长绳类；根据参与跳绳的人数可分为个人跳绳、双人跳绳、三人跳绳、四人跳绳和多人跳绳（5人及以上）；根据跳绳时使用绳子的数量可分为单绳类、双绳类和多绳类；根据内容的性质可分为大众健身类、专业竞技类、趣味表演类；根据跳绳技术特点和动作结构可分为个人花样、车轮跳、朋友跳、交互绳、长绳花样等。

下面具体讲解个人花样、车轮跳、朋友跳、交互绳、长绳花样这五种跳绳。

（一）个人花样

个人花样是指一名跳绳者运用一根个人绳，按照跳绳运动的基本规律，合理运用身体姿势的变化或人绳之间的配合，做出各种各样的花样动作，全面展示个人跳绳的技巧性和艺术性。按照动作结构及动作特点，结合国际跳绳比赛个人花样（Single Rope Freestyle）

的评分标准，个人花样分为基本花样、交叉花样、多摇跳花样、力量型花样和抛接绳花样五个类别，如图1-2-1所示。

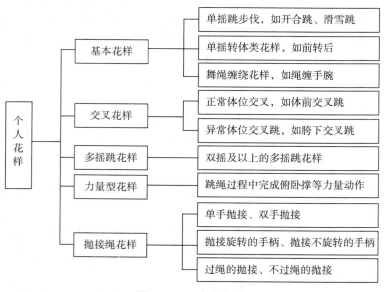

图1-2-1 个人花样

（二）车轮跳

车轮跳，即中国轮，英文名为Wheel、Chinese Wheel。它是一种由两人或两人以上相互配合轮流进行跳绳的新型跳绳方法，由于是轮流进行跳绳，从侧面看像车轮在转动，故得其名。根据参加人数的不同，车轮跳可分为两人车轮跳、三人车轮跳、四人或多人车轮跳等，如图1-2-2所示。

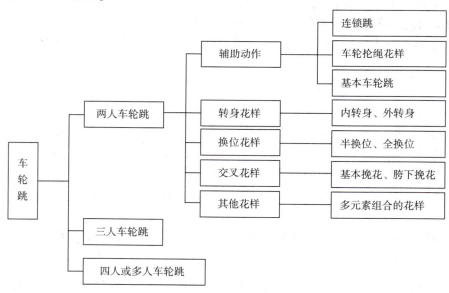

图1-2-2 车轮跳

（三）朋友跳

在跳绳运动中，两人以任何方式协同跳一根绳子，称为朋友跳，又叫作两人一绳花样跳。朋友跳动作多样，极具娱乐性和互动性，特别适合家人、同事、同学、朋友等跳绳爱好者，如图1-2-3所示。

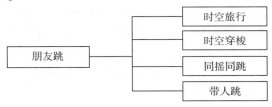

图 1-2-3　朋友跳

（四）交互绳

交互绳是指两名摇绳者分别握住两根绳子的末端，两根绳子向相同或相反方向依次打地，同时跳绳者在绳子中做出各种技巧，跳绳者和摇绳者可以相互转换。根据完成动作的结构特点及比赛规则，交互绳的内容主要包括基本动作、跳绳（者）花样、摇绳（者）花样，以及换接绳花样，如图1-2-4所示。

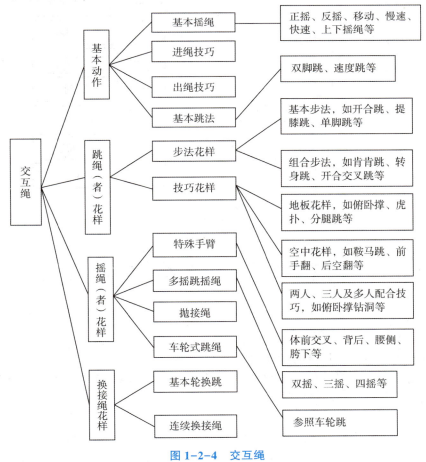

图 1-2-4　交互绳

（五）长绳花样

长绳是指使用超过 7 米的绳子，通过绳柄的摇动使绳子形成各种波浪或由多种不同规格的绳子组成的"绳网"，跳绳者完成各种步伐、技巧等动作。长绳是花样跳绳中所需绳具及人数最多的项目，一根或多根短绳与一根或多根长绳相组合，绳中有绳，变化万千，精彩纷呈。长绳跳属于集体项目，要求参加者动作协调统一，齐心协力，考验跳绳者之间的相互协作精神。跳长绳对于摇绳者的技术要求较高，如摇绳者技术水平高，跳绳者会比较轻松。因此，要求摇绳人注意力集中，注意摇绳的速度、节奏，主动配合跳绳者。长绳花样可以分为单长绳花样、长短绳花样、多长绳花样，如图 1-2-5 所示。

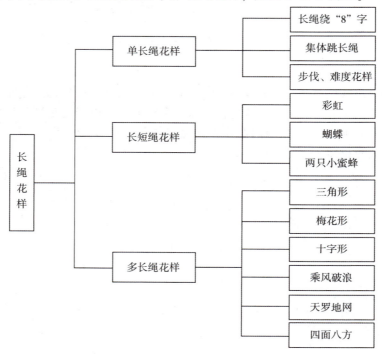

图 1-2-5　长绳花样

第三节　花样跳绳的特点

一、易普及性

花样跳绳是一项具有良好群众基础的项目，自身对场地、器材的要求不高，不受年龄、性别限制，内容可繁可简，参与人数可多可少，且有较强的健身性、娱乐性和观赏性，是一项非常容易普及的体育项目。

二、动作的多样性

个人花样、车轮跳、交互绳、长绳花样等有近百种跳法，每种跳法又可以衍生出更多的跳法。花样跳绳创意无穷，练习者可根据自身特点选择适合自己的动作，激发自己的创编灵感，创造出新的花样。

三、较高的安全性

花样跳绳运动量可大可小，锻炼强度也可自由掌握。花样跳绳中没有直接的身体对抗，器材简单安全，跳绳者可以根据自身能力完成不同难度的花样动作，即使动作失败也不容易受伤。强度小的跳绳还可以用来作为其他项目的热身活动。

四、娱乐观赏性

花样跳绳是一种融合了体育和艺术的形式，运动员可以通过独特的创意和艺术性的表演，展示跳绳的美感和魅力。观众可以欣赏到运动员的创意动作和艺术表现，给人以美的享受。同时，参与花样跳绳运动，感受运动带来的快乐和享受，也能够激发观众对跳绳运动的兴趣，提高观众的参与度。

第四节　跳绳运动的发展

花样跳绳是跳绳的一部分，并伴随跳绳运动的发展而发展。最早的跳绳并不是一项专门的体育活动，仅仅是生活中用来休闲、娱乐、锻炼身体的一种方式，或者是生活中的一项技能，通过长时间的发展，逐渐形成了具有健身性、表演性、娱乐性、竞争性的体育项目。

一、中国古代的跳绳运动

绳子作为工具，与人类活动密切相关，早在远古时代人们就已将绳子作为生活、生产工具来使用，如用绳子扎捆农作物、搬运物品、驱赶牲畜等。古代的中国人、希腊人、埃及人用麻制作绳索，并在制作绳索的过程中反复跨越绳索，这就是跳绳最初的形式。随着时代的发展，绳子与我们生活的联系越来越紧密。绳子逐渐由生产工具转换为"玩具"，不仅作为生产资料，也成为休闲娱乐的一个重要载体。

据史料记载，在南北朝时我国就出现了单人的绳索游戏。《北齐书·幼主纪》中便有"游童戏者好以两手持绳，拂地而却上跳"的记载。隋唐时期将跳绳称为"透索"。唐人段成式在著作《酉阳杂俎》中记载："婆罗遮，并服狗头猴面，男女无昼夜歌舞。八月十五日，行像及透索为戏。"北宋孟元老的《东京梦华录》和吴自牧的《梦粱录》里介绍的百戏中，有"跳索"这种游戏（此处的"透索"和"跳索"就是跳绳）。《松风阁诗抄》有诗记载："白光如轮舞索童，一童舞索一童唱，一童跳入光轮中。"这种加伴唱的跳绳游戏，娱乐性很强，也就是现代花样跳绳的雏形。南宋时跳绳成了日常庭院游戏之一。明代称跳绳为"跳白索"或"跳百索"，明朝刘侗、于奕正合著的《帝京景物略》中描写："二童子引索掠地，如白光轮，一童子跳光中，曰跳白索。"明朝沈榜的《宛署杂记·民风一》中记载："跳百索：（正月）十六日，儿以一绳长丈许，两儿对牵，飞摆不定，令难凝视，似乎百索，其实一也，群儿乘其动时，轮跳其上，以能过者为胜，否则为索所绊，听掌绳者绳击为罚。"清道光二十年（1840）王赠芳、王镇主修的《济南府志》中记载："儿女以绳为戏，名曰跳百索。"清代的《有益游戏图说》中写道："用六许麻绳手执两端，使由头上回转于足下，且转且跃，以为游戏，是谓绳飞。"《乐陵县志》记载："元宵期间，女子以跳绳为戏，名曰跳百索。"当时，跳绳是元宵节常见的一种"祛病延年"的游戏，人们边跳边唱，娱乐性强。之后，跳绳逐渐发展成群众性的绳技，成为民间庙会上表演的传统节目，民国时开始称为"跳绳"。

二、中国现代的跳绳运动

学校是跳绳活动的主阵地，也是跳绳运动推广的主要途径。在中华人民共和国成立前后，跳绳已经成为学校体育重要内容之一，跳绳运动迅速在全国各地开展起来。无论是在城市的广场，还是在乡村的学校，到处都可以看到跳绳的人群。中国跳绳的故乡——陕西，多次掀起跳绳热。1957年西安高中创编了"跳绳舞"；1959年，陕西师范大学举办了中国第一个"跳绳培训班"；1981年4月3日，《中国体育报》发表了胡安民老师"论跳绳"的部分内容《跳绳的分类和方法》，随之全国各地响应国家体委号召，开展了"三跳"比赛；1992年5月2日，"西安首届跳绳大赛"成功举办；1993年5月9日，"西安第二届跳绳大赛"开创了电视直播跳绳比赛的先例；1993年12月27日，西安师范大学成立了全国第一家"跳绳协会"；1995年7月，"陕西省跳绳交流团"应邀访问新加坡；1999年8月1日，西安师范大学成立了世界上第一所"跳绳艺术学校"；1999年9月，陕西花样跳绳队赴京参加国庆50周年庆典活动，并登上了2000年陕西电视台春节文艺晚会。跳绳运动由民间活动变为学校教育的一部分，并慢慢地走进大众视野，成为大众交流、竞技的一种方式。

进入21世纪，跳绳运动在我国进入飞速发展阶段，跳绳也成为新兴的、热门体育项目，各类比赛、活动也如雨后春笋般开展起来。

2007年10月1日，河南省洛阳市洛龙区举办了"首届河洛跳绳节"，参赛运动员有4 000余人。

2007年11月，广东省广州市举行了"第一届中国跳绳公开赛"。

2008年7月，受国家体育总局委派，河南省洛阳市洛龙区第二实验小学的河洛跳绳队和广东省广州市番禺区石基镇沙涌小学的跳绳队代表内地参加了内地、香港、澳门跳绳精英赛。

2009年，我国香港举办第五届亚洲跳绳锦标赛，洛阳市跳绳运动协会参加了此次比赛，并实现了金牌零的突破。

2010年7月，洛阳市跳绳协会会员参加了在英国拉夫堡大学举办的世界跳绳锦标赛。

2012年7月，第一次全国教练员、裁判员学习班在上海体育学院举办。

2013年11月，中国第一届全国跳绳锦标赛在湖北省宜昌市举行。

2014年，在国家体育总局社体指导中心指导统筹下成立了跳绳推广中心，组建了跳绳国家队，参加了8月初在我国香港举办的世界跳绳锦标赛，并取得优异成绩，同年推广了全国跳绳联赛。

2021年组队参加了世界跳绳锦标赛。

2022年4月，全国跳绳推广中心更名为全国跳绳推广委员会。

2023年组队参加世界跳绳锦标赛。

党的二十大报告强调要增进民生福祉，提高人民生活品质。我国以此为契机，积极推动花样跳绳运动的开展，以此提高人民的健康水平和生活品质。

三、世界跳绳运动的发展

跳绳作为一项古老的运动形式，其起源可以追溯到几千年前。有一种说法认为，跳绳起源于古埃及。在古埃及的壁画和雕塑中，可以看到人们跳跃或携带绳索进行各种活动的描绘，这可能是跳绳的最早形式之一。在古希腊和古罗马时期，跳绳被用作娱乐和锻炼身体的方式。据说古希腊的女性和儿童经常跳绳，而古罗马士兵通过跳绳来训练身体的协调性和耐力。中国古代也有跳绳的传统。早在商朝时期（公元前1600—公元前1046），中国人就开始使用竹制的跳绳。跳绳在中国的民间传统游戏中很常见，例如，踢毽子时的跳绳表演。由于各地文化差异，不同地方的人们使用各种材料制作绳索，进行各种形式的跳绳活动。不同的文化和地区可能有各自独特的跳绳传统和演变方式。无论跳绳的起源如何，它已经成为一项受欢迎的运动和娱乐活动，被广泛传承和发展。

欧美一些医学专家称跳绳为"最完美的健康运动"。近年来，世界各国对跳绳运动有了全新的认识和研究，跳绳运动得以迅速发展，并呈现出组织化、规范化和普及化的特点。

国际跳绳联盟（International Ropeskipping Federation）于1996年成立，总部设在加拿大，理事会设在比利时首都布鲁塞尔，这是一个世界性的体育单项组织，现在已有45个成员。亚洲和非洲于2001年和2002年先后成立了跳绳联盟组织。英国、美国、瑞士、德国荷兰、加拿大和澳大利亚等国家以及亚洲的日本、韩国、印度、新加坡和马来西亚等国家，都将跳绳运动列为本国运动会的正式比赛项目。欧洲跳绳组织每年7月的最后一周都会举办全欧洲跳绳大赛——欧洲跳绳冠军赛，这也是除了世界跳绳锦标赛，在全世界最有影响力的跳绳大赛。

跳绳运动在世界各国都非常普及。"跳绳强心"运动始于加拿大，他们提出口号："为了您的心脏来跳绳吧！"加拿大健康娱乐舞蹈协会还把跳绳列为"优秀日常体育锻炼项目"，经过精心计划和组织后作为贯穿学校全学年的体育教学项目。1984年，美国借鉴加拿大的经验，举办"心跳运动"，后来这一运动风行欧洲。

跳绳运动在香港非常受欢迎。1999年，香港心脏专科学院在香港特区政府教育署、卫生署的全力支持下，向全香港中小学生推行一套系统的、具有长远战略意义的、有效预防心脏病的计划，名为"跳绳强心"计划，希望通过教授有趣的花式跳绳，鼓励青少年运动并建立健康的生活模式，预防和减少心脏疾病的发生。

第二章　花样跳绳专业术语

术语是指各领域各学科中的专门用语，是反映项目发展是否完善的一个标准。花样跳绳术语是指花样跳绳动作的专门用语。了解和正确使用花样跳绳术语，不仅可以提高花样跳绳教学和训练的效率，而且对花样跳绳的传播交流以及这项运动的规范化和标准化都具有极其重要的意义。跳绳虽然是一项传统的体育项目，但花样跳绳技术体系复杂，需要系统地对其进行提炼、归纳和总结，目前还没有形成统一的动作命名方法及动作分类标准。基于此，本章综合国内、国外动作命名方法对花样跳绳运动的术语进行分类和归纳。

第一节　花样跳绳术语的概念与分类

一、花样跳绳术语的概念

花样跳绳是继承传统跳绳"摇法"和"跳法"，从单一绳具、机械的摇绳运动，结合体操、武术、舞蹈、街舞等相关元素，创编出以单人或多人有节奏过单绳或多绳，通过协同合作，发展成一次性同时使用数十根以上绳具的复杂运动，其将多种摇法与多种跳法相结合，形成比拼极限的速度竞技项目和观赏性极强的表演项目。花样跳绳摒弃了以往单一乏味的形式，是一项融大众健身（如绳操、绳舞）、专业竞技（如计数赛、花样赛）、趣味表演（如趣味赛、表演赛）为一体的运动项目，是对身体形态、身体机能和身体素质及心理素质具有良好作用的一种运动项目。

术语是指各领域各学科中的专门用语。跳绳术语是跳绳理论和技术等方面的专门用语。其文字简练，且有特定的信息，是传播交流跳绳信息不可缺少的工具。正确地运用跳绳术语不仅有利于跳绳教学训练的顺利进行，而且对跳绳的普及和发展、跳绳的科学研究、跳绳理论体系的建立都有重大的意义。对花样跳绳术语的界定有三个基本要求：语言简洁明了，名称通俗易懂，内容描述准确。下面对绳具的术语和分类进行具体讲解。

（一）绳具的术语

花样跳绳使用的绳具种类较多，根据绳子的长短、材质、功能、用途，可将跳绳绳具分为不同的类型。花样跳绳绳具一般由绳柄、绳体两部分组成，如图 2-1-1 所示。

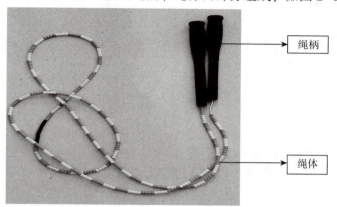

图 2-1-1　花样跳绳绳具（竹节绳）的组成部分

1. 绳柄

绳柄是手腕摇绳时手的接触部位，是跳绳器材中重要的组成部分，在花样跳绳中具有非常重要的作用。绳柄通过防止绳体与手之间的摩擦而具有防止受伤的作用。此外，跳绳每次触地时都会略微"扭曲"，绳柄中的转子可防止这种扭曲，同时有利于完成花样动作。花样跳绳绳柄有长短之分，短绳柄一般用于动作较单一，两手打开于腰间及手部位置较为固定的动作，如单摇步法类动作；长绳柄一般用于动作较为复杂的花样动作，特别是手臂有交叉的动作，因为长绳柄延长了手臂长度，无形中缩短了手臂交叉幅度，从而提高了动作完成度。智能跳绳绳柄还添加了一些特殊装置，如机械计数器、电子计数器、电子计时器、能量测试仪等，从而增加了绳具功能。

2. 绳体

绳体是绳具的主体部分，决定了绳具的长短及使用效果。绳体的中间部位要与地面接触，因此最好选用耐磨材料制作，且要保持绳体的平滑及质量均匀，一般不可在绳体上打结。绳柄与绳体之间的连接装置也是绳具的重要组成部分，它可以保证力量的有效传递，从而提高绳子的控制能力，形成绳体运行的完美弧度。

（二）绳具的分类

目前绳具种类繁多，外形各式各样，功能各有不同，由于不同材质的绳子粗细和质量不同，因此用途也不一样。

1. 线绳和布绳

这类绳子即使被拉扯也很难折断，常见于幼儿园和小学，可用于游戏玩耍等多种用途，具有耐用性和多用性，但大多只适合跳绳的启蒙。早期，这种绳子最普遍，但随着这两年花样跳绳运动越来越多地进入大众视野，竹节绳开始被更多的大众所选择。布绳如图 2-1-2 所示。

图 2-1-2 布绳

2. 竹节绳（珠节绳）

竹节绳是若干个珠子由一根尼龙绳串制而成，如图 2-1-3 所示。它的特征是具有一定的质量并且容易通过珠子而实现转动，当它接触地面时，会发出清晰的打地声音，让使用者更容易掌握跳跃的节奏。并且，它不会扭曲、打卷。

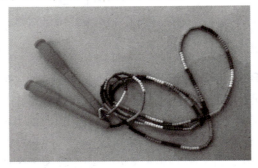

图 2-1-3 竹节绳

3. 胶绳（乙烯基）

由乙烯基（PVC）材料制成的跳绳称为胶绳，如图 2-1-4 所示。它的售价较低，是市场上常见的跳绳。乙烯基的特点是容易摇动，阻力较小，但这种材料的绳子，随着温度的变化，可能会发生"僵硬"和"扭曲"，因此要注意保管方法和使用事项。它多用于跳绳比赛里个人花样项目等。

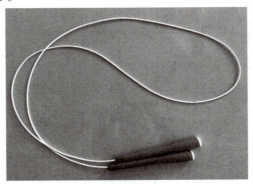

图 2-1-4 胶绳

4. 钢丝绳

钢丝绳的绳体使用金属丝，适合高速旋转。几乎所有的专业运动员在速度跳绳比赛中，都使用钢丝绳。但是，由于钢丝绳是金属，因此不能在室外水泥地面使用。同样，如果采用错误的保管方法，钢丝绳也易受损。钢丝绳不适合交叉和其他技术动作，可以说它专门用于高速旋转的跳绳动作和项目，如跳绳比赛里速度项目30秒单摇等。钢丝绳如图2-1-5所示。

图 2-1-5　钢丝绳

5. 荧光绳

荧光绳主要用于表演，舞台效果很好。目前市面上的荧光绳，也称为LED绳，基本通过USB充电，整体偏重。绳柄与绳体由一个简易的电磁阀连接。荧光绳如图2-1-6所示。

图 2-1-6　荧光绳

二、花样跳绳术语的分类

花样跳绳以器材简单、动作花样繁多、投入小、实际健身效果好而备受推崇。目前国内对于跳绳的术语描述各不相同，西安有流传时间较长的术语如双踏罗、前后打、包剪锤式、割麦式等；上海跃动花样跳绳俱乐部对国内花样跳绳术语与国际接轨起到了巨大的推动作用，其采用的术语通常以国际发音直译为主，如大象（Elephant）等。界内缺少统一的术语描述，在一定程度上阻碍了国内花样跳绳的发展。

根据目前花样跳绳动作术语的特殊性，可以将花样跳绳术语归类为动作组成部分术语、动作方法术语、动作习惯术语。

（一）动作组成部分术语

花样跳绳项目的各种动作是通过手腕、关节的屈伸、旋转等运动来实现的，其中主要涉及的身体部位有头部、躯干、上肢和下肢。所有花样跳绳动作均为身体组成部分的连锁反应。例如，手臂的绕环动作。花样跳绳动作的组成部分主要涉及动作的部位、动作的做法、动作的方向等。

1. 花样跳绳动作的部位术语

花样跳绳动作主要涉及的身体部位有手臂和腿、腋下、膝后等。花样跳绳动作部位的术语是根据绳柄在身体四肢、躯干以及头颈的位置来命名的。

2. 花样跳绳动作的做法术语

花样跳绳的完成方法主要有基本跳、多摇跳、缠绕、放绳、转体、屈伸、滚翻、手翻、空翻、腾跃等。

3. 花样跳绳动作的方向术语

人体运动的基本面分为矢状面、额状面、水平面，基本轴分为纵轴、前后轴、左右轴。花样跳绳动作的方向界定是根据运动解剖学知识确定参照体。花样跳绳动作的方向是指身体或身体某一部分在运动时所指的空间位置，主要包括六个基本方向，即前、后、左、右、上、下。花样跳绳动作的"中间方向"是指与基本方向成45°角的方向，由两个基本方向名称组合而成，如"前下"是人体基本方向的"前"与"下"的组合。花样跳绳动作的"斜方向"是指三个互成90°的基本方向之间的方向，由三个基本方向名称组合，如"前侧上"，其中，"前"和"侧"两个基本方向名称为中间方向，"上"是从中间方向向上45°的方向，就是斜方向。

（二）动作方法术语

花样跳绳动作的特点之一是"对称性"，实践证明，花样跳绳的很多技术动作在方向上是"镜像动作"。

1. 基本摇（正摇和反摇）

花样跳绳的基本摇动作主要包括正摇和反摇，统称直摇。正摇包括单人花样和车轮跳花样的向前摇动、交互绳花样的向内摇动；反之为反摇。

2. 限制手位摇

限制手位摇指除基本摇以外的所有摇绳术语（放绳除外），可统称交叉摇。

3. 手臂与躯干的位置

由于花样跳绳是双手持绳具，除双手正常处于身体左右和放绳状态外，手臂与身体的位置分四种交叉情况。

第一种，双手同时位于身体外侧，例如左右摆动（侧打）。

第二种，双手于体前交叉。

第三种，双手于背后交叉，主要包括在胯下完成的背后交叉、在膝后完成的交叉、在膝后和背后完成的交叉、在颈后和膝后完成的交叉。

第四种，双手于身体一前一后交叉。

4. 手臂与腿的位置

花样跳绳，无论手臂处于什么位置，手臂与腿只有平行、交叉和扭曲三种形态，但有内、外之分，具体情况如下：

第一种，同侧手于腿内侧和外侧的胯下交叉。

第二种，同侧手于异侧腿内侧和外侧的胯下交叉。

第三种，手臂与腿形成"扭曲"的交叉状态。

（三）动作习惯术语

在花样跳绳领域，针对各种动作一直存在很多约定俗成的习惯术语，例如双飞、八爪鱼等。这些习惯术语在日常和训练中使用无可厚非，但在正式场合，需要使用统一的标准化动作名称术语。

（1）蹲跳：采用屈膝站立跳过绳的姿势，屈膝约90°称为半蹲跳，屈膝小于90°的称为全蹲跳。

（2）跪跳：以人体膝部或小腿前侧部位触地过绳的姿势。

（3）坐跳：以人体臀部和大腿后侧部位触地过绳的姿势，如正坐跳等。

（4）卧跳：身体躺地过绳的姿势，如仰卧跳、俯卧跳、直角仰卧跳等。

（5）撑跳：采用手以及身体另外的部位同时触地过绳的姿势，如俯撑跳、蹲撑跳、俯卧撑跳等。

（6）劈腿跳：两腿分开成直线着地过绳的姿势，如纵劈腿、横劈腿等。

（7）倒立跳：采用手部支撑地面，人体头部在下方位，脚部在上方位，用手推离地面垂直过绳的姿势，如倒立推手后过绳。

（8）转体跳：绕身体纵轴转动的跳绳姿势，包括过绳或不过绳动作，如转体180°跳。

（9）健美操步伐跳：所有以健美操步伐过绳的姿势，例如弓步跳、开合跳、左右跳、吸腿跳、小马跳等。

（10）摆动：双手持绳匀速地将绳运动到身体另一侧，不过脚，例如左右摆动（侧打）。

（11）单摇跳：在一次起跳过程中，绳子从脚下和头顶绕过一周的姿势。

（12）多摇跳：在一次起跳过程中，绳子从脚下和头顶绕过两周及两周以上的姿势，如双摇、三摇跳等。

（13）交叉跳：在一次起跳过程中，绳子与躯干或腿形成交叉状态并过脚的姿势，例如同侧部位的胯下交叉动作等。

（14）手翻跳：用手和头推撑地面，并经过头部翻转的姿势，如侧手翻跳、头手翻跳、前手翻跳、后手翻跳。

（15）空翻跳：身体在腾空的时候，经过头翻转的姿势，如侧空翻跳、前空翻跳、后空翻跳。

（四）花样跳绳动作的关系术语

为了更好地描述花样跳绳动作间的联系，有如下关系术语：

1. 同时

同时是叠加花样跳绳动作的专门术语，即一种动作必须同时在另一种动作过程中完成，如三摇跳同时转体360°。

2. 依次

根据花样跳绳运动对称性的特点，人体的对称部位先后做同样的动作称为依次，如左右甩绳（侧打动作）。

3. 接

接是指完成两个独立的花样跳绳动作时，前后两个动作之间连接且必须连续完成，如直三摇跳接交叉三摇跳。

4. 经

在完成花样跳绳动作的过程中，强调必须经过某一特定部位时用"经"，如手臂经前向后摆动至体后。

5. 至

至是指完成花样跳绳动作过程中必须到达某一特定部位，如单手放绳至头上等。

6. 成

成一般指花样跳绳动作结束姿势，如倒立推手跳成俯卧撑等。

第二节　跳绳动作的基本术语

在多人配合的跳绳中，跳绳者和摇绳者需要协同配合共同完成。跳绳者是指不用摇绳，只在绳中跳跃或者既要摇绳又同时跳绳的人；摇绳者是指在一个花样动作中，至少手握一根绳摇绳的人，摇绳者可以跳过绳子也可以不跳过绳子。在花样跳绳中，摇绳者与跳绳者同等重要，必须默契配合才可以顺利完成动作。跳绳者要有很好的身体素质，在绳中完成各种花样，充分体现动作的美感。摇绳者要有良好的绳感，绳子就好像自身手臂的延长，能很好地控制绳子的速度、节奏及动作幅度，同时绳子在空中的运行轨迹清晰、饱满、完整。

一、摇绳的方向

根据的摇绳的方向，可以分为前摇、后摇、侧摇和平摇。由后向前摇绳为前摇，由前向后摇绳为后摇，绳子在身体一侧摇动为侧摇，绳子在头顶、腰侧、脚下平行摇动为平摇。一般前摇为默认跳法。

二、摇绳的旋转次数

摇绳的旋转次数是指起跳后至脚落地前绳子通过脚下的次数。跳起一次，绳跃过头顶通过脚下绕身体一周（360°），称为单摇跳；跳起一次，绳跃过头顶通过脚下绕身体两周（720°），称为双摇跳。以此类推，为三摇跳、四摇跳、五摇跳。

三、摇绳的预备动作

并脚站立，两膝关节并拢；两手握绳柄，将绳置于身后，绳的中央位于脚踝处；两上臂贴紧身体两侧，小臂自然弯曲，小臂与大臂形成约120°夹角。

四、停绳动作

短绳停绳动作为一脚站立，另一脚脚心踩住绳子中间位置，两手各握一绳柄拉绳于身体两侧。长绳停绳动作可以根据人数或具体动作而定，可以踩绳停绳，也可待跳绳者跳出绳外停绳。

五、跳绳的上肢动作

在花样跳绳中，上肢动作复杂多变，两手臂的不同位置变化可以形成不同的花样。根据两手姿势的不同，上肢动作可以分为基本摇绳、体前交叉、体后交叉、前后交叉、顺势侧摇和逆势侧摇。在交叉跳绳中，根据手臂打开与交叉的顺序组合可以分为开合交叉、固定交叉和交替交叉。

六、跳绳的躯干动作

以自然姿势跳绳称为直体；身体的左右转动称为转体，如左转90°、左转一周等。

七、跳绳的下肢动作

下肢动作可以分为步法和胯下花样。步法为各种健美操或舞蹈步法动作，如开合跳、提膝跳等；胯下花样为摇绳手臂与腿部交叉的动作，分为单手单腿、双手单腿、双手双腿等不同类别。

八、近端绳与远端绳

在交互绳及网绳中，在绳子静止不动平行放置时，距跳入者近的那条绳叫近端绳，距跳入者远的那条绳叫远端绳。

第三节　花样跳绳动作术语的记写方法

按结构术语的要求，花样跳绳动作术语一般由动作手位顺序、摇绳周数、完成动作形态构成，其结构分析如表2-3-1所示。在实际比赛中，常采用完整记写法和缩写法。

表 2-3-1　花样跳绳动作术语结构分析

动作术语	动作结构		
	动作手位顺序	摇绳周数	完成动作形态
侧甩膝后交叉 三摇跳（AS）	侧甩膝后交叉	三摇	—
膝后交叉单摇跳 接俯撑（AS+俯撑）	膝后交叉	一摇	俯撑

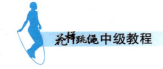

一、完整记写法

完整记写法是根据结构术语的要求，详细、准确地说明具体动作，多用于编写比赛动作、等级动作、训练大纲、各种标准等。例如，在个人花样动作中一些特殊类交叉：同侧胯下交叉—异侧胯下交叉—侧甩同侧前后胯下交叉—侧甩异侧前后胯下交叉。

二、缩写法

缩写是通过英文字母与数字结合替代动作描写，通常用于编写大纲、教案、训练计划等情况。例如，同侧胯下交叉—异侧胯下交叉—侧甩同侧前后胯下交叉—侧甩异侧前后胯下交叉缩写为"C1-C2-E1-E2"。

第三章 花样跳绳理论基础

第一节 花样跳绳的生理学基础

花样跳绳是一项富有创意和动态性的体育活动，对运动员的生理水平有一定的要求。以下是花样跳绳活动涉及的一些生理学基础。

一、心血管系统

花样跳绳是一项有氧运动，能够有效提高心血管系统的健康水平。持续的跳绳锻炼可以增强心肺功能，提高心脏的耐力和循环效率。

（1）增强心脏功能：跳绳是一种有氧运动，能够有效提高心脏的工作效率。持续的跳绳动作需要心脏不断地向全身输送氧气和营养物质，加强心脏的收缩力和排血功能，从而增强心脏的功能。

（2）促进血液循环：跳绳运动能够促进全身血液循环，加速血液流动，增强血管壁的弹性和柔软性。跳绳可以增加心输出量，改善血液循环，有效预防心血管疾病的发生。

（3）降低血压和血脂：跳绳有助于降低血压和血脂水平，减少动脉粥样硬化和血栓形成的风险。持续的有氧运动可以促进血管内皮细胞的代谢，降低血压，改善血脂代谢，从而降低心血管疾病的发病率。

（4）促进代谢调节：跳绳运动可以促进新陈代谢的调节，加速脂肪燃烧，减少体内脂肪堆积，降低血糖和胆固醇水平，有利于预防和控制心血管疾病的发生。

二、肌肉系统

在花样跳绳中，多个肌肉群参与协同工作，包括腿部、臀部、核心肌群等，这有助于增强肌肉力量和耐力。不同的花样动作涉及不同的肌肉，通过多样性的跳跃动作，能够综合锻炼身体各部位的肌肉。

（1）增强肌肉力量和耐力：跳绳是一种全身性的有氧运动，能够有效地锻炼身体各个部位的肌肉，特别是下肢、核心肌群和上肢。持续进行跳绳训练，可以增强肌肉的力量和耐力，使肌肉更加强壮，耐力更强。

（2）提高肌肉协调性：跳绳需要身体各个部位的协调运动，特别是双手、双脚和眼睛的配合。长期坚持跳绳训练可以提高身体的协调性，增强肌肉的配合能力，使身体动作更加流畅、准确。

（3）增强下肢肌肉爆发力：跳绳需要频繁地进行下肢的跳跃动作，能够有效地锻炼下肢肌肉的爆发力。持续跳绳训练可以增强下肢肌肉的爆发力，使跳跃动作更加迅速、有力。

（4）改善身体姿势和平衡能力：跳绳需要保持良好的身体姿势和平衡，同时要控制身体的重心。因此，跳绳训练可以帮助改善身体姿势，增强身体的平衡能力，使身体更加稳定和健康。

（5）提高核心肌群稳定性：跳绳的动作需要核心肌群的稳定支撑，以保持身体的平衡和动作的稳定。因此，跳绳训练可以有效地锻炼核心肌群，增强其稳定性和力量，有助于改善身体的姿势和减少运动伤害。

三、能量消耗

花样跳绳是一种高强度的运动，能够有效消耗体内的能量。消耗的能量取决于多种因素，包括个体的体重、跳绳的强度和持续时间等。一般来说，跳绳消耗的能量可以通过卡路里来衡量。

根据一般的估算，跳绳的能量消耗为每分钟 10~20 卡路里[①]。具体的消耗量会因个体体重和跳绳强度的不同而有所变化。以下是一个大致的估算。

（1）对体重约为 60 千克的人来说，跳绳 30 分钟可以消耗 300~600 卡路里的能量。

（2）对体重较重的人，消耗的能量会更多；而体重较轻的人，则相对较少。

值得注意的是，花样跳绳通常要求更高的技巧和动作，可能会导致更高的能量消耗。同时，跳绳的强度和持续时间也会影响能量消耗的多少。因此，要根据个体的实际情况和训练目标来确定跳绳的强度和持续时间，以达到最佳的训练效果。

花样跳绳综合了有氧运动、肌肉训练、协调性等多个方面，在进行花样跳绳训练时，适量的热身和合理的训练计划是至关重要的。

第二节　花样跳绳的运动力学基础

花样跳绳运动力学涉及对跳绳运动的力学原理和运动学特征的研究。以下是一些花样跳绳运动力学的基础概念。

一、绳子的旋转轨迹

绳子的旋转轨迹影响跳绳的稳定性和速度。跳绳者可以通过改变手腕和臂部的动作来调整旋转轨迹，以完成不同的花样。跳绳者在进行交叉跳时，需要掌握绳子的旋转轨迹，

---

① 1 卡路里约等于 4.1859 焦耳（焦耳是物理学中常用的能量单位）。1 卡路里的能量或热量可将 1 克水在一个大气压下的温度升高 1 摄氏度。

确保绳子交叉的时间点和空间位置准确。

二、身体姿势和关键动作

1. 姿势调整

不同的花样跳绳动作需要跳绳者调整身体的姿势，包括身体的倾斜、臂部的摆动等。跳绳者在交叉跳时，需要调整身体的姿势，通常是上半身稍微前倾，以确保绳子能够在两腿之间交叉。

2. 关键动作

花样跳绳中一些复杂的动作需要特定的关键动作。例如，手腕的迅速翻转和腿部的跳跃动作，这两者需要协调完成。

三、绳子与身体的相互作用

1. 绳子的张力

绳子的张力与跳绳的速度和稳定性密切相关。张力的调整可以影响绳子的旋转速度和花样动作的完成度。

2. 绳子与身体的接触点

绳子与身体的接触点会影响花样动作的稳定性。跳绳者需要随时关注绳子与身体的协调性。

为了保持绳子的稳定旋转，跳绳者需要在绳子与身体交叉的瞬间，保持对绳子的轻微控制，避免发生缠绕或错位。

四、身体的自转和转动轴心

1. 身体的自转

在一些高级花样动作中，跳绳者需要通过身体的自转来完成翻转和旋转动作。

2. 转动轴心

不同花样动作中，身体的转动轴心位置可能不同，从而影响动作的完成度和稳定性。

五、力的应用和控制

1. 手腕和手臂的力量

手腕和手臂的力量对于控制绳子的旋转和调整绳子的轨迹非常重要。

2. 身体核心力量

花样跳绳要求较强的身体核心力量，以保持身体的平衡和协调。

在交叉跳中，跳绳者可能需要稍微旋转身体，以确保绳子在两腿之间自由交叉。

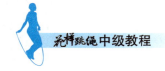

六、跳绳表演中的力学原理

1. 离心力

花样跳绳的一些动作，如旋转和翻转，涉及离心力的作用。例如，交叉跳涉及离心力的作用，因为绳子的旋转会产生向外的力，跳绳者需要通过调整身体姿势和手腕力度来平衡。

2. 重心控制

跳绳者需要掌握身体的重心，以保持稳定。

七、动作的节奏和协调

1. 节奏感

花样跳绳动作需要良好的节奏感，即合适的动作速度和力度。

花样跳绳中，交叉跳的节奏感非常重要，跳绳者需要把握每一次绳子的交叉时机，使整个动作看起来流畅而有序。

2. 身体部位的协调

花样跳绳要求身体各个部位保持协调，特别是在复杂动作中。

对这些运动力学基础的理解有助于跳绳者更好地掌握花样跳绳技巧，提高表演水平和运动效果。在训练中，结合力学原理进行技术指导，可以更加科学和有效地提升花样跳绳的水平。

第三节　花样跳绳的运动生理学基础

花样跳绳是一项综合性的有氧运动，涉及身体的协调性、柔韧性、爆发力等多个方面。花样跳绳对有氧耐力、爆发力和速度、协调性和平衡性、灵敏素质都有要求。

一、有氧耐力

有氧耐力是指在一段较长时间内，身体能够以较稳定的节奏进行氧气摄取和利用，以供应工作肌肉所需的能量。花样跳绳是一种持续性、中低强度的有氧运动。在跳绳的过程中，心血管系统被充分激活，肺活量增加，有助于提高有氧耐力，这对于促进心血管健康、提高身体代谢水平都有益处。

1. 中低强度的运动

花样跳绳是一种相对中低强度的有氧运动。在跳绳的过程中，跳绳者通过不断地腾空跳跃，保持相对轻松的节奏，使心率和呼吸频率逐渐升高。

2. 持续时间较长

有氧耐力训练通常需要较长的持续时间，以确保心血管系统得到持续的刺激。花样跳绳的持续时间可以根据训练目标和个体水平而变化，但通常需要20分钟以上的时间。

3. 心率提升和呼吸加深

在花样跳绳的过程中，心率和呼吸频率会逐渐提高。这是因为身体需要更多的氧气来满足运动肌肉的需求。随着跳绳时间的延长，这种效应会更为显著。

4. 氧气摄取和利用

有氧耐力训练能够提高身体对氧气的摄取和利用效率。在花样跳绳中，肌肉需要通过氧化代谢来产生能量，这进一步促进了心血管系统的适应性。

5. 身体适应性

通过花样跳绳的有氧训练，身体会逐渐适应更高的运动强度和更长的持续时间。心血管系统的适应性表现为心输出量的提高、心肌的强化，从而提高身体的有氧容量。

6. 燃烧脂肪

在适度强度的有氧运动中，身体主要依赖脂肪作为能源，有助于控制体脂和改善体态。

二、爆发力和速度

花样跳绳对爆发力和速度的影响主要体现在动作的迅速性和动作控制的要求上。跳绳时，需要在短时间内迅速用力，尤其是在完成一些花样动作或高难度动作时，这有助于锻炼神经肌肉系统，提高爆发力和动作的迅速性。

1. 爆发力

在花样跳绳中，一些动作和技巧要求有快速的爆发力，特别是在进行各种跳跃和变换动作时，这包括快速的双腿弹跳、单腿跳跃、交叉跳等。这种爆发力的需求促使肌肉迅速用力，有助于提高下肢肌肉的爆发性能。

2. 速度

花样跳绳要求跳绳者以较快的速度完成各种技巧和花样，涉及手腕的迅速转动、双腿的快速弹跳等。这种速度训练对于神经肌肉系统的协调性和反应速度有很大的挑战，可以提高身体整体的运动速度。

3. 协调性和技巧

花样跳绳不仅要求爆发力和速度，还需要良好的协调性和技巧。通过不同的花样动作，跳绳者需要精准地掌握跳绳的时机、跳跃的高度和双腿的协调动作，这有助于锻炼身体的协调性和技术水平。

4. 核心稳定性

在花样跳绳的过程中，保持身体的平衡和姿势需要强大的核心稳定性。核心稳定性对于保持身体的中正和在空中迅速完成各种花样动作至关重要。

5. 全身肌群参与

花样跳绳要求全身肌群的协同工作，包括腿部、臀部、核心、上肢等多个部位的肌肉。这种全身性的参与有助于综合锻炼爆发力和速度。

6. 动作控制和节奏感

花样跳绳的动作要求跳绳者能够在一定的节奏下控制动作的力度和速度，保持动作的

稳定性和规律性，这有助于培养动作的控制感和良好的节奏感。

三、协调性和平衡性

花样跳绳的动作需要良好的协调性和平衡性。在完成各种花样动作时，需要掌握好身体的平衡，保持良好的协调性，这对于提高运动技能和身体控制能力至关重要。同时花样跳绳对协调性和平衡性有积极的影响，因为这项运动涉及一系列复杂而协调的动作和对身体平衡的要求。

1. 协调性的提高

花样跳绳的各种技巧和花样要求跳绳者在空中进行各种变化和动作，如交叉跳、踢腿跳、双脚跳等。这些动作要求上下半身、左右肢体之间保持协调。通过不断练习，跳绳者能够培养更强的协调性，提高身体各部分的协同工作能力。

2. 平衡性的挑战

花样跳绳涉及一系列复杂的动作和技巧，其中一些可能需要单脚进行跳跃，这对平衡性提出了更高的要求。通过经常性的花样跳绳练习，跳绳者能够逐渐提高身体的平衡感，稳定地完成各种花样动作。

3. 核心稳定性的锻炼

花样跳绳中，保持身体的平衡不仅需要肢体协调，还需要强大的核心肌群的支持，核心肌群的稳定性对于身体整体的平衡非常关键。因此，花样跳绳能够有效锻炼核心部位的稳定性。

4. 动作流畅性

花样跳绳要求跳绳者掌握一系列复杂的动作组合，要求动作的流畅性和顺畅性。这需要不仅有协调性，还需要良好的平衡感，以确保每个动作之间的过渡是平稳的。

5. 空间感和身体感知

花样跳绳中的各种花样动作需要跳绳者对自己身体在空间中的位置和动作有感知，这有助于培养空间感和身体感知，提高对身体位置的掌握度。

6. 全身肌群的协同

花样跳绳要求全身肌群协同工作，通过上肢、下肢、核心的协调性，完成各种复杂的花样，这有助于促进身体各部位的平衡发展。

四、灵敏素质

灵敏素质是指个体在感知、分析、判断和做出反应时所表现出的迅速、准确、协调的能力。这一素质与神经系统的功能密切相关，包括了多个方面的能力。花样跳绳通过其独特的技巧和动作要求，能够显著提高跳绳者的灵敏素质，包括反应速度、眼手协调性、动作准确性、空间感和身体感知、协调性、敏感性等。这些方面的综合提升使得跳绳者更具有灵活性和敏捷性。

1. 反应速度的提升

花样跳绳的技巧和动作需要跳绳者迅速做出反应。通过不断练习，跳绳者可以提高对动作变化和跳绳节奏的感知，进而提升反应速度。

2. 眼手协调性的加强

在花样跳绳的过程中，跳绳者需要通过视觉感知绳子的运动轨迹，同时用手腕和手臂做出迅速的动作。这有助于加强眼手协调性，提高对绳子位置和节奏的准确把握。

3. 动作准确性的要求

花样跳绳的技巧要求跳绳者在有限的时间内完成复杂的动作，因此需要动作的准确性，这对锻炼动作的精准性和敏捷性至关重要。

4. 空间感和身体感知的提高

花样跳绳要求跳绳者对自己身体在空间中的位置和绳子的位置有敏感的感知，这有助于提高空间感和身体感知，使跳绳者能够更灵活地应对不同的动作要求。

5. 协调性的发展

花样跳绳的各种技巧和花样动作需要上肢、下肢以及全身肌群的协同工作。通过不断地练习，跳绳者能够提高协调性，使身体各个部分更好地配合完成动作。

6. 敏感性的锻炼

在花样跳绳的过程中，对绳子的感知和动作的敏感性是非常重要的，这有助于提高神经系统的敏感性，使跳绳者更迅速地做出动作调整。

第四章　花样跳绳套路创编

第一节　花样跳绳套路创编概述

　　花样跳绳套路是在音乐的伴奏下由多名跳绳者通过多样的表现形式、丰富的表现内容、娴熟的技术展现、默契的团队配合，全面展示花样跳绳套路的动作多样性、观赏性、创意性和娱乐性。目前花样跳绳运动已经在国内外得到快速的推广和普及，人们对其有了进一步的认识，花样跳绳所具有的创意性和观赏性也使其焕发出独特的魅力，得到了人们越来越多的关注和喜爱。

一、花样跳绳套路创编依据

　　花样跳绳属于难美项群，动作优美、技术准确和创编艺术是竞技制胜的关键。合理的创编可以促进跳绳者在跳绳中追求自信、自强和创新。花样跳绳套路创编有以下作用，首先，使跳绳运动的技术与方法得到了创新，在追求数量与速度的同时，更加强调花样的变化。其次，使花样跳绳运动的种类得到了丰富，在比赛或表演中，花样跳绳的技术动作千变万化，花样跳绳的人数与队形也随着音乐和跳绳技术的改变而改变，具有很高的艺术观赏性。一般来说，传统的计数赛是不需要编排的，花样赛和表演赛则与创编的技术、能力有关，质量的好坏是决定其成败的关键。创编依据指创编花样跳绳的特有根据，是创编实践活动必须遵守的基本准则。花样跳绳创编受多种因素的影响，从继承与发展的辩证关系来看，编排的动作必须是适合跳绳者的，这就要求根据不同人群身体素质、心理状态、跳绳的技术特点、难度等级等进行创编，这样才能更好地激发跳绳者学习花样跳绳的兴趣，掌握花样跳绳各种动作。

（一）依据比赛规则创编

　　在创编花样跳绳比赛套路时，创编者必须首先掌握比赛规则，因为规则是创编的最终依据，也是某一项目发展的标志之一。根据《全国跳绳运动竞赛规则》的要求，在创编花样跳绳套路时，需要考虑时间、人员、技术要求、失误判定、评分方法等，尤其要着重解读评分这部分的内容。从评分元素细则来说，套路编排包括动作难度、创意编排、娱乐表演三大部分，每部分所占的比例根据具体比赛规则要求可微调。这三大部分又可细分为各个小的标准，每个小的标准可按其重要性给予相应的分值。从记分方法来说，套路编排成绩为难度等级分、创意编排分、娱乐表演分之和减去失误分、犯规分。因此要想取得理想的成绩，创编前一定要深入透彻地理解规则，明确规则的导向。依照规则才能创编出优秀的套路，避免造成不必要的失分。还要跟随社会发展的趋势与潮流，积极吸取优秀的跳绳元素，努力形成自己的风格特色。在创编花样跳绳演出套路时，则不需要细致给分，可以根据演出的具体要求，设置一个优美、真实而引人入胜的情境，演出过程中尽量确保动作连贯不失误，简单，新颖，流畅，使整套动作具有较强的观赏性，努力赢得观众的喜爱与认可。

（二）依据跳绳者的技术水平创编

创编花样跳绳套路，应考虑跳绳者的自身情况。首先，要考虑跳绳者的年龄和心理状况，例如，跳绳者的年龄较小，在选取音乐的时候应该选择音乐稍快、节奏感较强的；其次，要考虑跳绳者的身体素质和技术水平，不能编排出跳绳者通过自身努力也无法完成的动作，动作的内容、风格、速度难度以及运动负荷等方面要符合大多数跳绳者的自身情况；最后，把心理素质和跳绳技术都相对较好的跳绳者安排在比较重要的位置，好的跳绳者除跳绳以外还要掌握街舞、体操等运动技能，要尽量与跳绳融合起来。因为这些因素不仅制约着套路编排动作内容的选择，同样影响创编者对每个跳绳者动作内容的分配。了解每个跳绳者的实际水平后，在编排阶段要根据跳绳者的特长分配给他们不同的练习内容，各自练习，直至掌握这些内容，从而使每个跳绳者的优点有效发挥出来。

（三）依据音乐与动作结合创编

音乐与动作的结合一般有三种方式：一是先选音乐，后编动作；二是先编动作，后选音乐；三是先编动作，后创音乐。第一种方式的优点在于可以使音乐与动作更好地结合，能够根据音乐的各种节奏旋律、重音等选取恰当的动作，这种方式也是目前来说最可行的。不过也不排除少数俱乐部团队或机构先编排好动作，然后根据动作内容去选择或者创造音乐。这种方式的缺点是需要动作与音乐不断磨合，会消耗大量的时间和精力，这种方式有时会出现在比较复杂的单项上。总之，在音乐运用的时候，要做到动作能够跟随音乐节奏且与音乐风格吻合，音乐与动作两者相辅相成、相互促进。

二、花样跳绳套路创编原则

花样跳绳套路的创编是教练根据相关比赛规则要求、跳绳运动规律、跳绳者的水平等方面，将各种跳绳动作融合音乐、主题、服装等要素，在一定的空间和时间范围内，进行想象、串联、提炼和加工，并有机结合成一个整体套路的体育艺术创造性工作。在花样跳绳套路赛的创编过程中，应遵循合理性、同步性、协同性、全面性、对比性、创新性和艺术性等基本原则。

（一）合理性原则

从花样跳绳套路编排来看，音乐或服装应适合跳绳者的年龄，反映出主题思想。恰当的音乐和服装应该是和比赛或演出的主题思想相互呼应的。例如，想要展现的主题是"雾霾与蓝天"，那么雾霾天出现时的服装可以选择比较阴暗的深色调，而在重见蓝天时则可

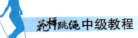

以穿比较明亮的浅色亮色系；音乐的选择也是同样的道理，雾霾天更适合急促狂躁的音乐，蓝天白云则可配以欢快雀跃的音乐。

在花样跳绳套路创编过程中，应该根据跳绳者的技术水平和身体素质来创编难度动作。动作难度的编排与跳绳者的实际能力和身体素质应匹配，要选择跳绳者通过自己的努力训练可以熟练掌握的动作，对身体素质较好的跳绳者或者有体操等其他专项特长的跳绳者可以单独分配训练任务，合理优化编排。编排者的个人能力与跳绳者的水平应相符，如若跳绳者的水平较高而创编者的能力经验不足则会阻碍跳绳者技术的发挥与进步。除此之外，还要考虑场地的大小与质地、器材的使用要求等因素。

（二）同步性原则

同步性原则指在花样跳绳表演或比赛中，如果所编排的部分动作需要两组或更多组跳绳者同时参与完成，这两组或多组跳绳者同时跳相同动作的时候要保持高度的同步性，完成每个动作的节奏、方向及人员的调配都要保持同步。如果每个人都能相互配合，动作做得很一致、很整齐，那么这部分内容就会变得具有观赏性，同步得分也会较高。在表演的过程中出现不同步的跳绳者数量越少，这部分的分值相应越高。《全国跳绳运动竞赛规则》中的"花样团体赛评分细则"明确阐释了队伍在花样跳绳过程中保持同步的重要性。

（三）协同性原则

跳绳者通过各种跳绳技术进行协调配合是完成整套套路创编的基本要求，这就要求跳绳者有良好的团队协作意识和集体主义精神，能够与其他同伴密切配合完成套路。在进行花样跳绳套路创编时要注意队形变化的合理设计以及不同跳绳类别间衔接编排的流畅性，使整套花样跳绳套路可以形成最佳的效果。例如，在花样跳绳集体长绳动作编排中，没有在绳中跳的人，可以在绳外与绳中练习者结合音乐做与绳中跳的人相同的动作或者其他造型、舞蹈动作等。在编排时尽量让绳外人员都动起来，不仅提高跳绳者的积极性，增添舞台效果，更符合比赛规则的要求，使整个展示过程更加饱满，也会使整个表演更加流畅。

（四）全面性原则

花样跳绳作为一种新型的健身活动，更应该注重各个方面的全面发展。花样跳绳创编全面性原则不仅包括跳绳种类和花样种类的全面运用，还指人体各个部位的全面运动以及人员的全面参与。在花样跳绳套路正式创编之前，为了培养跳绳者对花样跳绳多方面的兴趣，挖掘跳绳者特长，要尽可能地让跳绳者接触不同种类的花样跳绳。在比赛中跳绳种类编排的数量决定了分数的高低，要想获得较高的分数就需要在高难度下尽可能多地完成组合式跳绳种类。例如，在花样绳套路编排的创编过程中可根据跳绳者身体能力，结合音乐特点，适当增添花样的种类（如交叉、放绳、多摇、力量、体操等）。

（五）对比性原则

对比性原则能有效提高花样跳绳套路的观赏性。在创编过程中音乐的选取应充分考虑音乐节奏的强弱、快慢，以及相应的动作的动静、快慢、高低，同时应考虑服装与套路情节的对比，这些鲜明的对比往往能够给观众留下很深刻的印象。

（六）创新性原则

创新性是花样跳绳套路的生命，没有创新就没有进步。只有不断地创造出新的动作、新的组合、新的音乐、新的主题，才能充分发挥花样跳绳套路的独特魅力。创新性原则旨在使编排的动作内容想象力丰富且别具一格，跳绳元素、队形变换和组合的运用层出不穷。花样跳绳套路编排在技术动作、动作组合、跳绳元素及音乐形式等方面都要不断创新。在编排过程中，出现新奇的动作元素、队形变换和组合越多，其创新性部分的分值就越高。例如，在2015年全国跳绳联赛的大型表演赛中，重庆北部新区星光学校把跳皮筋的动作加在了长绳中，其创意编排分数就比一般队伍高。

此外，花样跳绳的各种难度动作和组合动作都不是固定的、一成不变的，在掌握了这些基础动作之后，还要不断学习创新的方法，调整动作的组合形式，运用新的结合关系去替代已有的、习惯的衔接和搭配形式。在编排之前可以多观看优秀的视频，积累动作组合和串联的方式，并把跳绳者和演出或比赛的实际情况结合起来，内容编排上不要大同小异，切勿盲目照搬，主题思想上要新颖有内涵，勇于标新立异。创新性的动作要靠平日不断积累素材，要用心去构思，将看似简单的动作巧妙地连接在一起。

花样跳绳套路编排的创新是一个永无止境的过程，要想创新就要充分理解各种套路和比赛规则，并且在符合花样跳绳运动技术特点和跳绳者身体发展规律的基础上进行大胆的想象和奇妙的构思，不断创造出新颖的花样跳绳动作。

（七）艺术性原则

花样跳绳是娱乐性很强的运动项目。随着社会的发展，花样跳绳的健身、娱乐、休闲功能越来越多地通过艺术化的表演展示出来。舞台化、艺术化的花样跳绳表演为花样跳绳拓展了发展空间，也给花样跳绳的动作技术、表现内容、运作模式、传播方式等带来了全新的考验。花样跳绳表演与跳绳单项技能比赛不同，这不是简单的一套动作、某个单一技术的表演或游戏的开展，而是综合这些活动内容，在精心的编排下有目的地形成某种风格，表达一定思想的作品。

党的二十大报告指出："坚持和发展马克思主义，必须同中华优秀传统文化相结合。"一些国家把花样跳绳比赛包装成专场艺术演出，将跳绳与科技手段相结合，借助灯光、舞台背景、音乐、服装等提升其舞台观赏价值和娱乐价值。

合理性、同步性、协同性、全面性、对比性、创新性、艺术性等创编原则并不是独立存在的，它们之间紧密联系，在创编实践中应认真领会，合理运用。

三、花样跳绳套路创编要素

（一）动作要素

依照不同的方式和技巧将多种摇绳方法和跳绳方法组合在一起，就构成了花样跳绳的基本技术动作。在花样跳绳比赛中，创编决定了整套动作的比赛成绩和表演效果，是成套动作至关重要的环节。花样跳绳套路动作组成复杂多变，除了跳绳技术独有的一些动作外，还包含健美操动作、街舞动作、体操动作及过渡连接动作等。花样跳绳套路的动作要素包括动作素材、动作美感、动作类别和动作衔接四个部分。

1. 动作素材

（1）融入健美操、街舞艺术动作素材。应根据跳绳者的身体素质融入健美操、街舞的动作，将此类动作正向迁移到跳绳中来，然后结合音乐的节拍来设置不同种类跳绳花样的难度动作。在实际的创编过程中，不能为了提高观赏性而一味地增加难度动作，因为在一定程度上难度动作的数量和质量是成反比的。在创编过程中，应该选择跳绳者已经掌握且能够比较熟练完成的动作来进行编排，以减少套路中的失误。此外，花样跳绳的编排与健美操有着同工异曲之妙，例如，创编时主题思想的构思、音乐类型的选择，队列队形的变换，等等。

（2）融入体操动作。国内花样跳绳比赛中体操动作包括前腿前空翻、俯卧撑、侧手翻、跳马、仰撑、前后空翻等。体操动作危险系数较高，创编时可根据跳绳者的能力水平、比赛规则和表演效果在成套花样跳绳套路编排中适当运用。

例如，在参加国内外大型表演赛时，重庆市黔江区新华小学跳绳队都增加了大量的体操动作，大大提升了整套动作的观赏性。现今国内绝大部分队伍都会选择性地将一些体操动作与跳绳技术融合起来，把体操动作与长绳、交互绳以及旅行跳结合起来，既能增强观赏性，又能提升难度动作分值。一般来说，跳绳者的水平越高，体操动作与跳绳种类的结合越多，难度分数也就随之越高。

（3）民族元素融入。在2019年全国少数民族运动会表演项目决赛中，辽宁、上海、陕西、贵州等省市都有以跳绳为载体的少数民族文化展示项目，其中，贵州省以苗族、布依族、侗族等元素进行编排，上海市以彝族文化为基础进行编排，陕西省展示了改编的"非物质文化遗产"项目。现今，在民族文化与花样跳绳融合的套路编排中，主要是将少数民族的音乐、舞蹈、仪式等具有民族特点的文化传承与花样跳绳进行融合。民族元素与花样跳绳的融合，既能够丰富花样跳绳内容体系，也能够创新民族文化的传承发展路径。

2. 动作美感

动作美感是掌握技术动作完成情况之一，也是评判成套动作完成质量的重要依据。根据跳绳者在完成动作时的绳子弧度饱满、优美姿态来评判成套动作的观赏性，较好的动作美感也能获得较高的跳绳技术评分。为了使跳绳者的动作具有美感，就要提高跳绳者动作完成质量的成功率和稳定性，跳绳者只有在轻松完成动作的前提下，才能够展现出熟练、自信的跳绳状态和风貌。

3. 动作类别

在花样跳绳套路中有很多种不同的花样跳绳技术类别，如单人绳、两人一绳、车轮跳、交互绳、长绳花样等，在成套动作创编时应根据评分标准及音乐的节奏、旋律充分选用不同类别的花样跳绳动作来提高动作的观赏性。

4. 动作衔接

花样跳绳套路是由多种类别的花样动作串联而成的，从一个类别转换为另一个类别（如从单人绳的技术种类转换为车轮跳的技术种类）时，应尽量避免出现绳子运转停顿的现象，编排时应根据跳绳运转的轨迹合理地选择和创编衔接方法，使各种类别的跳绳动作转换巧妙流畅。如果整套套路中各个跳绳类别的动作衔接设计合理，套路就会如行云流水一般，令观众赏心悦目。巧妙流畅的动作衔接要求创编者有较为丰富的实践经验及想象能力。

在花样跳绳套路编排中，板块衔接显得尤为重要，因为不同音乐间的转换与不同种类跳绳动作的变换都要求连贯流畅，动作衔接的创编要求是在音乐风格不断切换的过程中，不管是人员数量的变化还是从短绳到长绳的变换都尽量不要让绳子停下来再重新摇起来，各种连接越紧密越好。

（二）动作难度

动作难度是成套动作编排的基石，决定了成套动作的分值下限。在实际的创编过程中，不能为了提高观赏性而一味地增加动作难度。通过对《全国跳绳运动竞赛规则》的解读发现，无论是个人花样赛、车轮花样赛、交互绳花样、表演赛，难度动作都是制胜的关键。一般来说，参与表演度和表演动作的难度越高，得分会越高。至于怎样鉴别哪些动作难度有效以及动作难度的具体级别，需要创编者依据比赛组委会所依据的竞赛规则具体把握。

（三）难度要素

从评分规则的角度分析，影响动作难度的要素有难度动作的摇数、异体位动作的数量、体操动作的数量等；从个人发展的角度分析，影响动作难度的要素有下肢力量、协调性、摇绳手感等；从花样跳绳集体项目的评分规则分析，影响成套动作难度的要素有个人花样跳绳难度、长绳配合、体操动作的融合数量等。

（四）音乐要素

音乐是一门适用性广泛而伟大的艺术，音乐能给体育运动项目增添能量，使运动不再枯燥和单调。音乐节奏的变化和律动，体现出人类普遍的存在感觉，其给人们的精神世界带来了巨大力量。研究发现，不同类型的音乐带给人内心和身体的影响是不同的。例如，旋律优美的调子使人感到舒适，心情愉悦；节奏分明的音乐能使人的心情得到振奋和鼓舞；而激情雄壮的进行曲，能让人充满力量，热血澎湃。

花样跳绳套路创编不管是为了比赛还是表演，要想得到理想的效果就必须使各个要素高度协调配合。音乐作为创编中尤为重要的因素之一，是贯穿整个项目的灵魂。在具体的套路编排音乐的运用中，跳绳整体与音乐契合，音乐的变化与跳绳的节奏相互匹配，则音乐运用较好，分值较高；反之，若音乐的变化与跳绳节奏不匹配，节奏感不强烈等，则会相应减分。音乐时长也要符合规则。动作编排结合音乐还可加入一些特效，使之与动作巧妙契合，这样跳绳整体就会与音乐合拍，节奏感强烈。

1. 花样跳绳套路动作编排音乐的选择要求

（1）选择节奏感较强的音乐。花样跳绳套路编排的音乐跟健美操选用的音乐比较相似，动作与音乐的结合基本上是一个八拍的形式，所以在选择音乐的时候要尽量选择音乐节奏感强，节拍旋律都相对完整的音乐。这种音乐的特点是强弱拍明确，节奏鲜明，跳绳者比较容易根据音乐的节奏变化来变换动作，使动作整齐一致，整套动作富有感染力。但是并不是每首音乐的八拍都是完整的，因此动作也要随之灵活编排。

（2）选择适合跳绳者年龄的音乐。跳绳者年龄的大小也是选取音乐时的一个至关重要的因素。跳绳者的年龄不仅影响了他们对于音乐节奏的辨析能力，同时还存在音乐内容、风格与年龄是否相符的问题。幼儿组多选择活泼可爱型的音乐，青少年多选择阳光开朗型的音乐，大学生所选音乐则可以时尚前卫。

（3）选择音乐风格展现的主题思想与动作风格相统一的音乐。花样跳绳套路动作的主题思想是创编者在编排这套作品时所确立的，旨在通过演出使观众能够从中领会创编者的意图，也是套路编排的核心。由于在主题的选择上通常选择积极向上、能使人产生共鸣的主题素材，所以作为套路编排重要表现形式的音乐与动作之间就需要在风格上统一。例如，一段欢快的音乐就比较适合轻松有趣的动作，而一段急促狂躁的音乐则比较适合匹配有难度的动作。

2. 花样跳绳套路动作音乐的素材分类

音乐经历数千年的洗礼和沉淀，逐渐形成了各种不同的音乐风格和类型。根据具体的演出需求和目的，需要选择两种或多种不同类型风格的音乐。花样跳绳套路编排常用的音乐素材有以下几类：

（1）健美操、啦啦操等操化类音乐。此类音乐的特点是节奏感鲜明、风格类型繁多，能够满足不同年龄层的人员使用。这类音乐的使用还使动作与音乐之间的结合更加紧凑，有利于动作整齐度和同步性。

（2）电子音乐。以鼓机、效果器、电脑音乐软件、电子合成器等电子乐器所发出的带有电子音色的音乐，都可以称为电子音乐。电子音乐的覆盖面十分广泛，一些流行音乐、摇滚乐曲中就常常会出现。花样跳绳套路编排也常选用电子音乐，优美的旋律、抒情的音乐、叛逆的节拍、动感的舞曲以及充满正能量的乐章，以不同音色的融合演绎出了不同风格类型的电子音乐。

（3）交响乐曲。交响乐曲是由一定件数乐器集体合奏的一种乐曲。这类乐曲一般都给人一种气势磅礴的感觉，所选用的曲子也通常都是世界名曲，这类乐曲的选择不仅要考虑好与动作内容的搭配，也要考虑到与其他几首曲子之间的衔接过渡或者形成反差时是否得当。

（4）自创音乐。自创音乐是创编者通过紧紧围绕所编成套动作的主题思想以及动作节奏的快慢、动作高潮的变化等而量身创编剪辑的音乐，这类音乐能够很好地和动作内容契合在一起，必要时可加入一些独白、提示音、重音等。

（5）少数民族音乐。少数民族音乐多种多样，通常具有非常浓厚的地域特色，同时可以匹配独具特色的舞蹈动作，体现民族特色文化。例如，苗族最典型的乐器就是芦笙，绝大部分的音乐是通过芦笙展现出来的。

3. 花样跳绳套路编排音乐剪辑的要求

音乐剪辑合理，板块衔接顺畅。首先，音乐的剪辑要依据创编套路的目的来确定，编排比赛和演出会有明显的区别，同时需要考虑表演的规模类型、时长等。其次，要根据主题思想和动作内容来确定所选用曲目，在剪辑的过程中要保证每首音乐相对的完整性。再次，要注意几首音乐之间的过渡，连接部分不能生硬拼凑、出现断点等。最后，跳绳动作能够跟随音乐节拍且与音乐风格相吻合，两者彼此促进。音乐主题要积极向上、具有感染力、符合时代精神，音质和音效要清晰。

（五）场地移动要素

场地移动要素是指花样跳绳套路编排中的队形的变换。队形变换可以让观众和裁判更好地投入演出中，使演出更具观赏性。花样跳绳套路编排的队列队形变换与健美操、啦啦操等舞蹈类操化类队形的变化十分类似。队形的变化主要集中在短绳部分，是在完成跳绳动作的过程中实现的。在套路编排中，队形的变化并不是多多益善，而是依赖于跳绳者的数量、动作的数量和时长等因素，要变得恰当、合理与巧妙，要使动作之间的连接与跳绳者之间的配合自然流畅。

花样跳绳套路的场地移动要素如下：

（1）队形变换的数量必须根据比赛规则达到相应的要求。

（2）在编排花样跳绳套路的队形时，要尽可能地展示跳绳者的能力，可安排跳绳者多角度去完成某些精彩动作，使裁判和观众能够多方位、更直观地感知这些动作，带给他们一定的震撼和视觉冲击。在跳绳者的站位方面，可将动作技术水平高、身体和心理素质较强、动作稳定不易失误的跳绳者放在前排或中间比较显眼的位置上，这样不仅能够吸引裁判和观众，而且可以给后排跳绳者一个参照，鼓舞信心。

（3）花样跳绳套路编排的队形并不是一成不变的。队形变换的吸睛之处在于队形的调度、变化与融合。队形之间的相互转换绝不是生硬的，而是要在音乐的指引下恰当地完成。

（4）花样跳绳套路编排应穿插空间队形的变换。不同高度之间的起伏变化会给裁判和观众带来赏心悦目的层次感，如果创编者能够将空间队形的变化与音乐和动作恰当地结合起来，在队形方面就会取得良好的效果。

（5）场地因素是队形编排需要考虑的重要因素。在创编队形时需要结合跳绳者的数量等考虑场地的大小，比如人数过多时则不能编排过于分散的队形，在跑动队形时尽可能围绕中场进行，不能越过四周的边线。

（六）服装要素

花样跳绳套路作为一种集体性的展示，具有特色的观赏性不能依靠技术动作的配合展现出来，需通过对跳绳者的仪容仪表与服装的搭配，更直观地将成套动作的主题思想传达给评委或观众，因此在服装的选择上应符合成套动作的需要。花样跳绳的服装是专门用于演出和比赛的，所以除了美观大方，还要求它必须有利于成套动作的展现，不会束缚和限制动作，而是能够帮助跳绳者更轻盈、更舒适地去完成动作。

花样跳绳的服饰在色彩方面应该注重"亮丽"与"反差"。"亮丽"就是在服饰上选择一些荧光浅色以及彩钻亮片等装饰物，配合演出现场的灯光使效果最大限度炫目多彩。"反差"则是我们俗称的"撞色"，也就是两种相差比较大的颜色组合在一起，比如红配绿、紫配黄等。因为花样跳绳套路编排的表演或比赛更多属于体育领域，所以在服装样式的选择上，除了选取时尚创新的服饰，还必须考虑完成花样跳绳套路本身动作内容的要求。例如，在2016年全国跳绳总决赛中，重庆市云阳县盛堡初级中学在大型套路编排上穿着以荧光绿为主的服装；在2016年香港世界跳绳锦标赛中，瑞士跳绳队穿着以紫色为主的服装；这些服装都十分适合，不仅颜色亮丽，而且舒适大方。

花样跳绳比赛中服装选择除了颜色、舒适度方面，还应将服装与演出主题结合起来。

（七）运动环境要素

1. 场地要素

花样跳绳比赛的场地大小有明确的规定，例如，《全国跳绳运动竞赛规则》的规定是小型场地12米×12米，而大型场地则不小于15米×15米。场地的大小反映出规模的大小，创编要依照规模的大小进行。规模较大时，动作内容可以更加多样化，内容和难度动作的构思要考虑多一些，可以把动作难度降低，注重整齐度。创编时，场地的大小不仅决定了跳绳者的数量和音乐的时长，更是会影响动作种类和动作难度的选择。如果场地较小，在创编时就可以选择部分相对来说比较精彩或者比较具有代表性的动作。此外还需要考虑地面的材质问题，常见的地面有木地板、塑胶面、石材地面及水泥地等，一般来说，花样跳绳正规的比赛场地材质都是木地板。

不同的地面不仅对鞋子提出了要求，还对动作内容的编排有一定的要求。如果是木地板和石材地面，则要穿防滑的鞋子，而如果是在操场或者水泥地，则可以适当少编排一些需要身体与地面亲密接触完成的动作。

2. 感情要素

花样跳绳套路动作的完成，需要跳绳者之间超高的默契配合，不仅是对情感的体验，也是对素养的考验。跳绳者之间的联系及作用都是相互的，集体项目中个人的失误会导致同伴或多人失误，这样的动作被认为是关联度较高的动作。跳绳者的心理素质与整个团队的情感配合也是至关重要的因素之一，因此，平时要通过实践努力提高自己的素养，积极培养队友之间的默契，将外在动作与内在情感结合起来，给观众带来完美的视觉盛宴。

第二节　花样跳绳套路创编流程

一、竞赛和表演赛套路编排

花样跳绳套路创编是一项错综复杂的工程，需要遵从创编的基本原则和依据，创造性地将各项创编要素融合起来，赋予整套花样跳绳套路灵魂，充分展现自身风格特点及艺术价值。花样跳绳套路创编过程根据任务和目的的不同，可分为创编准备阶段、创编阶段、实施阶段和检验阶段。四个阶段的目的和任务不同，各自承担的内容也有所差异，这就需要它们之间相互协调配合、互为助力。

（一）创编准备阶段

1. 跳绳者选材

跳绳者选材是材料搜集阶段的一个至关重要的环节，因为跳绳者的技术水平与整体能力的高低直接影响比赛成绩和演出效果。在套路编排的实际选材过程中，可以根据跳绳者的基础对其进行身体协调性、绳感、学习能力、学习兴趣和态度等方面的测试。选材之后要结合跳绳种类和花样种类进一步了解跳绳者的实际水平，在正式创编之前，创编者要学一些教学技巧，如单人绳的教学可以安排掌握较快的跳绳者去帮助教学，如遇双人或多人的搭配动作，则可以采取以优带劣的方式。

2. 素材搜集

素材搜集是创编花样跳绳套路时首要考虑的问题，它奠定了整套动作的基调，为接下来的创编工作提供各项依据和支撑。这个阶段的顺利开展与否也直接影响成套动作的优劣。创编者需要依据该套作品的目的与用途进行创编，因此要先清楚创编套路是为了参加比赛还是演出。例如，创编是为了参加比赛，就要根据比赛规程和具体情况选拔跳绳者，考虑选取难度动作，选用音乐主题之后进行套路的创编；创编是为了演出，创编者应根据演出的具体要求创编，同时注重观赏性及演出效果。

花样跳绳套路编排的关键在于素材搜集，包括动作、音乐、构思和难度的搜集。动作与难度技巧的搜集需要创编者多观看有关套路编排的优秀视频，了解花样跳绳套路编排的整套动作中的成百个动作和难度技巧。创编者需要从视频中学习、吸取和积累优秀的动作、难度技巧以及过渡连接方式等，也可让跳绳者观看视频并熟悉成套动作，还可以根据跳绳者的实际水平将视频动作或者储备动作进行改编和创新。至于风格方面，创编者可以多借鉴几种优秀的风格，例如，上海跃动的摇绳风格就是在自己原有风格的基础上吸取精华并进行创新。除此之外，花样跳绳套路编排要想取得较好的效果就要添加一些难度技巧动作，这些动作对于跳绳者的身体素质要求较高。难度技巧动作不是一朝一夕就能够掌握的，需要一定的武术或体操功底，例如，体操中的倒立、空翻等。

3. 音乐搜集

在日常生活中，创编者随时随地都可搜集花样跳绳套路编排中的音乐。可以通过多种途径有意或无意去听各种风格的音乐，找到适合表演赛项目的音乐素材并及时保留或记录下来。通常，花样跳绳套路编排的创编者应该对累积的各种音乐素材进行分类，以便在需要时可以直接挑选。例如，在平时观看优秀的花样跳绳套路编排视频时，可以选取别的跳绳队伍运用的音乐记录下来，并根据其节奏特点逐一分类保存。

4. 构思搜集

构思是指在明确创编的目的用途、规则要求、规模大小等前提条件下，在脑海里对创编的作品进行设想，包括表演主题的构思、风格特点的构思，以及成套动作内容、难度的构思。一般创编者习惯采用文字记录的方式设计出一套表演赛项目的流程简图。

（1）表演主题和风格的构思。这部分主要是创编者针对此次展示的一个主观构想。花样跳绳的跳法和摇法花样能够展现出花样跳绳套路编排的风格特点，创编者可以借鉴优秀团队的风格，也可以在积累足够丰富的经验之后创造属于自己的风格，独树一帜。表演主题应表现出创编者想要传递的思想内容。

（2）成套难度动作的构思。成套动作的主题和风格确定之后，应开始进行成套难度动作的构思。为了取得良好的成绩和实现较好的效果，创编者应把摇绳花样与难度动作结合起来，贯穿于整套表演赛中。成套难度动作的构思一般包括如何开头、如何过渡、如何达到高潮以及如何收尾，这些动作内容之间是紧密相连的。通常来说，开头部分由固定造型开始，随着音乐的响起开始进入主题部分，动作之间的连接与转换是否自然流畅是这部分内容的重点，要在避免失误的前提下，选取难度适宜的动作，合理地组合动作，创造性地编排，在元素之间转换自如，同时搭配符合动作的音乐及服装，艺术性地把主题诠释出来。尾声部分一般是以造型结束，音乐的结束音与结束造型应相吻合。

（二）创编阶段——材料编排

经过准备阶段，开始正式进入成套动作的创编阶段。这个阶段是创编套路编排成套动作的中心环节，要将上一阶段所搜集整合的资料和构思设想投入真正的编排中去。在这个环节，要先编排各个部分的内容，然后将各个部分的内容串联起来，最后整合成一套完整的动作。

1. 动作的编排

动作的编排是成套花样跳绳套路编排的核心。套路编排的观赏性表现在其花样繁多，与传统的跳绳方式大相径庭。这阶段的主要任务就是将花样跳绳单个动作、组合动作与过渡连接动作融合起来，把动作内容与主题思想更好地结合起来，注重动作组合与连接方式的创新。具体创编套路编排动作内容时，需要分部分来进行。例如，我们可以根据跳绳的种类把套路编排分为个人绳、车轮跳、交互绳、长绳等部分，在确定该套路编排分为哪几个部分之后，我们再进行各个独立部分内容的创编，每个部分的具体动作选定之后再进行下一部分内容的创编，各个部分的内容都创编完之后，需要根据各种不同的连接方式把各个部分的先后顺序按照展示效果安排好，最后把所有动作都串联起来，不断实践，调整完善不合理之处，选择最佳的跳绳动作内容、组合方式以及过渡连接方式。

2. 难度的编排

难度的编排主要体现在摇绳花样与跳绳花样方面。难度技术动作的选择需要紧密结合跳绳者自身能力情况，例如，对于专业基础较好的跳绳者，他们已经掌握一定跳绳难度技术动作，创编者可以通过借鉴优秀视频对难度动作进行创新；而对于那些专业基础或身体素质比较差的跳绳者，则不要一味追求技术动作上的难度，而是去争取编排方式的创新，尽量减少失误，做到动作整齐划一，也可以追求更多的艺术表现形式。

3. 音乐的编排

音乐的创编与运用在整套表演赛项目中尤为重要。首先，根据音乐总时长和构思的动作内容来选取几首节奏感较强，风格和旋律比较适合的音乐；其次，根据各段音乐的节奏特点分部分去创编符合的动作，把创编之后的各个部分动作练熟再结合音乐去串联，尤其是过渡部分内容的串联；最后，多次串联之后再次调整音乐。如果在编排过程中发现音乐的速度过快或者过慢，则需要调整音乐的节奏，由于有些音乐并没有完整的节拍，所以要根据音乐的具体情况去编排相应的动作。如果多次出现动作做完而音乐剩余的情况，则可以截取音乐或者添加动作。截取音乐时需要保留音乐的相对完整性，不能单纯地凑节拍、凑动作，尤其两段音乐的衔接部分要自然流畅。通过反复串联与剪辑形成一首完整流畅，并且无明显剪切痕迹的音乐。对套路编排音乐进行创编时通常会在不同部分的内容使用不同的音乐，比如相对于长绳部分来说，在集体单人绳部分通常选取节奏感很强的音乐，在做难度技巧类动作时一般会契合音乐的重音或有特色的节拍。

4. 队形的编排

花样跳绳套路编排有高度的观赏性，队形的编排十分重要。一般创编者都采用在图纸上将队形记录下来的方式，先确定跳绳者的人数，然后根据各个跳绳者的水平从高到低依次给每个跳绳者用数字进行编号，接着根据每个部分的动作进行队形变换的设计，设计好之后再去排练场上进行排练，告知每个人的编号，按照动作去走队形，如遇到变换队形时动作不合理或者跳绳者与跳绳者之间跑动不及时的情况再进行调整。队形的变化要适量，尽量遵循就近原则并快速到位，队形的变换不能影响动作的展示，要连贯巧妙。

5. 服装道具的编排

服装道具的编排是创编套路编排的重要环节之一。依照比赛规则和演出的具体要求，在距离真正比赛或演出一个月左右的时间着手准备服装。如果使用之前的服装，需要干净整洁。也可根据展示内容专门准备一套服装，可适当修饰或者在合适位置处印上姓名、队名、赞助商等标志。一套符合动作风格的服装，不仅渲染了动作内容和环境，也更容易让跳绳者更加投入情景角色中去。

例如，上海跃动赴各地参加花样跳绳的比赛或演出时所着的统一服装上就有"上海跃动"的字样，这种做法不仅可以使评委和观众看到，也会激发跳绳者的斗志，提高自身表现力。但是切记不能穿有描绘暴力、战争、色情、宗教主题的服装。除此之外，套路编排的道具也是多种多样的，尤其是在演出的时候，呼啦圈、钢圈、跳跳球、毽子等都可以成为道具。这些道具的选择和编排同样要契合表演者的技术水平、演出场地以及演出的规模和类型等，需要强调的是，道具的选择同样要把安全性放在第一位。

（三）实施阶段——成套动作的整合

所谓整合，是指将成套动作的各相关要素及分段动作运用合理有效的方式结合在一起，从而形成主题一致，具有完整性、观赏性、艺术性、竞技性的成套动作。

花样跳绳套路编排的成套整合就是将各个单项部分的内容组合编排好，然后将各个部分连接起来，选择开场和结束造型，以及进出场礼仪的细节等，将一套创编完整的套路编排的动作内容与剪辑好的音乐相结合。一套优秀的花样跳绳套路的编排与整套动作的创意性、动作连接编排的合理性及服装、礼仪等方面息息相关。在此阶段应注意以下几点：

（1）编排的动作有自己的风格特色，有创新、趣味的动作出现。

（2）各部分动作之间的连接、队形变化合理流畅，难度动作分布均匀、形式多样，完成不吃力，基本不失误。

（3）能够充分调动场上跳绳者的参与度，团队之间配合默契、互动较多，作品具有感染力。

（4）作品体现出较强的艺术效果和视觉冲击力。

（5）整套编排尊礼守节，文明进行。

在这个阶段，通过反复串联成套动作发现动作内容的编排是否适合整体跳绳者，所选音乐与动作是否合拍，动作路线和场地使用是否合理，动作的方向、角度、面向是否有利于表现动作的幅度和美感，跳绳者是因为何种原因在哪个环节失误，各部分之间的连接与过渡是否流畅自然等。除此之外，还要考虑到真正演出或比赛时由于一些客观问题可能导致失误的情况。例如，在音乐播放方面，可能出现由于音响设备出问题致使音乐声音过大或过小、音质不清晰或不流畅等情况，要提前想好应对措施，如声音过大，有些需要把节拍喊出来的动作则需要喊出比平时更大的声音，声音过小或不清晰时也要依靠喊节拍来继续进行下去。此外，也要考虑到由于主观原因而导致失误断绳的情况，这里主要指动作内容方面。所谓"台上一分钟，台下十年功"，在所有的表演赛项目的排练和彩排过程中，会出现各种各样的失误，这些失误可能出现在意想不到的某个环节上，所以在排练过程中就要把每一次练习当作真正的演出或者比赛看待，尽量避免失误，即使失误了，立马补救，在配合当前音乐的前提下，迅速将接下来的动作做好。总之，在真正的演出或比赛之前，要准备各种可能出现失误之处的预案，尽量将失误风险降到最小。

（四）检验阶段——效果反馈

创编出一套完整的花样跳绳套路之后，不管创编的目的是表演还是比赛，都是需要经过实践检验的。在该阶段，创编者能够经过现场检验确认这段时间的编排效果，看跳绳者在比赛或表演中的发挥是否与训练时一致，造成失误的点是否相同，跳绳者之间的互动情况，观众更喜爱哪种类型的动作等。在这个过程中，得到肯定的部分继续发扬，缺失的部分则要及时弥补。在每完成一场花样跳绳套路编排演出或比赛时，都要及时通过各种方式记录并保存下来，一般来说，可以采用文字与录像两种方式。文字记录可参照并完善创编前构思的设计流程图，运用跳绳专业术语和图形，记录动作的名称、做法、节拍及摇跳方向路线等。而录像记录要尽量多选取几个角度，清晰记录下训练和比赛的重要视频。这些记录既是劳动成果的保留，也是套路编排道路上的一个见证，通过各种模拟或现场的实践检验，从中分析不足之处，鞭策自己创作出更加优秀的作品。一套优秀的花样跳绳表演赛项目套路是在学习、修改的基础上一遍遍地进行推敲检验，最后才逐渐成型的，所以说创编的效果反馈阶段也是一个认识不足并不断修改、不断完善的过程。

二、跳绳大课间编排

根据教育部相关文件要求，中小学校每节课间应安排学生走出教室适量活动和放松，每天统一安排 30 分钟大课间体育活动，让学生有更多时间到户外活动和望远，缓解视力疲劳。各个中小学根据学校自身特色构建自己的大课间活动，是展现学校体育文化和学校体育成果的重要途径。具体内容请扫二维码查看。

附件一 小学大课间花样跳绳执行方案

1. 选择合适的主题元素

根据学校的发展方向，结合学校校园文化发展的主题思路来确定大课间的主要方向和主题元素。例如，黔西县锦星一小，以国学为主要特色，因此在体育大课间中就需要将国学的元素融入大课间的跳绳动作中。

2. 选择合适的音乐元素

依据前期确定的主题元素，选择与之相适应的音乐元素。例如，黔西县锦星一小为了进一步凸显学校国学大课间的特色，绳操音乐就选用"百家姓+弟子规"，使大课间与校园文化相契合。

3. 匹配契合的跳绳动作

根据大课间参与对象不同，编排的动作也会有很大的差异，小学一二年级和五六年级的学生编排的动作都会有具体的差异；不同的音乐风格，编排的动作也会有差异，宏大、快速的音乐适合多摇等难度动作，欢乐、轻快的音乐适合快速的步伐等。

4. 班级特色活动编排

为了凸显各个班级的特色，各个班级选择的跳长绳的内容又会有较大的差异。一年级以跳绳的游戏组织为主；二年级可尝试"8"跑空、跳过等；三年级可以编排绳中绳、"十"字绳网等；四年级可以编排交互绳、"十"字穿空等；五年级可编排交互绳"8"字、绳中绳步伐等。

第五章　花样跳绳的教学

第一节　花样跳绳教学原则

一、学生主体性原则

学生主体性教学原则是指在体育教学过程中，学生始终是学习的主体。教师的一切活动应根据学生主体的需要和特点来安排，学生应在教师的指导下积极主动地参与教学活动，充分发挥学生主体的自主性、主动性和创造性。

二、技能教学为主原则

技能教学为主原则是指由于体育学科的特点，学生一般以身体活动为手段来掌握体育运动技能，并在此过程中进行体育能力的培养。花样跳绳技术动作主要由摇绳的方向、摇绳的圈数、手臂的变化、脚步的变化及身体姿势的变化等动作要素组成，千变万化，丰富多彩，在教学中仅用语言很难使学生建立完整的动作概念、正确理解技术，因此必须采用多种方法让学生理解和学习，同时要力求简洁直观、生动形象，注重形象思维，启发学生感知。在花样跳绳教学过程中，教师要尽可能地调动学生各种感官去感知动作，然后根据想象模拟。

三、兴趣先导实践强化原则

兴趣先导实践强化原则是指在体育教学过程中要着力培养学生的体育兴趣，只要学生对体育学习产生了兴趣，这种驱动力就会成为学生学习的动力源泉，在体育实践中有意进行强化，使这种动力持续保持，使体育学习得以顺利进行。绳子属于软器械，不易控制，花样跳绳动作复杂，团队配合性强，需要大家齐心协力才能完成。"兴趣是最好的老师"，因此，调动学生的积极性并让学生在快乐中学习就显得非常重要。

四、快乐学习原则

在跳绳教学过程中，教师应以鼓励为主，当学生达到一定的教学要求时，要及时肯定

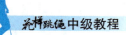

其成绩，使他们感到自己总是在进步，有学习的信心，有努力的方向和目标，从而不断进步，更加自觉积极地学习。跳绳花样繁多，任何一个基本动作都可以通过动作叠加（如后摇、侧打、胯下、多摇、转身等）而转变为其他花样，教师要注意任何微小的进步，及时肯定学生的创意（如学生对就基本动作的改编），给他们以信心和鼓励，不断引导和培养学生对跳绳运动的兴趣和爱好，激发学生学习动机，积极思考，刻苦学习。

第二节　花样跳绳的教学方法

花样跳绳教学方法是指在题材教学过程中，教师与学生为了实现教学目标，完成教学任务而采取的教与学的方式、途径、手段的总称。花样跳绳教学方法实际上是体育教学方法在花样跳绳教学中的具体应用，但花样跳绳教学有自己的特殊性，在教学中应根据自身的特点，创性地加以应用。

花样跳绳教学是教师与学生的互动过程，在运用教学方法时应考虑到教师通过何种途径向学生传递教学信息，学生又通过何种感觉器官接收教学信息。根据信息传递的途径、方式以及接收器官的不同，可将花样跳绳教学方法分为直观法、语音法和练习法三类。

一、直观法

直观法是指将花样跳绳动作通过示范、模型演示、图解、图像等方式将动作过程演示出来，让学生了解动作外部的运动学特征。教师的示范、教具的演示、图解的表达，以及各种形式影像的放映，可以将动作过程的信息通过光波传递给学生的视觉器官，视觉器官感知这些信息后，传递给大脑，大脑通过加工整理后形成动作表象。当前花样跳绳教学中常采用示范法和图像法。

（一）示范法

示范法是指示范者通过自身完成动作，将动作全貌展示给学生，让学生了解动作的一种方法。示范法是花样跳绳教学中最常用的直观法，这是因为示范法最为简便、真实，具有感染力，它不但可以帮助学生建立正确的动作表象，还能激发学生的学习热情，产生跃跃欲试的冲动，起到鼓舞和激励的作用。另外，教师优美的示范动作，还能起到提高教师威信的作用。

1. 示范法的种类

由于花样跳绳教学内容较多，因此示范法的方式也较多，常用的有完整示范法、分解示范法、慢速示范法、对比示范法等。

（1）完整示范法。这是指对单个动作、联合动作和成套动作，从头到尾进行示范的方法。对于一些动作不复杂、难度小或不能分解的动作和组合，可采用完整示范法。其优点是可以将动作全过程展示给学生看，让学生建立起完整的动作表象，达到提高教学效率的目的。

（2）分解示范法。花样跳绳教学内容中有一部分难度较大、路线较复杂的动作，在教学中必须将它们分解开来学习，此时就要将动作分解成若干部分来示范，这就是分解示范法。

（3）慢速示范法。这是指人为地延长完成动作的时间，使动作的速度明显慢于正常速度的方法。放慢动作的速度可使学生更清楚地看清动作的过程，有利于学生观察和理解动作。但慢速示范法只能局限于难度相对较小的动作。

（4）对比示范法。这是指针对学生在学习中出现的常见错误，相继展示正确的动作和典型的错误动作，以此引导学生对正误进行比较和鉴别，弄清错误之所在，强化对正确动作的理解。运用对比示范法时，应注意避免哗众取宠，过分夸张地展示错误动作，也不要过多地重复错误动作，以免造成适得其反的效果。

2. 示范法的运用

运用示范法时要注意以下几个方面：

（1）示范动作应准确优美，精神饱满，具有感染力，既能给学生建立起正确清晰的视觉形象，又能使学生产生美感，激起他们的学习热情。

（2）应根据教学的不同阶段，有针对性地进行示范。在教学的第一阶段，应做正确完整的示范，并配合精练、生动、形象的讲解，使学生建立起完整的动作概念；第二阶段除了完整示范，还应针对学生学习中出现的问题进行分解示范或对比示范，以利于预防和纠正错误动作，改进和提高动作技术；第三阶段可少做示范，着重改进动作技术的细节，提高针对的质量。

（3）正确选择示范位置和示范面。示范位置是指示范者与学生之间的空间关系，其距离多远、位置多高应根据学生的人数来决定，选择的位置应能保证全体学生都能看清楚。对于花样跳绳动作教学，一般采用正面示范与侧面示范两种形式，至于具体采用哪一种，则要看动作结构的特点和教学的需要。

（二）图像法

图像法是指运用图解、电影、录像、多媒体等手段，显示动作完成的过程，使学生了解动作的运动学特征。图像法虽然不如示范法那么真实，却也能显示动作。现代化教学技术，尤其是计算机技术，可以从更多角度展现动作，可以任意地控制动作完成的时间，要快可快，要慢可慢，还可以定格在某一时段，将它凝固在屏幕上，以便于分析其技术，起到示范动作达不到的效果。

运用现代摄影技术还可以现场将学生的动作拍摄下来，放给学生看，使学生真正了解自己动作存在的问题。另外，可以采用计算机技术，在各种软件提供的三维动画平台上，制作出各种教学所需要的动画；可以采集学生的动作图像，并利用数码技术输入计算机进行比较分析；还可以制作出各种花样跳绳教学课件，利用课件的互助作用，让学生自主地进行分类学习、插入学习、比较学习、连接学习和问答学习等。

通过信息化手段构建数字化教学资源中心，收集和拍摄原创教学视频，学生通过网络完成课前预习和课后自习，提升学生的自学能力和个人素养。

总之，随着现代教育技术的不断提高，我们能够将更多信息化的手段融入花样跳绳教学课堂，为花样跳绳教学改革提供更为有效的手段。但是，应用的各种手段应当有明确的目的性和针对性，绝不能盲目地滥用。运用现代图像显示方式时，应当注意以下几点：要根据教学不同时段的需要；要针对不同教学内容的特点；要掌握好用的时机；要注意与其他教学方法手段的有机结合；要考虑学生的需要和观察的效果；要考虑实际条件和可行性。

二、语音法

语音法是指教学中由教师（或音响）发出有关花样跳绳动作的语音信息，通过声波传到学生的听觉器官，由听觉器官接收语音信息并传递给大脑的教学方法。语音法利用的是第二信号系统，通过语音法可以启发学生积极思考，加深学生对动作理解，培养学生分析问题的能力。花样跳绳教学中常用的语音法有讲解、提问、提示、评价等。

（一）讲解

讲解是以语音的方式向学生说明动作的名称、要领、要求以及动作的基本原理，说明动作的结构和关键技术，解释技术的内在联系，以加强对动作的理解。运用讲解法时应注意以下几点：要有明确的目的性和针对性，应讲解动作的基本原理，让学生加深对动作的理解；语音要精练，突出重点，提倡运用术语、口诀等方式进行讲解；要形象生动，富有启发性，发挥学生的想象力与联想力，加快对动作的讲解；要注意讲解与示范的合理配合，必要时可以边示范边讲解。

（二）提问

提问是指在教学中教师向学生提问题，并要求学生做出回答的教学方法。运用提问法可以培养学生分析问题和解决问题的能力。运用提问法应注意以下几点：要把所提的问题用简练的语言讲清楚；所提问题要根据学生的水平，不要太难，也不要太容易，应当是学生经过短时间思考即能回答的；在学生难以回答问题时，应给予必要的提示。

（三）提示

提示是指在学生练习过程中，用短促有力的词语提示动作的方向、用力的时机和部位及关键技术，以此强化正确的技术要领，抑制错误。例如，在完成侧甩提前异侧胯下交叉直摇（SC1O）时，完成过程中不断地提示"前腿抬高、手腕发力""起跳分腿、下手快"等，就是对动作发力的重难点的提醒。

（四）评价

花样跳绳教学中的评价是指对学生完成动作的质量给予简明的口头评定。教学中常在学生完成动作后立即给予口头的评定，如"很好""不错"等。对学生完成动作的质量评价，可以让学生明白练习的实际效果，还可以激起学生的成就感，调动学生学习的积极性。当然，对学习中存在的问题，同样必须明确指出，但要注意用词，避免打击学生的积极性。

三、练习法

花样跳绳是典型的开放式运动技能，这种运动技能需要反复练习才能掌握。因此，练习法是花样跳绳教学中最常用的教学方法。练习法主要包括完整法与分解法、重复练习法、变换练习法，以及游戏法与比赛法。

（一）完整法与分解法

1. 完整法

完整法是将单个动作或组合动作视为一个整体，学生一开始学习就进行完整动作的练习。此方法一般用于学习较简单或无法分解的动作。其优点是不会人为地将动作的技术结构分割开，保持动作的完整性，有利于学生通过练习建立完整的动作概念；缺点是不适于某些较难、较复杂动作的学习。

2. 分解法

分解法是指将单个动作或联合动作分为几个有机联系的部分，然后单独进行教学，待学生通过练习掌握了各部分的技术后，再将各部分组合起来完整地进行练习。它的优点是可以将所学的动作简化，集中精力学习某些较难的技术环节，使学生能够入手并较快地掌握动作技术。它的不足之处是容易割裂各部分之间的内在联系，破坏动作之间的结构，不利于学生形成完整的动作概念。为了达到提高教学效果的目的，运用分解法时应注意以下几点：对于一些较简单的动作，不必刻意将它们分解开进行学习，以免降低学习效率；在采用分解法之前，应深入分析动作的技术结构，以便科学地将动作进行分解；分解练习的时间不宜过长，否则将造成被分解的某些部分形成较强的动力定型而导致完整练习时技术不连贯；分解法的最终目的是让学生掌握完整的动作，因此运用分解法时应注意与完整法的合理配合，使二者互相促进、相得益彰。

（二）重复练习法

重复练习法是指在相对固定的条件下，不改变动作的结构，按照动作要领反复练习。这种方法在单个动作和成套动作练习中均可使用。重复练习法还可以分为连续重复练习法和间歇重复练习法。

1. 连续重复练习法

连续重复练习法是指练习之间没有间歇，连续不断地做相同的一个动作或成套动作，如在一套个人花样成套动作中，将组合一"SOO+SCO+SOC+SCC+SEO+SEC"完成后不休息，接着完成第二个组合"体操前手翻+俯卧撑"。在花样跳绳教学中，一般在复习课或学习技术较简单动作时采用此方法。运用连续重复练习法不仅可以促进动作技能的巩固和提高，还可以发展学生的专项素质，增强学生体质。

2. 间歇重复练习法

间歇重复练习法是指在重复练习的过程中有相对固定的间歇时间，间断性地反复进行一个动作或一套动作的练习。此种方法有利于对动作的技术进行精雕细刻，在动作学习的第一阶段，一般采用间歇重复练习法。

连续重复练习法和间歇重复练习法各有长处，也都有一定的局限性。在花样跳绳教学中，应当根据教学的不同阶段、不同的动作特点以及学生的实际情况加以选择。运用重复练习法时应注意防止错误动作的重复，一旦出现错误动作应立即给予纠正，甚至停止练习，否则错误动作一旦定型就很难改正；在初学阶段一般不采用连续重复练习法，以免影响正确技术的掌握；运用连续重复练习法时，应按学生的实际能力确定连续的次数，连续做的次数过多，不仅影响动作技能的巩固，还可能危害学生的身体健康。

（三）变换练习法

变换练习法是指在不改变动作性质的前提下，合理地改变动作时间和空间要素或外部条件，以达到提高花样跳绳学习效果的练习方法。运用变换练习法，可使动作变得相对容易，有利于初学者由易到难、循序渐进地学习动作技术，也可以使动作变得相对较难，促使学生进一步提高动作质量；还可以使练习手段灵活多样，增加练习的新鲜感，激发学生练习的兴趣和积极性。花样跳绳的变换练习法主要包括改变动作时间和改变动作外部条件两类。

1. 改变动作时间

任何一个花样跳绳动作都有自己的时间特征，改变动作时间，就是根据教学需要，打破常规的时间特征，人为地延长或缩短动作完成的时间，使动作更容易或更难。延长动作时间，实际上就是以更慢的速度来完成动作。有些花样跳绳动作，延长时间会增加其完成的难度，促进学生提高完成动作的能力。例如，完成一些异体位的交叉动作（C1C2E1E2）时需要将用力动作的完成速度适当放慢，延长一些平衡动作的时间，以提高控制身体的能力，促进肌肉力量的增加。缩短动作的时间，实际就是以更快速度来完成动作。例如，完成体前异侧胯下交叉+同侧体前胯下交叉（C1+C2）时，动作可稍微快些，以便更好地掌握动作的发力。

2. 改变动作外部条件

花样跳绳难度动作学习之初，时常会通过改变外部条件，以降低动作学习难度，从而达到快速学会难度动作的目标。例如：在学习异体位多摇，特别是三摇以上的难度动作时，尝试在蹦床、充气垫子上等能够提升起跳高度的外部环境中，能够更快体会到动作运动轨迹和肌肉发力。

从花样跳绳动作技术结构角度看，以上两类变换练习法是改变动作的内部因素及其相互关系，而改变动作外部条件指附加某些完成动作的条件以促进动作顺利完成，如外部的助力和附加辅助器械，花样跳绳教学离不开外部的帮助。

（四）游戏法与比赛法

1. 游戏法

游戏法是指在花样跳绳教学中，结合教学的需要，采用游戏的形式组织学生练习的方法。游戏法具有趣味性、模仿性、竞赛性和创造性，可使一些枯燥的花样跳绳练习变得妙趣横生，不仅可以达到活跃课堂气氛和调动全体学生积极性的目的，还可以培养学生的团队精神和良好的心理素质。游戏一般安排在课程的开始部分或结束部分，目的是活动身体、集中注意力或放松。

丰富的花样跳绳内容可供教师创编出各种各样受学生喜欢的游戏。例如，利用吊绳、横绳、爬竿、助木、云梯等器械，组合成"过河""探险"等游戏；把双人操练习变为各种互顶、互拉、互相破坏对方平衡的游戏，利用短绳、长绳、实心球等轻器械练习组合成游戏，将"抬木头""推小车""爬倒立"等提高身体素质的练习演变成游戏或比赛，将学过的花样跳绳动作组合成游戏，还可以将不同的器械组合成游戏。

在花样跳绳教学中，教师可发挥自己的创编性，针对所要完成的教学任务，创编出有特色的游戏，但在游戏的创编与实践中要注意以下几个方面：

（1）游戏创编要有明确的目的性。游戏要有助于教学任务的完成，应注意选择有利于学习的一些辅助性练习作为游戏内容。

（2）凡是游戏就必须有规则。创编时应制定明确的规则，游戏进行前必须讲明规则与要求，游戏中应监督学生执行，游戏一结束就应当立即宣布结果，并马上兑现奖惩办法，例如，罚输的一方集体做俯卧撑。

（3）要注意游戏的安全性。游戏所选用的活动内容一般应是学生已掌握的较简单的动作，游戏的路线、方向、距离应合理，防止游戏中相互碰撞，应用器械时应事先检查器械的安全性。

（4）游戏要有创新性。有创新的游戏才能更好地引起学生的兴趣，过多地重复某一游戏，将使学生失去兴趣。

2. 比赛法

比赛法是指以比赛的形式组织教学的一种方法，其主要特点是竞争性和趣味性。运用此法，可使学生情绪高涨，促使学生最大限度地挖掘身心潜能，培养学生的集体主义精神和顽强拼搏的意志品质。

花样跳绳教学中运用比赛法的形式多种多样，可以是游戏比赛，也可以是教学比赛、测验比赛等；可以是个人与个人比赛，也可以是小组与小组比赛，还可以是班级与班级比赛。根据不同阶段教学任务的不同，花样跳绳教学比赛可分为比完成率、比动作质量和比动作数量等形式。

（1）比完成率。花样跳绳动作有一定的难度，一般都要经过多次练习才能掌握。花样跳绳动作从不会做到会做，需要付出一定的努力，甚至要吃一点苦头，否则就难以突破。例如，把学生分成人数均等的若干组，每组同上一个同学做同一个动作，只要动作完成了就得分，完不成不得分，每位学生都得做，最后得分多方胜。用此法进行比赛，可激发学生的练习热情，充分调动他们的潜力，提高动作的成功率。

（2）比动作质量。花样跳绳教学的目的不仅是让学生学会动作，还要求学生做好动作。教学中往往有一部分学生只满足于会做动作，对动作质量不在乎，因此，在学习的第二阶段可采用比动作质量的形式促使学生纠正错误动作，提高动作质量。比动作质量一般采用评分的办法，通常可采用 10 分制，为了便于计分，教学比赛中还可采用低分值评分法，如 1 分制、2 分制等。

（3）比动作数量。花样跳绳教学中比动作数量的目的主要是发展花样跳绳专项素质，比赛的内容一般都是学生已掌握的、技术比较简单的动作，例如，连续双摇的时间、连续双摇的次数、连续三摇跳的次数等。比赛内容的选择要针对学生的薄弱环节，但切忌选择可能危害学生身体健康的动作。动作数量的比赛同样可以采用个人赛的形式，也可用小组赛的形式。

设计组织花样跳绳教学比赛应注意以下事项：比赛的设计与实施应紧密结合教学目标，为教学目标达成服务；比赛内容的选择应考虑学生体能和技能掌握的实际情况，并确保不危害学生的身体健康；比赛的规则要简明扼要，易于操作，要向学生讲明规则并加强监督；比赛结果的判断要迅速果断，公正准确，比赛后要进行总结性的评价，明确努力的方向；比赛的组织要合理严密，避免拖拉而影响课程进度；分组比赛时应注意调整各组的实力，使各组的实力大致相等，提高竞争的激烈程度；比赛过程中应注意安全，要采取必要的措施防止伤害事故的发生。具体内容请扫二维码查看。

附件二　教学设计方案

第六章　花样跳绳的训练

根据参加花样跳绳训练目的的不同可将训练类型分为竞技类和健身类。竞技类训练是指以参加比赛获得优胜为目的，而采用各种训练手段来提高身体素质和专项技能的训练；健身类训练是指在平时根据自身身体状况，为提高身体健康水平、保持良好的身体状况而制订各种计划并贯彻执行的训练。

第一节　花样跳绳训练的特点与基本原则

花样跳绳训练的目的不同，遵从的原则也有所差异，但其内部存在一定的规律，只有严格按照这些规律实施训练，才能达到训练的效果，取得最终成功。

一、花样跳绳的特点

（一）简单易行

跳绳不一定需要固定的长时间段。上班人士可以利用上下班前后的空余时间练习，学生可以利用大课间、放学后（或业余时间）进行花样跳绳训练。

我们只需要一块平整的开阔地就能够完成个人的花样跳绳，学生可以在走廊、操场上，工人可以在车间里，白领可以在健身房内。

无论是业余健身训练还是专业竞技训练，要想达到最佳效果，都应明确长期训练目标、发展方向和长远计划，同时制订阶段训练计划，包括训练内容安排、采取的方法和手段等，以保证长期训练目标的实现。

（二）内容丰富

花样跳绳项目多样，主要分为速度和花样两大类型。速度项目以体能为主导，主要比拼运动员的体能储备；花样赛考验的是运动员对跳绳技术动作的掌握情况，体现的是以技能为主导的运动形态。两者又包含了众多项目，正式比赛项目共有 42 个，还有许多趣味竞赛项目，可供锻炼者选择。

花样跳绳内容丰富，融入了体操、武术、舞蹈、音乐等各种流行元素，演变出很多跳绳花样，既有很好的健身效果，又能吸引更多的青少年参与。

二、花样跳绳训练的基本原则

（一）速度项目训练原则

1. 互补性原则

速度是指在单位时间内完成动作的速度。在速度训练中，练习手段的效果是特异性与非特异性的统一。速度训练的整体最优效果取决于不同练习手段对身体特异性与非特异性影响的互补。每一种练习手段都有局限性，只有合理科学地选择练习方法，才能够更加科学有效地提高效果，达到提高速度的目的。

2. 主变性原则

在速度训练过程中，身体素质是主变因素，专项技术是辅变因素。技术训练始终从属于身体训练，身体素质的发展变化是推进整个训练过程向前发展的真正动力。身体训练才是速度训练的制高点，技术与成绩的演变过程实际上就是对身体素质尤其是专项身体素质的控制过程。在日常速度训练的过程中，身体素质训练是主要的核心训练板块。

3. 集约化原则

通常，随着训练过程的发展，在训练水平逐渐提高的条件下，身体训练的内容、方法以及练习负荷的取值范围会逐渐收缩，并集中朝某一方向发展，这就是训练过程中的集约化原则，速度训练也是如此。

（二）花样项目训练原则

1. 区别对待原则

区别对待原则是指在花样项目训练过程中，根据训练对象的个人特点（年龄、性别、身体条件、训练水平、特长、文化水平和心理品质等），有针对性地科学确定训练任务、内容、方法、手段和运动负荷，以期达到最佳的训练效果。训练水平越高，个人的特点就越突出，更要贯彻区别对待原则。

2. 合理负荷原则

合理负荷原则，是指在花样跳绳运动训练过程中，以运动员的身体素质状况、健康水平及训练水平为依据，根据训练周期分段目标，合理安排运动负荷，适当增减运动量，以达到训练目标。

在进行花样训练时，需要大量的重复，但是身体极限的重复会造成机体的疲劳甚至形成运动损伤，因此合理的运动负荷是花样跳绳训练的重要部分。

3. 速度与花样相互促进原则

速度训练是花样跳绳训练中的基础训练，花样训练是速度训练的高级形式，要想花样跳得好，必须抓好速度训练，很多花样动作的完成都需要速度作为保证，如个人花样中的多摇跳花样、交互绳速度及交互绳花样中的快速步法等，都是快速地移动，如果没有速度的基础，很难做出精彩的花样。

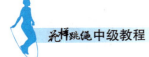

在训练初期，应该以速度训练为主，注重基本绳速和绳感练习，加快绳子的摇动速度，打好扎实的基本功，速度达到一定水平后（如30秒单摇达到150~160次）就可以逐步增加花样的训练内容，同时加强节奏和绳速的练习，以提高对绳子的控制能力。

第二节　花样跳绳训练内容

花样跳绳项目众多，不同的项目采用的训练方法也有很大的差异。速度类项目以体能为主导，训练方法以大强度间歇训练法为主；花样类项目以技能为主导，训练方法以循环训练法为主。

一、速度类项目训练

（一）身体素质训练

速度类项目在规定时间内动作频率越快越好。在平常训练过程中重点要加强各项身体素质的训练，包括力量素质、耐力素质、速度素质等。

1. 力量素质训练

力量素质与其他身体素质有极为密切的关系，影响练习者肌肉耐力的增长、灵敏素质的发展和速度素质的提高等，是基本的运动素质。练习者任何技术动作的表现都是通过肌肉工作来实现的，因此力量素质是身体训练水平的重要指标。跳绳属全身运动项目，需要全身协调发力，需要上肢摇绳力量、腰腹核心控制力量、下肢弹跳和快速力量。

（1）上肢摇绳力量。在初期接触跳绳训练时，要养成正确的摇绳动作，形成正确的摇绳发力。摇绳时手的动作姿态要求：手臂自然下垂，稍微向外打开，手掌外展，拳心不可向上，用大拇指和食指发力，起绳时小臂带动手臂摇动，带动绳体向上摇动，之后向下点手腕，绳子摇起保持在身侧，且与地面垂直，与身体的矢状面平行。具体训练方法如下：

①将绳子一端固定，将一支绳柄滑动至距离另一支30~45厘米处，然后计时，在规定时间内完成空摇绳次数。空摇时间及次数对照如表6-2-1所示。贵州师范学院花样跳绳队30秒单摇细绳成绩如表6-2-2所示。

表6-2-1　空摇时间及次数对照

时间	10秒		20秒		30秒		45秒		60秒	
	男生	女生	男生	女生	男生	女生	男生	女生	男生	女生
次数	≥55	≥55	≥115	≥105	≥170	≥160	≥240	≥220	≥300	≥280

备注：在初期练习摇绳动作时，要以保证技术动作正确为前提尽可能多摇。在后期达到较高训练水平时，多做45秒、60秒摇绳，以增加上肢速度耐力，为30秒、3分钟项目做好准备。

表 6-2-2 贵州师范学院花样跳绳队 30 秒单摇细绳成绩

日期	姓名	性别	前 10 秒	中 10 秒	后 10 秒	总成绩
2018 年 4 月中旬	赵××	男	68	65	62	195
	王××	男	65	63	60	188
	吴××	男	59	54	50	163
	蒋××	男	58	55	48	161
	徐××	女	60	57	54	171
	张××	女	55	54	53	162
2018 年 5 月中旬	赵××	男	69	66	62	197
	王××	男	66	64	60	190
	吴××	男	60	55	51	166
	蒋××	男	59	56	48	163
	徐××	女	61	58	54	173
	张××	女	55	55	53	163

②绳体的选择先粗后细，先重后轻，持之以恒，循序渐进。

绳子的粗细轻重对速度快慢的影响也是非常大的，用重绳练习的主要目的是提升跳绳者的耐力。耐力提升后，才能保证后程冲刺的速度。建议每天在练习速度时先采用直径 5 毫米的粗钢丝进行练习；用自己最快速度的 80% 跳 200 个一组，共 3 组；然后全速冲 10 秒，5 组；20 秒，3 组；30 秒，两组；1 分钟，一组。每组间隔 30 秒。之后再换比较轻细的绳子，直径 1.5 毫米，直接冲 10 秒，3 组；20 秒，3 组；30 秒，3 组；1 分钟，一组。表 6-2-3 记录了贵州师范学院花样跳绳队 30 秒单摇粗细绳结合练习成绩。

表 6-2-3 贵州师范学院花样跳绳队 30 秒单摇粗细绳结合练习成绩

日期	姓名	性别	前 10 秒		中 10 秒		后 10 秒		总成绩	
			粗绳	细绳	粗绳	细绳	粗绳	细绳	粗绳	细绳
2018 年 6 月上旬	赵××	男	66	70	60	66	56	66	182	202
	王××	男	56	67	54	67	51	66	161	190
	吴××	男	52	61	51	59	50	56	153	166
	蒋××	男	53	59	51	53	50	51	154	163
	徐××	女	51	61	51	59	50	55	152	175
	张××	女	50	55	50	55	48	54	148	164
2018 年 7 月中旬	赵××	男	68	72	65	70	62	70	195	212
	王××	男	59	67	56	64	55	63	170	194
	吴××	男	56	60	54	59	53	59	163	178
	蒋××	男	57	61	54	69	53	58	164	178
	徐××	女	57	62	54	60	52	60	163	182
	张××	女	55	58	52	56	50	56	157	170

（2）腰腹核心控制力量。速度项目是以身体素质为基础的项目，腰腹是身体的中心连接段，其核心控制力量极为重要。较好的核心控制能力能够将上下肢很好地协同起来联合发力，核心控制能力偏弱时会出现上下肢不协调、动作不够稳定等情况。训练方法主要有腹背肌两头起、平板支撑及在瑜伽球上完成的平衡练习。

（3）下肢弹跳和快速力量。跳绳是以下肢力量为核心的运动项目，90%的动作是依靠下肢力量完成的，下肢力量的训练尤为关键。在速度项目中需要提高下肢快速发力的能力，即提高"步频"。例如，跑台阶是训练30秒单摇跳的一种很好的辅助训练，但是跑台阶的方法要正确。选择高度适合的台阶，每阶高度在15厘米，台阶平面宽度约30厘米左右，阶面不要太光滑，以免摔倒。在向上跑的过程中，每步只上一级，以髋关节为轴，上体前倾下压，大腿要主动向上抬起，上体保持放松，千万不能摆臂，一旦摆臂动作就会僵硬。下台阶时同样一步一阶，身体姿态不变，小腿放松，频率加快。动作熟练之后，需要一定量的积累，以40级的台阶为准，5个上下算一组，每次做3~5组，半小时内完成。参加大型比赛时，量可加到8~10组，1小时内完成。腿部力量差的需小腿绑沙袋进行练习，沙袋质量根据个人情况来定。

2. 耐力素质训练

耐力素质是指机体坚持长时间运动的能力。按人体生理系统分类，耐力素质分为有氧耐力和无氧耐力。有氧耐力是指机体在氧气供应比较充足的情况下，坚持长时间工作的能力。无氧耐力也叫速度耐力，它是指机体以无氧代谢为主要供能形式，坚持较长时间工作的能力。

花样跳绳速度项目中，30秒项目、45秒项目、3分钟项目属于有氧和无氧结合的形式，除了需要出色的爆发力，还需要超强的速度耐力。速度耐力训练是速度项目训练的重中之重。耐力素质训练中主要采用高强度间歇训练法。例如，台阶训练时，为了提高运动员的耐力素质，可寻找级数较多的台阶，不要低于150级（要求在30秒之内能够完成）。在进行30秒项目训练时，就可直接安排3组训练（3趟为一组），每组间歇不超过1分钟；进行3分钟项目训练时，就可安排多趟往返训练，3趟为一组连续完成，各组间歇充分。根据项目特点的不同，同种辅助练习的要求也不一样，要使辅助练习的功能系统和肌肉发力尽可能地接近工作原型，从而达到最好的训练效果。

3. 速度素质训练

速度素质是指人体快速运动的能力，包括人体快速完成动作的能力和对外界信号刺激快速反应的能力，以及快速位移的能力。

速度素质是速度项目的核心，跳绳速度项目主要依靠脚完成，因此下肢频率决定了跳绳速度的快慢。速度素质训练主要以提高下肢快速运动的能力为核心。提高下肢频率的方法主要有跑楼梯（着重要求下楼梯时脚下的频率要快）、原地快频跑等。

例如，徒手进行快频跑练习，固定身体姿态和脚的频率。这里所指的快频跑和平时大家所了解的高抬腿是有区别的，30秒单摇所采用的快频跑辅助练习，与上面跑台阶的方式是一样的，同样要求以髋关节为轴，上体前倾下压，直背，两手放松自然下垂，上体同时也要放松。但是这项辅助练习要在原地做，不能移动，在做的过程中，要求踝关节立起来，双脚前脚掌发力交换向上抬起，小腿不能向前踢也不能向后勾，在交换的过程中不要有腾空的动作，且始终保持上体平稳，不能有上下起伏和左右晃动（但是身体的微微抖动是允许的）。每天在练习速度跳之前先来练习高抬腿，一组 30 秒，共 5 组，每组至少要达到 200 次，每组间隔时间为 2 分钟，这 2 分钟内还要做 1 分钟摇绳。

（二）基本技术训练

1. 上肢摇绳技术训练

在速度跳绳项目中，摇绳的技术占据了非常重要的地位，因而上肢摇绳技术的训练就显得非常重要。速度摇绳技术是指在大臂、小臂尽可能固定的情况下，利用手腕的抖动使绳柄快速摇动从而带动绳体转动的技术。常用的训练方法有专门摇绳器练习、单边原地空摇绳练习、双边原地空摇绳练习、10 分钟连续跳练习、快慢速度结合变化练习等，如表 6-2-4 所示。

表 6-2-4　上肢摇绳计数训练内容及组织方法

练习名称	练习作用及功效	组织方法
专门摇绳器练习	养成正确的发力习惯，形成正确的肌肉发力顺序	以单位时间为限，要求单位时间内在控制技术动作没有出现变形的情况下尽可能多地摇动。如 30 秒成绩是 160 个，那么在训练时就要求在 30 秒内完成到 185 个以上
单边原地空摇绳练习		
双边原地空摇绳练习		
10 分钟连续跳练习	培养绳感	要求在 10 分钟内保持 65%～70% 的最快速度，前 6 分钟不允许失误。每次练习的次数不要超过 3 组
快慢速度结合变化练习	增强手腕对绳体运动的控制能力	方法一：初期可采用快四慢四的节奏，四个八拍一组；有一定控制能力后，可采用快 20 次慢 20 次，100 次为一组（此方法可以与 10 分钟连续跳相结合，如前 6 分钟匀速，后 4 分钟变速）方法二：10 秒慢速 10 秒加速。采用此方法时必须要严格控制高低速的个数，如慢 10 秒不限个数，快速 10 秒要求达到 60 次，可反复练习

2. 下肢跳动技术训练

下肢跳动技术是指在绳体摇动的圆周内连续跳动的技术动作，是下肢力量的集中体现，同时是基本技术动作的直观反映。完成此技术动作要求在完成连续跳跃动作时上体要基本保持不动，没有明显的起伏和晃动，左右脚的用力均匀，没有明显的间歇。例如，在 30 秒单摇、交互绳接力项目中，现今已知的 30 秒项目最快为 110 对，45 秒交互绳接力最快为 197 个，在高速的运转中要求脚要尽可能地接近地面。常用方法有原地徒手快频跑练习、下楼梯训练等。

（1）原地徒手快频跑练习。以 10 人训练为例。10 人为一列横队，间隔 5 人双手自然下垂拿住绳柄远端，同时向下指向并紧贴大腿外侧，使绳体连成一线，在连线中的人先开始练习，30 秒或 1 分钟为一组完成，完成一组或两组交换一次，交换 3 次为一组，一次训练最多完成不要超过 5 组。

（2）下楼梯训练。楼梯不要低于 50 级台阶，要求练习者每步只能完成一级台阶，以最快的速度下到楼梯的底端。在下楼梯的过程中，练习者为了提高速度肯定会上体前倾、前脚掌着地，这与完成速度训练的基本动作姿态非常相近。下楼梯训练是很接近跳绳基本技术动作的练习方式，可多采用此种训练方法。

二、花样类项目训练

（一）体能训练

体能是完成一切技术动作的基础，所有的高难度动作都是在必要的体能保障之上完成的。体能训练的内容包括运动素质训练、身体机能训练和专项所需的身体形态训练等。跳绳运动员在体能训练中不仅要有突出的身体素质，还要有体能的发展和储备。体能训练是一种多因素、多层次、动态的训练，只有在横向和纵向上充分认识，才能科学地把握其实质，并在训练中取得实效。

力量素质是指肌肉在用力过程中克服或对抗阻力的能力。跳绳运动员的力量素质主要包括相对力量、速度力量、力量耐力。

速度素质是指人体快速运动的能力，包括人体快速完成动作的能力和对外界信号刺激快速反应的能力，以及快速位移的能力。速度素质包括反应速度、动作速度、移动速度。跳绳项目中三种速度素质的表现都比较显著：完成花样动作的同时做各种跳绳动作，要求反应速度非常快；完成多摇动作时，在仅有的腾空时间里要尽可能多地完成摇绳动作，充分体现动作速度；规则要求在完成花样跳绳套路时必须充分利用全场，体现了移动速度。

耐力速度是指有机体坚持长时间运动的能力。按人体生理系统分类，耐力素质可以分为有氧耐力和无氧耐力。按运动能力，耐力素质可以分为专项耐力和一般耐力。跳绳运动员的专项耐力是指运动员克服跳绳专项运动过程中所产生的疲劳的能力。花样跳绳竞技比赛是一项以无氧为主的运动。年纪小的运动员一般耐力的训练比例较大，随着年龄的增长和水平的提高，专项耐力的比例逐年增加。

灵敏素质是指人体在突然变换的条件下，快速、协调、敏捷、准确地完成动作的能力。它是人的运动技能、神经反应和各种身体素质的综合表现。跳绳中发展灵敏素质，主要采用固定组合反复练习、随机抽选动作练习等方法。

（二）基本技术训练

花样跳绳项目繁多，其中个人花样跳绳技术、交互绳花样技术是所有技术的核心和基础。通常训练时将动作名称进行简称或以符号代替，有效地提升训练和编排的效率，具体个人花样跳绳基本动作名称、代号及说明如表 6-2-5 所示。

表 6-2-5　个人花样跳绳基本动作名称、代号及说明

字母	O	C	S	E	T
代表动作	直摇	交叉	侧甩	前后交叉	背后交叉

备注：
一、在字母的后面加数字
1. 异侧胯下交叉（C1：异侧胯下体前交叉；E1：异侧胯下前后交叉）；
2. 同侧胯下交叉（C2：同侧胯下体前交叉；E2：同侧胯下前后交叉）；
3. 双手同时单腿胯下交叉（C3：双手同时单腿胯下交叉；O3：双手同时单腿胯下直摇）；
4. 双手同时双腿胯下交叉（C4：双手同时双腿胯下交叉）；
5. 体前直摇（O1：异侧体前直摇；O2 同侧体前直摇）。
二、T 的特殊位置代码
T：前后交叉；
T1：一手膝下、一手背后交叉；
T2：双手膝下交叉；
T3：一周脖子后、一手膝下交叉。
三、在字母的下面加横线为方向相反
C1：相对于 C1 而言，是另外一只手和腿交叉完成的交叉，如以右手在右腿的下面进行交叉为 C1，那么 C1 为左手在左腿下完成的交叉动作

个人花样跳绳基本技术包括直摇摇绳技术、交叉摇绳技术、异体位交叉摇绳技术、多摇摇绳技术等，所有的各种复杂动作都是由不同的基本技术动作组合叠加而成。在进行个人花样基础动作技术训练时，要以基本的技术动作为元素，随意组合，然后进行反复练习。单摇组合一为 OOCC+COCO+SOCO+SCOC，单摇组合二为 SOSC+SEST+OTOT，单摇组合三为 SEOO+SECC+SEOC+SECO；双摇组合一为 OO+CC+OC+CO，双摇组合二为 C1O+C2O+C3O+OT2。每个组合连续完成 3 遍为一组，完成 3 组。

交互绳花样技术包括摇绳者技术和绳中跳绳者技术。摇绳者技术从摇绳方向上分为正向向内摇绳和反向向外摇绳，从摇绳者绳柄所在的体位可分为正常体位摇绳和特殊体位摇绳（异体位摇绳），特殊体位摇绳又可分为单手受限和双手受限（这里单双手限制是以一根绳子的两端来定的）。摇绳者练习内容有直摇手感练习、异体位固定摇绳练习、绳中带人摇绳练习、绳中带人异体位摇绳。跳绳者的练习内容包括基本步法、力量动作、体操动作等。

第七章　国内花样跳绳赛事及其组织

第一节　国内花样跳绳赛事现状分析

跳绳项目在我国具有广泛的群众基础，不仅是一项现代体育赛事，同时是传统体育项目。党的二十大强调要增进民生福祉，提高人民生活品质，而跳绳项目符合健康中国以及全民健身战略。花样跳绳比赛旨在交流和总结花样跳绳教学与训练的经验，促进运动技术水平的提高，推动花样跳绳运动的发展。跳绳比赛主要分为单项赛事和综合性赛事。

一、赛事分类

（一）单项赛事

1. 全国跳绳联赛

全国跳绳联赛是我国竞技跳绳高技术水平的展示平台，是我国影响最大、水平最高的跳绳赛事。全国跳绳联赛前身是全国跳绳公开赛。2007年12月，第一届全国跳绳公开赛在广东广州举行，开启了跳绳赛事的新篇章，我国有了第一个全国性的跳绳赛事。2014年，全国跳绳推广委员会正式推出了全国跳绳联赛机制，每年举办一届，至今已成功举办9届。联赛采用"N+1"模式（N站分站赛+1站总决赛），在分站赛各项目组别中前三名具备参加总决赛资格。

2. 长三角跳绳锦标赛

长三角跳绳锦标赛是一项年轻赛事。在长三角地区一体化国家战略背景下，2019年，上海市跳绳协会联合南通市体育总会、江苏省毽球跳绳运动协会和杨浦区体育总会共同成立长三角跳绳联盟，同年10月，首届长三角跳绳锦标赛开赛。长三角跳绳锦标赛现已经发展为具有一定影响力的单项跳绳品牌赛事。跳绳运动通过跨省跨城联动，逐步走进千家万户，赛事影响力不断提升。长三角跳绳联盟坚持共商共建、合作共赢，形成跨地区、跨部门、跨单位、全社会共同参与的多元主体的跳绳赛事体系。

3. 省级跳绳赛事

省级跳绳赛事是在教育体育行政单位支持和跳绳协会的推广下，致力于跳绳运动在大、中、小学的普及和群众参与，促进跳绳事业在体育事业发展中的作用，主要有校园花样跳绳比赛和跳绳联赛。校园花样跳绳比赛受到学生喜爱并广泛开展，如贵州省校园花样跳绳比赛、云南省校园跳绳赛事。省级跳绳赛事促进大众参与跳绳比赛，如上海市跳绳大师赛、"谁是绳王"跳绳争霸赛、"跳动齐鲁"山东省跳绳锦标赛、"跳动贵州"贵州省跳绳联赛等。

（二）综合性赛事

跳绳项目是各级大型综合性赛事的重要组成部分，如全国少数民族运动会表演项目、省运会等。陕西省民运会、农运会、工运会以及全国农民运动会已把跳绳列入正式比赛项目。跳绳项目也是中国农民体育协会举办的第二届、第三届、第四届全国农民体育健身大赛的比赛项目。

二、跳绳赛事发展历程

跳绳运动在我国虽然历史悠久，参与人数庞大，但在2006年以前，跳绳赛事处于自发举行状态。2007年，举办了第一个正式的全国性比赛，在2012年成立了全国跳绳推广委员会。2007—2013年所举办的跳绳赛事属于摸索阶段，赛事种类丰富，定位不准确。2014年推出了首届全国跳绳联赛，比赛站数增多，参赛人数逐年上升，跳绳运动发展迅速。我国跳绳赛事的发展历程可以分为三个阶段。

第一阶段：萌芽发展阶段（2006年以前）。

跳绳在我国有很悠久的历史，据文献记载，早期跳绳运动多出现于街头杂技和群众表演活动中。1981年4月，《中国体育报》发表了胡安民的《跳绳的分类和方法》，随之全国各地响应国家体委号召，开展了"三跳"比赛。西安市体育局与当地民间跳绳组织于1992年5月举办了西安首届跳绳大赛，这是我国首次以跳绳为主的单项体育竞赛活动。在2002年7月举办的陕西省第三届少数民族传统体育运动会中，跳绳被列入正式比赛项目。在这个阶段，跳绳赛事由地方组织自行举办，缺少具有影响力的高水平比赛，且没有全国性赛事。但这一系列的区域性比赛为全国性比赛的举办奠定了基础，积累了办赛经验，自此我国跳绳赛事发展开始焕发生机。

第二阶段：快速发展阶段（2007—2013年）。

经过前期的发展，我国跳绳运动得到了有效的普及与传播，跳绳赛事逐步规范化发展，但是大多数跳绳赛事还是由各省、市、地方性民间组织（协会、学校、俱乐部）或跳绳爱好者自发组织的。2007年，国家体育总局社会体育指导中心接管国内跳绳运动相关工作，并于同年10月组织国内跳绳专家结合国际跳绳规则撰写审定通过了《中国跳绳竞赛规则》。2007年12月，全国首届跳绳公开赛在广州成功举办，开启了跳绳赛事的新篇章，我国有了第一个全国性的跳绳赛事。新规则的颁布与首届跳绳赛事的开展打开了我国跳绳运动发展的新局面，使其走上规范且快速发展的轨道。2009—2013年，第二、三、四、五届全国跳绳公开赛成功举办。全国比赛数量呈现递增趋势，说明我国跳绳的推广初具成效。2012年，国家体育总局社会体育指导中心授权成立全国跳绳推广中心，我国有了正式的官方跳绳组织，为跳绳赛事的开展做好了组织保障。

第三阶段：蓬勃发展阶段（2014年至今）。

我国跳绳运动经过推广与普及得到了良好的发展，赛事举办密度与参赛人数呈逐年增长的趋势，赛事模式逐步成型，形成了以全国跳绳联赛为核心的跳绳赛事体系。2014年是跳绳赛事发展的分水岭，全国跳绳推广委员会正式推出了全国跳绳联赛，标志着我国跳绳赛事进一步走向规范化。随着跳绳影响力的扩大，联赛从最初的6+1模式（即6站分站赛+1站总决赛）发展为"$N+1$"模式，截至2019年，累计参与人群达45 000人。随着联赛的逐年完善，"互联网+跳绳""跳绳+产业"等跳绳赛事应运而生，科技与跳绳的结合进一步地推动了联赛的发展。随着全国跳绳联赛和具有地方特色的品牌赛事广泛开展，跳绳赛事体系日益丰富和完备。

第二节　花样跳绳比赛的组织与规程制定

一、成立竞赛委员会

大型竞赛要成立组委会或竞赛委员会，并讨论决定组织方案，其内容主要包括竞赛名称、目的和任务、组织机构、比赛经费预算、各阶段的工作步骤，以及具体实施程序等。

二、设立竞赛组织机构

根据比赛安排，设立竞赛委员会，其中包括仲裁委员会、竞赛处、秘书处、综合处等，如图7-2-1所示。

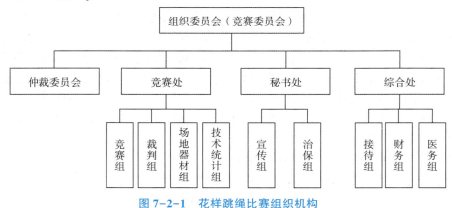

图7-2-1　花样跳绳比赛组织机构

1. 仲裁委员会工作内容

仲裁委员会在体育赛事中扮演着重要角色，主要负责处理和解决比赛过程中出现的争议和纠纷，确保比赛的公平、公正和顺利进行。同时还具有规则解释权，能够解决争议、督察与管理、纪律处罚等。

2. 竞赛业务部门的主要工作内容

竞赛业务部门指的是在一次花样跳绳比赛中主管竞赛工作的业务部门，即竞赛处。其主要工作内容为比赛的竞赛工作及相关事务。竞赛业务分为赛前、赛中、赛后三个阶段，具体工作内容如图 7-2-2 所示。

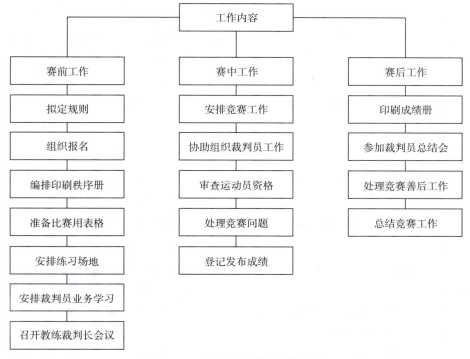

图 7-2-2　竞赛业务部门工作内容

3. 秘书处工作内容

秘书处的工作职能主要有两块：一是负责统筹整个赛事的宣传，联合媒体实施氛围营造的各项工作；二是制定赛事安全保障方案，并协助安保部门，做好后勤安保工作。

4. 综合处工作内容

综合处的工作比较繁杂，也是整个赛事的保障组。竞赛综合处在组织和管理体育赛事过程中承担着综合协调和支持的重要角色。其工作职能涵盖赛事规划、组织协调、信息管理、后勤保障等多个方面，确保赛事顺利进行，分为接待组、财务组、医务组等。

第三节　花样跳绳竞赛规程范例

一、竞赛分组及项目

（一）竞赛分组

1. 公开组

儿童甲组（7~9 岁），儿童乙组（10~12 岁），少年甲组（13~15 岁），少年乙组（16~18 岁），青年组（19~25 岁），成年组（26 岁及以上）。

2. 俱乐部组

全国跳绳推广委员会注册登记的社会俱乐部、学校俱乐部。

儿童甲组（7~9 岁），儿童乙组（10~12 岁），少年甲组（13~15 岁），少年乙组（16~18 岁），青年甲组（普通院校），青年乙组（高职院校），青年丙组（体育院系），成年甲组（26~35 岁），成年乙组（36~44 岁），成年丙组（45 岁以上）。

3. 性别分组

男子组、女子组、混合组（必须有一名异性队员）。

（二）竞赛项目设置

1. 计数赛

（1）个人速度赛：30 秒单摇跳（双脚轮换跳），3 分钟单摇跳，连续三摇跳（12 岁以上）。

（2）集体速度赛：4×30 秒单摇接力，4×30 秒交互绳接力，2×30 秒双摇接力。

2. 花样赛

（1）个人花样：个人花样难度一级，个人花样难度二级，个人花样难度三级，个人花样难度四级。

（2）两人同步花样：两人同步花样难度一级，两人同步花样难度二级，两人同步花样难度三级，两人同步花样难度四级。

（3）两人车轮跳花样：两人车轮跳花样难度一级，两人车轮跳花样难度二级。

（4）三人交互绳花样：三人交互绳花样难度二级，三人交互绳花样难度三级。

3. 小型表演赛

3~7 人，自配音乐（3 分~3 分 30 秒）。

4. 规定赛

（1）个人花样规定套路：个人花样规定套路七段，个人花样规定套路八段，个人花样规定套路九段。

（2）个人花样集体规定套路（段位制花样 1~3 段）：个人花样集体规定套路初级，个人花样集体规定套路中级，个人花样集体规定套路高级。

（3）车轮花样集体规定套路：车轮花样集体规定基础套路，车轮花样集体规定提高套路。

（4）交互绳花样集体规定套路：交互绳花样集体规定基础套路，交互绳花样集体规定提高套路。

（5）表演赛规定套路（6~10 人）。

5. DDC 交互绳大赛

30 秒交互绳速度跳，DDC 交互绳自编赛（5~8 人，自配 3 分钟以内音乐）。

6. 传统特色项目

1 分钟一带一单摇跳，1 分钟单摇跳（并脚跳），30 秒间隔交叉单摇跳，3 分钟 10 人长绳 "8" 字跳，1 分钟 10 人长绳集体跳。

二、参赛要求

（1）以俱乐部、学校、协会等为单位报名，每个单位限报 2 支队伍。
（2）每队可报领队 1~2 人，教练员 1~3 人（需具备全国跳绳等级教练员资质）。
（3）每名运动员限报 3 项个人项目、6 项集体项目。每队在每个单项每个组别限报 2 人（集体项目限报 1 队），每名队员只能代表一个队伍参赛。
（4）公开组，指所有符合年龄要求的运动员均可报名参赛；俱乐部组，只有在全国跳绳推广委员会注册的会员才有资格组织运动员报名参赛。
（5）参赛运动员报名时必须持有本年度县级以上医院或参赛单位出具的健康证明。
（6）参赛领队、教练、运动员须自行办理比赛期间的人身意外伤害保险。
（7）参赛运动员须持身份证、学生证核对参赛信息。
（8）运动员需自备绳具，着统一运动服、比赛服参加比赛，各代表队参加开幕式和颁奖仪式须统一着装，比赛时不得佩戴任何妨碍安全的饰物、挂件。

三、竞赛办法

（1）采用《2021—2024 年全国跳绳竞赛规则》。
（2）各单项均采用预决赛同场制，比赛出场顺序由裁判委员会抽签决定。同时，30 秒单摇跳（双脚轮换跳）、3 分钟单摇跳、30 秒交互绳速度、4×30 秒单摇接力、2×30 秒双摇接力，全场前 8 名将晋级速度争霸赛，角逐各项目全场不分组别速度冠军。
（3）30 秒单摇跳（双脚轮换跳）、3 分钟单摇跳、4×30 秒单摇接力、1 分钟单摇跳（并脚跳）项目使用电子计数设备。

四、录取名次与奖励

（1）各单项 1~3 名颁发证书、奖牌，4~8 名颁发证书。若参赛人（队）数不足 8 人（队），则按照实际参赛人数录取。不足 3 人（队），只发证书，不发奖牌。
（2）表演赛、集体规定赛、DDC 交互绳自编赛、3 分钟 10 人长绳"8"字跳、1 分钟 10 人长绳集体跳项目，1~3 名颁发证书、奖杯。若参赛队数不足 8 队，则按照实际参赛人数录取；不足 3 队，只发证书，不发奖杯。
（3）30 秒单摇跳、3 分钟单摇跳、个人花样规定套路项目，各组别前 8 名运动员可提出段位制考评申请，同时根据竞赛成绩，结合《中国跳绳段位制（试行）》标准，颁发段位制等级证书，其中花样段位须逐级认定。
（4）设体育道德风尚奖、最佳人气奖，评定办法另行通知。

五、裁判员

（1）裁判员和仲裁由体育总局社会体育指导中心选派。
（2）已获一级以上资格的裁判员可报名申请担任实习裁判。

六、比赛申诉

比赛中运动员对裁判员的裁决有异议，由领队或教练员在成绩公布 30 分钟内向仲裁委员会提出申诉。仲裁委员会的判决为终审裁决，不再作修改。

七、未尽事宜

未尽事宜，另行通知。

八、裁判人员职责

（一）总裁判长

（1）领导各裁判组的工作，组织裁判员学习竞赛规则和竞赛规程，落实裁判员分组及分工，确保裁判组公平、公正、公开地执裁。

（2）比赛前，检查落实场地、器材、裁判用具以及编排、抽签等各项准备工作。核查参赛运动员报到情况，通报训练场地和时间安排。

（3）召开各裁判长、领队和教练员联席会议，对比赛的有关事宜进行必要的说明，并及时解答领队教练提出的问题。

（4）比赛中，指导各裁判组工作，解决竞赛中的有关问题，但无权修改规则。

（5）若比赛在室外进行，遇特殊情况（大风、大雨等）影响比赛时，有权决定是否继续进行比赛。

（6）比赛后，审核并宣布成绩，做好比赛裁判工作总结。

（二）竞赛长职责

（1）负责赛前工作的筹备、竞赛报名、物料准备、奖牌奖状统计、开闭幕式流程安排。

（2）协助总裁判长的工作。

（3）协调承办方与各部门的对接，做好后勤保障工作。

（三）副裁判长

（1）协助总裁判长的工作。

（2）在总裁判长缺席时，代理总裁判长职责。

（3）完成总裁判长分配的工作。

（四）执行裁判组

1. 主裁判

（1）组织本裁判组的业务学习并实施裁判工作。

（2）向计时员、播音宣告员示意裁判员准备就绪，向运动员示意各就各位。

（3）速度赛与花样赛负责记录和判罚运动员在比赛中的失误、时间和空间犯规。

（4）比赛结束后，负责签署比赛成绩登记表。

（5）查看本组裁判员业务能力，对在裁判工作中出现失误的裁判员提出警告。

（6）在集体自编赛中检查绳长。

2. 裁判员

（1）遵守大会各项规定，公正执行规则，公平执裁。

（2）服从总裁判长、副裁判长和主裁判的领导，认真准时参加业务学习，做好准备工作。执裁期间，不得与参赛队伍交流，不得酗酒。

（3）准确完成计数或评分工作，并认真填写临场记录表。

3. 计时员

（1）负责所有比赛的手动计时工作。

（2）若出现时间犯规，应及时通知主裁判。

（3）花样赛、集体自编赛、规定赛中与主裁判各负责场地两条边，若出现空间犯规，应及时告知主裁判。

（五）编排记录组

1. 编排记录长

（1）负责比赛的编排记录组（赛前编排、赛中记录和赛后数据处理）工作。

（2）比赛前准备好比赛所需表格。负责组织比赛抽签工作，打印竞赛日程表发放给裁判组和各运动队。

（3）比赛后核对比赛成绩，录取比赛名次，发布成绩公告。

（4）整理比赛原始资料归档，总结。

2. 记录员

（1）服从编排记录长的工作安排。

（2）负责比赛成绩的计算、统计工作。

（3）每场比赛后，整理好记录册，上交编排记录长。

（4）核查比赛成绩，打印成绩册，发布成绩公告。

3. 联络员

（1）负责在比赛中收发所有表格。

（2）协助记录员核算成绩分数。

（3）张贴公告等。

（六）检录组

1. 检录长

（1）负责检录组的各项工作。

（2）按规则要求布置比赛场地，检查比赛器材和运动员比赛服装。

（3）按时检录，如出现运动员不到或弃权等问题，及时报告总裁判长。

（4）审核并书面确认检录单。

（5）组织开、闭幕式，颁奖以及各运动队的进退场工作。

2. 检录员

（1）比赛前负责检录运动员。

（2）协助检录长检查运动员服装、比赛用绳及备用绳。

（3）引导运动员进入指定的比赛场地。

（4）向检录长报告弃权运动员（队）名单。

九、竞赛组

1. 赛后管理

（1）协助检录长通知获奖队伍及时颁奖。

（2）协助打印奖状分发奖牌。

2. 播音宣告员（赛事主持人）

（1）介绍比赛情况和竞赛安排，介绍执行裁判员、运动员，并宣告比赛结果等。

（2）负责计数赛、花样赛、集体自编赛和规定赛的电子口令及音乐的播放工作。

（3）负责赛场的宣传教育和对观众的引导工作。

第八章　国内花样跳绳竞赛规则解析

第一节　速度类竞赛规则解析

一、速度类比赛场地

（1）计数赛场地：5米×5米。
（2）3分钟10人长绳"8"字跳：要求两名摇绳运动员的间距不小于3.6米。

二、速度类裁判人员组成

计数赛裁判由主裁（n名，n=计数赛场地数量）和计数裁判（3名）组成。

三、速度类竞赛项目分类及评分方法

（一）30秒单摇跳（在幼儿跳绳竞赛中可采用并脚跳）

1. 目标

按照规则的要求，运动员在30秒的时间内完成尽可能多的单摇跳。

2. 口令

裁判员准备—运动员准备—预备—跳（或哨声）—10—20—停（或哨声）。

3. 技术要求

（1）运动员须使用单摇双脚轮换跳（幼儿跳绳竞赛除外）的方式完成动作；累计运动员右脚成功的次数，乘2为运动员的应得次数。
（2）按口令要求人、绳都从静止开始起跳，在指定场地内比赛为有效动作。

(二) 30 秒双摇跳

1. 目标

按照规则的要求，运动员在 30 秒的时间内完成尽可能多的双摇跳。

2. 口令

裁判员准备—运动员准备—预备—跳（或哨声）—10—20—停（或哨声）。

3. 技术要求

（1）运动员须使用并脚跳的方式完成动作；累计运动员成功完成双摇的次数为该运动员的应得次数。

（2）同 30 秒单摇跳。

(三) 3 分钟单摇跳

1. 目标

按照规则的要求，运动员在 3 分钟的时间内完成尽可能多的单摇跳。

2. 口令

裁判员准备—运动员准备—预备—跳（或哨声）—30—1 分钟—30—2 分钟 30—45—停（或哨声）。

3. 技术要求

同 30 秒单摇跳。

(四) 连续三摇跳（12 周岁以上）

1. 目标

按照规则要求，运动员不间断完成尽可能多的三摇跳，没有时间限制。

2. 口令

裁判员准备—运动员准备—预备—可以开始（或哨声）。

3. 技术要求

（1）三摇跳起跳可以有过渡动作，但中间不能间隔或变换其他动作；计算运动员一次性完成三摇跳的次数为该运动员的应得次数。

（2）运动员须在指定的场地内比赛，失误、踩线、出界或出现其他犯规行为，比赛即告结束。

（3）运动员在听到"可以开始"比赛信号后，30 秒内未能出现第一个三摇跳，按弃权处理。运动员只有一次比赛机会。

(五) 4×30 秒单摇接力

1. 目标

4 名运动员在 120 秒不间断的时间内，按照先后顺序依次完成 30 秒单摇跳绳接力。

2. 口令

裁判员准备—运动员准备—预备—跳（或哨声）—10—20—换—10—20—换—10—20—换—10—20—停（或哨声）。

3. 技术要求

（1）4名运动员必须使用单摇双脚轮换跳的方式完成动作；累计4名运动员右脚成功的次数，乘2为该队的应得次数。

（2）运动员在指定场地内比赛为有效动作。

（3）按口令要求起跳必须都从静止开始，且在"换"口令下达后，前后运动员方能进行跳绳接力转换，否则视为抢跳或抢换，每次犯规都从比赛应得数中扣除10次。

（六）2×30秒双摇接力

1. 目标

2名运动员在60秒不间断的时间内，按照先后顺序依次完成30秒双摇跳绳接力。

2. 口令

裁判员准备—运动员准备—预备—跳（哨声）—10—20—换—10—20—停（或哨声）。

3. 技术要求

（1）2名运动员必须使用并脚跳方式完成动作；累计2名运动员成功完成双摇的次数为该队的应得次数。

（2）同4×30秒单摇接力。

（3）同4×30秒单摇接力。

（七）60秒交互绳速度跳（在幼儿跳绳竞赛中可采用并脚跳）

1. 目标

60秒交互绳速度跳，即两名摇绳者和一名跳绳者相互配合，跳绳者60秒内在交互绳中完成尽可能多的双脚轮换跳。

2. 口令

裁判员准备—运动员准备—预备—跳（或哨声）—30—45—停（或哨声）。

3. 技术要求

（1）跳绳者在交互绳中必须采用双脚轮换跳方式，其他跳法不计数；摇绳者必须采用正向（双手依次向内）摇绳，其他摇法均不计数；累计运动员右脚成功的次数，乘2为该运动员的应得次数。

（2）同4×30秒单摇接力。

（3）同4×30秒单摇接力。

（八）4×30秒交互绳单摇接力

1. 目标

4名队员在120秒时间内，按照先后顺序依次以30秒接力的形式轮流摇、跳交互绳，跳绳者在交互绳中完成尽可能多的双脚轮换跳。

2. 口令

裁判员准备—运动员准备—预备—跳（或哨声）—10—20—换—10—20—换—10—20—换—10—20—停（或哨声）。

3. 技术要求

（1）4名运动员均必须采用双脚轮换跳方式，其他跳法不计数；摇绳者必须采用正向摇绳，其他摇法均不计数；累计4名运动员右脚成功的次数，乘2为该队的应得次数。

（2）运动员在指定的场地内比赛为有效动作。

（3）在"跳"的口令下达后，摇绳者才可以开始摇绳，跳绳者开始进绳跳跃，否则视为抢跳；在"换"的口令下达后，摇、跳绳者允许在不停绳的情况下，完成摇、跳绳动作的互换，否则视为抢跳，每次犯规都从比赛应得数中扣除10次。

（4）摇、跳绳者在转换过程中停绳将按一次失误计算，失误不扣分。

（5）跳绳顺序，准备进绳者必须在跳绳者对面入绳，跳绳者出绳后必须接力摇绳。例如，4名运动员编号分别设定为A、B、C、D。摇、跳互换顺序为：

①A和B为C摇绳，C面朝着B，D在B侧准备；
②A和C为D摇绳，D面朝着A，B在A侧准备；
③D和C为B摇绳，B面朝着C，A在C侧准备；
④D和B为A摇绳，A面朝着D。

（九）3分钟10人长绳"8"字跳

1. 目标

在3分钟时间内，2名运动员同步摇单长绳，其他8名运动员依次以"8"字路线绕摇绳队员，并完成尽可能多的跑跳进出绳动作。

2. 口令

裁判员准备—运动员准备—预备—跳（或哨声）—30—1分钟—30—2分钟—15—30—45—停（或哨声）。

3. 技术要求

（1）2名摇绳运动员间距不小于3.6米，运动员必须依次以"8"字形跑跳穿越长绳；累计运动员成功过绳次数为该队的应得次数。

（2）在"跳"的口令下达后，摇绳者才可以开始摇绳，跳绳者才可以开始进绳跳跃，否则视为抢跳，每次犯规都从比赛应得数中扣除10次。

（3）运动员在指定场地内比赛为有效动作。

（十）1 分钟 10 人长绳集体跳

1. 目标

在 1 分钟时间内，2 名运动员同步摇单长绳，其他 8 名运动员集体在绳中跳绳，绳子同时通过 8 个人头顶和脚下，并尽可能多地完成集体跳绳。

2. 口令

裁判员准备—运动员准备—预备—跳（或哨声）—15—30—45—停（或哨声）。

3. 技术要求

（1）运动员在指定场地内比赛为有效动作，累计 8 名运动员同时成功过绳次数为该队的应得次数。

（2）运动员无论采用哪种站立方式，绳子均须同时通过绳中 8 名运动员头顶与脚下为成功一次，计数 1 次。

（十一）30 秒一带一单摇跳

1. 目标

在 30 秒内完成尽可能多的一带一单摇跳。

2. 口令

裁判员准备—运动员准备—预备—跳（或哨声）—10—20—停（或哨声）。

3. 技术要求

（1）摇绳运动员参照单摇跳的方式完成动作，累计两名运动员同时成功过绳次数为该队的应得次数（记摇绳者）。

（2）按口令要求人、绳都从静止开始起跳，在指定场地内比赛为有效动作。

（3）两名运动员共同过绳计成功 1 次，以持绳运动员为参照进行计数。

（十二）30 秒两人协同单摇跳

1. 目标

在 30 秒内完成尽可能多的两人协同单摇跳。

2. 口令

裁判员准备—运动员准备—预备—跳（或哨声）—10—20—停（或哨声）。

3. 技术要求

（1）2 名运动员参照单摇跳的方式完成动作，累计两名运动员同时成功过绳次数为该队的应得次数。

（2）按口令要求人、绳都从静止开始起跳，在指定场地内比赛为有效动作。

（十三）30 秒三人和谐单摇跳

1. 目标

在 30 秒内完成尽可能多的三人和谐单摇跳。

2. 口令

裁判员准备—运动员准备—预备—跳（或哨声）—10—20—停（或哨声）。

3. 技术要求

（1）跳绳运动员须使用单摇跳的方式完成动作，累计跳绳运动员成功过绳次数为该队的应得次数。

（2）按口令要求人、绳都从静止开始起跳，在指定场地内比赛为有效动作。

（十四）30 秒间隔交叉单摇跳（在幼儿跳绳竞赛中可采用并脚跳）

1. 目标

在 30 秒内完成尽可能多的间隔交叉单摇跳。

2. 口令

裁判员准备—运动员准备—预备—跳（或哨声）—10—20—停（或哨声）。

3. 技术要求

（1）跳绳运动员须使用单摇跳的方式完成动作，累计运动员成功完成间隔交叉的组数为该队的应得次数（记交叉数）。

（2）按口令要求人、绳都从静止开始起跳，在指定场地内比赛为有效动作。

（3）第一次单摇过绳为双手体前交叉，第二次单摇过绳为直摇，两个动作先后完成为成功一次，累计运动员跳绳成功次数（以队员交叉过绳为参照）。

注：在幼儿跳绳竞赛中，计数赛不可使用钢丝绳参加比赛。

四、速度类竞赛项目计分方法

（一）应得数

每个场地比赛由 3 名裁判员执裁，若 3 名裁判员计数不同，按以下原则处理：

（1）以两个相同计数为准。

（2）若各不相同且最高值与最低值之间差值小于或等于 5 个，采用对选手相对有利的计分方式，计算差值最小的两个较高成绩的平均值。

（3）若最高值与最低值之间差值大于 5 个，小于或等于 7 个，计算差值最小的两个较高成绩的平均值，且主裁判将向赛事主管以书面形式说明该情况。

（4）若每位裁判给出的速度跳或三摇跳最终成绩差均大于 3，或最高值与最低值之间差值大于 7，则选手在竞赛委员会不能提供录像证据的情况下可要求重跳；如果选手选择重跳，那么记录重跳成绩，在重跳过程中，两名额外的速度跳裁判将介入以检查之前 3 位裁判的计数能力。如果选手不选择重跳，且竞赛委员会不能够提供视频证据，那么取差值最小的两个成绩的平均值作为成绩。例如运动员的成绩为 80、84、88，最终成绩应记作 86。若竞赛委员会能够提供视频证据，那么原来的三位裁判以及两名额外裁判，将会在比赛中或赛后根据视频判定最终成绩。

（二）最终成绩

三名裁判计数的应得数为最终成绩的重要参考，减去主裁判判罚的犯规应扣次数，为运动员的最终成绩。

（三）名次确定

比赛名次按最终成绩确定，次数多者名次列前，如成绩相等，则名次并列。

五、犯规及失误

（一）时间违例

1. 速度赛抢跳或抢换

所有计数赛项目都不允许抢跳或抢换。在"预备"口令发出后，比赛"跳"或哨音口令未下达前，运动员身体和绳子未保持静止状态，或者在接力赛中，"换"的口令未下达之前，运动员就开始转换，都将视为抢跳或抢换。出现抢跳或抢换后，比赛将继续进行。比赛结束后，每抢跳或抢换一人次，在应得次数成绩中扣除10个。

2. 连续多摇跳起跳犯规

运动员在听到"可以开始"比赛信号后，30秒内未能出现第一个多摇跳，即为比赛结束。

（二）空间违例

1. 计数赛（除连续多摇跳外）

（1）如果运动员踩线、出界（包括3分钟10人长绳"8"字跳摇绳人的间距线）或交互绳计数赛中跳绳者方向错误，计数暂停。为了鼓励运动员积极完成比赛，错误动作出现后不再计数，裁判员应立即提醒运动员"出界"，直到在规定的场地内做出正确动作再开始累计计数，时间不间断。

（2）3分钟10人长绳"8"字跳和1分钟10人长绳集体跳在不影响其他队伍比赛的情况下无场地限制。

2. 连续多摇跳

运动员踩线或出界，比赛即告结束。

（三）其他犯规

比赛中有以下犯规，每出现一次，计数赛主裁判在总成绩中扣除10个。
（1）头发没有固定在头上，出现头发松散、发饰掉落的情况。
（2）比赛着装不正确，比赛服、鞋子上使用松散的装饰。
（3）佩戴饰物（如手表、项链、耳环等悬垂物），无批准佩戴眼镜。

（四）失误

在速度赛中，失误不扣分。

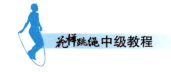

第二节　花样类竞赛规则解析

花样赛包括个人绳花样、车轮绳花样、交互绳花样。

一、花样类竞赛场地

（1）花样赛：12 米×12 米。

（2）个人花样规定赛：12 米×12 米。

（3）其他规定赛不小于 15 米×15 米。

二、花样类竞赛裁判人员组成

花样类竞赛裁判人员组成如表 8-2-1 所示。

表 8-2-1　花样类竞赛裁判人员组成

裁判人员	花样赛（精英级）			规定赛
	个人绳花样	车轮绳花样	交互绳花样	
主裁判	1	1	1	1
难度裁判员	3~5	3~5	3~5	3（完成）
完成创编/失误裁判员	4~6	4~6	4~6	3（创意）
规定元素/失误/违例/重复难度裁判员	2~3	2~3	2~3	—
总数	10~15	10~15	10~15	7

三、花样类竞赛项目分类

（一）花样赛（精英级）

1. 个人绳花样

（1）个人花样（60~75 秒，自配音乐）。

（2）两人同步花样（每人一绳，60~75 秒，自配音乐）。

（3）四人同步花样（每人一绳，60~75 秒，自配音乐）。

2. 两人车轮跳花样

两人车轮跳花样（60~75 秒，自配音乐）。

3. 交互绳花样

（1）三人交互绳花样（60~75 秒，自配音乐）。

（2）四人交互绳花样（60~75 秒，自配音乐）。

（3）五人交互绳花样（60~90 秒，自配音乐）。

（二）国内花样赛

1. 个人绳花样

（1）个人花样（60~75秒，自配音乐）。

（2）两人同步花样（60~75秒，自配音乐）。

（3）四人同步花样（60~75秒，自配音乐）。

2. 小型集体自编赛

3~7人，3分~3分30秒，自配音乐。

（三）规定赛

1. 个人花样规定套路（1人，规定音乐）

（1）个人花样规定套路段前初、中、高级（段位制个人花样段前级初、中、高个人规定套路）。

（2）个人花样规定套路1~6段（段位制个人花样1~9段个人规定套路）。

2. 个人花样集体规定套路（8~12人，规定音乐）

（1）个人花样集体规定套路初级（段位制段位花样1段集体规定套路）。

（2）个人花样集体规定套路中级（段位制段位花样2段集体规定套路）。

（3）个人花样集体规定套路高级（段位制段位花样3段集体规定套路）。

（4）个人花样集体规定套路段前级初级（段位制段前级个人花样初级集体规定套路）。

（5）个人花样集体规定套路段前级中级（段位制段前级个人花样中级集体规定套路）。

（6）个人花样集体规定套路段前级高级（段位制段前级个人花样高级集体规定套路）。

3. 车轮花样集体规定套路（6~12人，规定音乐）

（1）车轮花样集体规定基础套路。

（2）车轮花样集体规定提高套路。

4. 交互绳花样集体规定套路（9~15人，规定音乐）

（1）交互绳花样集体规定基础套路。

（2）交互绳花样集体规定提高套路。

四、花样类竞赛项目评分方法

（一）花样赛（精英级）评分方法

1. 花样赛难度评判

一个完整的技术动作除了基础单摇跳和基础侧甩动作难度等级为"0"，其他动作都有对应的难度等级。

（1）个人绳花样难度评判。在个人花样同步比赛中，如果场上运动员同时完成不同的动作，则此时给予的难度等级为场上运动员同时完成的动作中，难度最低的动作的难度等级；如果场上一名运动员出现失误，则在此运动员恢复运动后再进行难度的评判。

个人绳花样难度和元素分类如表8-2-2所示。

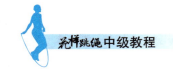

表 8-2-2　个人绳花样难度和元素分类

元素	难度							
	0	0.5	1	2	3	4	5	6
多摇	单摇		双摇	三摇	四摇	五摇	六摇	七摇
力量		单手撑地的蹲跳	基础力量（不过绳）	过绳的力量	单手力量			反摇力量；倒立 O
体操			侧手翻、毽子	前手翻、鲤鱼打挺	空翻			
绳子控制	侧甩	基本交叉跳，在地上转 180°	单手受限制的特殊交叉	双手受限制的特殊交叉				
放绳			基础放绳、一手从背后向前放绳、C 的放绳	旋转的放绳、两手同时放绳	举过头顶的放绳接住			
配合互动			一名运动员套另一名运动员，只有一人过绳，基本车轮	一名运动员套另一名运动员，两名运动员同时过一根绳	两名运动员保持跳绳，同时一名运动员套另一名运动员			
步伐		步伐						

①多摇。完成多摇动作的同时有以下情况，难度等级+1（除非是另有说明的特殊情况）：

　　A. 做多摇的同时身体扭转或翻转至少 270°。

　　B. 当在空中翻转超过 360° 时，每多转 180° 额外+1 级难度。

②力量和体操。对力量技能的判定，进入和退出是分开计分的。

　　A. 单手握绳的体操动作难度等级-1。

　　B. 完成力量、体操动作时，有以下情况，难度等级+1（除非是另有说明的特殊情况）：

　　a. 在力量动作或者体操动作中做基础交叉或一只手在特殊位置的交叉（C、E、T 等）。

　　b. 与跳绳动作直接连接的俯卧撑（O-俯撑）、劈叉（O-劈叉）、蟹跳。

　　c. 跳绳动作直接连接的倒立（O-倒立）（+2 级难度）。

　　d. 辅助完成的空翻（如一个运动员在翻转过程中全程被另一名运动员辅助，难度-1级）。

　　e. 完成力量动作的同时完成的身体旋转，每旋转 90° 额外+1 级难度。

特殊情况包括：完成鲤鱼打挺或前手翻，在脚落地前将绳子摇过脚为 6 级难度。后手翻落地前过绳子为 7 级难度。

③绳子控制。以下情况，难度等级+1 级（除非是另有说明的特殊情况）：

A. 两手上下位置变换的连续交叉类第二个动作。

B. 限制位的交叉动作。

C. 完成交叉动作的同时与缠绕结合并过绳难度等级+1。

D. 在空中改变摇绳方向（EK-绳子继续朝同一个方向不算）。

E. 交换绳柄。

F. 同一动作的相异两侧动作的连接转换。

④放绳。给放绳动作进行难度评分时，将放绳动作作为一个单独的动作进行评分。若在腾空过程中完成一个放绳动作，则将此动作视为一个组合动作。

完成放绳动作时，有以下情况，难度等级+1（除非是另有说明的特殊情况）：

A. 放绳后限制位接绳。

B. 如果从限制位放出绳柄，仍只有手在限制位接住绳柄（背后或双腿后）。

C. 放绳后用除手以外的身体其他部位接住绳柄。

⑤缠绕。给缠绕动作进行难度评分时，缠绕过程中每次绳子过脚或完成侧甩时，都要给一个单独的难度等级（跳过缠绕在身上的绳子时难度等级+1，跳过限制位的缠绕时难度等级+3）。

⑥组合动作。

A. 双摇为1级难度动作，如果在双摇中增加特殊位置交叉动作，那么此动作的难度为双摇的难度加上特殊位置交叉动作难度，此动作为2级。三摇也同理。

B. 判定由多种元素组成的技术动作时，只需要将该技术动作中出现的所有元素的难度等级叠加，即为该技术动作的最终难度等级。

C. 基本的交叉与多摇结合时并不增加多摇的难度等级，但与力量或体操动作结合会增加力量或体操的动作难度等级。

（2）车轮花样的难度评判。难度裁判需要对进行车轮跳花样比赛的每位运动员所做的每一个动作进行难度评判，除非运动员使用同步跳完成个人绳中的技术动作或步伐技巧，在这种情况下，运动员完成动作时所得的难度等级，为难度最低动作的难度等级。以单绳方式完成的技能不计分。车轮花样难度和元素分类如表8-2-3所示。

表8-2-3 车轮花样难度和元素分类

元素	难度						
	0	0.5	1	2	3	4	5	6
多摇	单摇		双摇	三摇	四摇	五摇	六摇	
力量		单手撑地的蹲跳	基础力量（不过绳）	过绳的力量、倒立、俯撑、蟹跳	单手力量		反摇力量	
体操			侧手翻、键子	前手翻、鲤鱼打挺	空翻			
绳子控制	侧甩	基本交叉跳，在地上转180°	单手受限制的特殊交叉	双手受限制的特殊交叉				

续表

元素	难度							
	0	0.5	1	2	3	4	5	6
放绳			基础放绳	旋转的放绳、两手同时放绳	举过头顶的放绳接住			
互动		换位	一名运动员套另一名运动员	一名运动员套另一名运动员，两名运动员同时过一根绳	两名运动员保持跳绳，同时一名运动员套另一名运动员			
步伐		步伐						

①多摇。完成多摇的同时身体进行旋转（团身或翻转方向至少270°）；当旋转超过360°时，每额外增加180°再加一个等级。

②力量和体操。有以下情况，难度等级+1：

A. 以基础交叉为结尾的力量或空翻动作。

B. 与跳绳动作直接连接的俯撑动作。

C. 与跳绳动作直接连接的倒立（难度等级+2）。

D. 辅助完成的空翻（难度等级-1）。

E. 在做力量过绳动作的过程中，身体每转90°额外+1级难度。

③绳子控制。车轮跳花样中完成各元素时有以下情况，难度等级+1：

A. 两手上下位置交换的交叉动作。

B. 交叉的限制位动作。

C. 在空中改变绳子摇绳方向。

D. 绳柄转换。

E. 同一动作的相异两侧动作的连接转换。

④放绳。车轮跳花样中完成各元素时有以下情况，难度等级+1：

A. 放绳后限制位接绳。

B. 如果从限制位放出绳柄，仍只有手在限制位接住绳柄（背后或双腿后）。

C. 放绳后用除手以外的身体其他部位接住绳柄。

⑤缠绳：参照个人绳。

(3) 交互绳花样的难度评判。裁判需要对运动员所做的每一个动作进行难度评判，当绳子经过跳绳者的脚或手时的动作难度，需要与摇绳者摇绳动作的难度叠加。交互绳花样难度和元素分类如表8-2-4所示。

表 2-8-4　交互绳花样难度和元素分类

元素	难度					
	0	0.5	1	2	3	4
多摇	单摇		双摇	三摇、四摇	五摇、六摇	七摇、八摇

续表

元素	难度					
	0	0.5	1	2	3	4
力量			跳马、不过绳的力量	单脚起跳的前撑、俯撑、单手后撑、屁股跳、背跳、劈叉跳、鲤鱼打挺	倒立跳、两脚起跳的前撑、双手后撑、后桥	
体操			侧手翻、毽子、360°的滚翻	手翻	空翻	
摇绳		基础的摇绳	同步跳	同步车轮、车轮、单手限制位摇绳	超过一只手的限制	
放绳				直升机	两个绳柄的放绳	
转换			基础的换绳	快速换绳、车轮跳的转换、车轮跳中的手柄转换、任何摇绳者和跳绳者的合作		
步伐			步伐			

注：对于四人交互绳花样，如果绳中两名运动员同时完成不同的动作，则此时动作的难度等级为所完成动作中难度最低动作的难度等级，配合动作除外。

①摇绳者难度。

A. 摇绳技巧中只有一个技巧完成后转换到另一个技巧时+1级难度。对于摇绳者使用车轮跳的方式完成摇绳技巧，裁判应该根据车轮跳的难度对摇绳技巧的难度进行判定。

B. 摇绳者的起始难度是判给摇绳者的，除了同步车轮、基础车轮跳。这就意味着两个摇绳者将同一根绳子放在膝下，则摇绳的等级只+1级。

②跳绳者力量和体操。有以下情况，难度等级+1：

A. 在绳中完成力量动作时身体每转90°额外+1级难度。

B. 单手倒立类动作。

C. 在力量和体操动作中身体旋转360°额外+1级难度。

③跳绳者互动。有以下情况，难度等级+1：

A. 在另一名运动员的身上完成力量动作，以及两名运动员做力量动作时身体重叠，难度等级+1。此外，互动时一名运动员完成空翻，难度等级+2。

B. 辅助完成空翻（除了一名运动员全程辅助另一名运动员完成空翻，这种情况难度等级要−1）。

2. 花样赛完成评价

花样赛完成评判分为技术动作完成评分（Pa）和整个套路娱乐编排、音乐完成的评分（Pr）。裁判根据运动员的完成情况给予"–、√、+"的标记进行评判。Pa 裁判还要对成套动作中的失误作出评判。

（1）技术动作完成评分。

花样赛技术动作完成评分如表 8-2-5 所示。

表 8-2-5　花样赛技术动作完成评分

各技术动作的完成，运动员身体、绳体的控制（技术）		
基本的（–）	平均的（√）	优秀的（+）
弯腰驼背，动作呈现缺乏技巧，落地重	弯腰帮助执行一些技术动作	直立姿势，肩膀和头部抬起，背部挺直
呈现出靠明显的努力来完成技能。表现在一些技能不需要腿部或背部弯曲	动作表现好，足够出色完成技能，但形式上会稍有停顿	表演技巧时始终保持线条整齐，形式正确，一气呵成
完成技能与技能之间有犹豫，有明显的思考。过程中有长时间停顿	有犹豫的片刻，在完成技巧中有短暂的中断	技能之间顺畅流动，能出色地执行技巧
绳子的弧度不稳定	绳子的弧线没有异常，但还不错	绳子的弧线是连续且平滑的
需要奋力地完成技能，低而硬的落地技能	降落时形态略有改变，完成技能需要付出一些努力	显示出非凡的运动能力，高振幅，软着陆，以直立方式或以适合于所执行技能的形式着陆
在难以评判的方向或位置完成技能	在不理想的评判位置上完成技能	该技能对裁判和观众而言拥有很好的评判和观看效果
团队不同步，需要彼此关注才能保持一致	团队是协调同步的	团队是完美的协调和同步的，无须付出任何努力

（2）娱乐编排、音乐完成的评分。

①娱乐编排。在成套中的娱乐编排部分，裁判应注意独特的技能及组合，场上各种动作之间的平稳过渡。娱乐裁判至少每 2 秒做出评判标记。花样赛娱乐编排评分如表 8-2-6 所示。

表 8-2-6　花样赛娱乐编排评分

基本的（–）	平均的（√）	优秀的（+）
表现得缺乏信心，没有与裁判和观众保持目光接触、眼神交流	有时与裁判和观众保持目光接触、眼神交流，但是很少，表现出明显的自身关注	出色的表演技巧和舞台展示能力，运动员完成动作时吸引了裁判和观众的注意力，进行眼神交流并与观众建立联系

续表

基本的（-）	平均的（√）	优秀的（+）
从观众的角度来看，该套路的动作是可预测的，或者未设计编排的	成套中，部分动作既不有趣又不可预测	成套动作吸引人去看，有趣且精彩
成套动作的一部分与其他部分相比是重复的，运动员的技能储备似乎有限，重复一个确切的技能	成套中，部分具有多种技能和组合，但具有重复性	套路中，组合动作显示多样性
可预测移动或没有移动，绳子方向几乎没有变化	运动员使用比赛空间进行移动，但会长时间停留在一个地方	绳索的方向性和运动员的移动变化多端、不可预测
不连贯的动作、中断动作	存在技能之间的转换，但并不有趣或执行得不好	动作技能平滑转换，轻松过渡
技巧变化少，编排简单，顺序可以预测	技巧不新颖但也不太可预测	原创动作，顺序、移动、编排有让人惊叹的因素

②音乐完成。要评价一个套路的音乐完成度，裁判应该注意音乐的有效运用、独特的音乐选择和编排。裁判至少每2秒做一个评判标记。花样赛音乐完成评分如表8-2-7所示。

表8-2-7　花样赛音乐完成评分

基本的（-）	平均的（√）	优秀的（+）
没有合理使用重音，运动员完成动作不在节拍和节奏上	运动员完成动作时，有时是在节拍和节奏上的，根据音乐的重音能合理转换	动作完成时都在节拍和节奏上，很好地运用重音来增强效果
运动员不会用音乐来进行舞蹈风格的创编	运动员完整体现音乐的精神和风格	成套的风格与音乐紧密相配；套路用音乐讲述一个故事，与音乐产生一种情感上的联系
没有开始或结束系列动作	运动员使用开始和结束系列动作，对成套动作的质量没有太大影响	开始一系列动作增加了对整个套路的预期，结束姿势标志着一个清晰和优雅的结束

3. 花样赛规定元素评判

在整个套路中，裁判除了评判规定元素，对未完成的元素进行扣分，还要评判重复难度，包括要评判整个套路中出现的重复的3级及3级以上难度技能部分。

（1）花样赛规定元素完成要求。

①运动员必须成功完成一个被授予难度等级的技术动作，才算规定元素。

②规定元素可以单独完成，也可以组合完成。

③运动员可以用同一技术动作完成多个规定元素。

④规定元素可以在任何难度级别上执行。但是，运动员必须在完成规定元素后立即跳过绳子。

⑤在"两人同步"和"四人同步"项目中，必须由所有运动员同时完成才能认定为规定元素。

⑥在交互绳和车轮跳项目中，规定元素可以由单个运动员完成，也可以由多个运动员同时完成，不一定要求所有运动员都参与。

（2）个人绳花样规定元素。个人绳花样规定元素如表8-2-8所示。

表8-2-8　个人绳花样规定元素

4个不同的多摇	双摇及双摇以上的多摇动作
4个不同的体操或力量	①从手或小臂接触地面的起始位置跳过绳； ②坐在地上； ③仰卧状态； ④俯卧状态； ⑤蟹跳、劈叉状态； ⑥头部经过腰部以下同时脚部高于腰部的状态
4个不同的缠绕或放绳	①放绳是指运动员将绳子一端放在空中直到抓住放出的绳柄并做出另一类别的动作； ②缠绕是指绳子缠绕在身体或者身体任意部位并跳过绳子的动作
4个不同的互动配合	①仅包含在两人同步与四人同步中； ②是指运动员互相支持，共用一根绳子所完成的相互之间、上下、周围或身体上相互联系的动作技能

（3）车轮花样规定元素。车轮花样规定元素如表8-2-9所示。

表8-2-9　车轮花样规定元素

4个不同的多摇	双摇及双摇以上的多摇动作
4个不同的体操或力量	①从手或小臂接触地面的起始位置跳过绳； ②坐在地上； ③仰卧状态； ④俯卧状态； ⑤蟹跳、劈叉状态； ⑥头部经过腰部以下同时脚部高于腰部的状态
4个不同的缠绕或放绳	①放绳是指运动员将绳子一端放在空中直到抓住放出的绳柄并做出另一类型的动作； ②缠绕是指绳子缠绕在身体或者身体任意部位并跳过绳子的动作
4个不同的互动配合	是指运动员互相支持，共用一根绳子所完成的相互之间、上下、周围或身体上相互联系的动作技能

（4）交互绳花样规定元素。交互绳花样规定元素如表8-2-10所示。

表8-2-10　交互绳花样规定元素

4个不同的多摇	双摇及双摇以上的多摇动作
4个不同的摇绳技巧	①标准的交互绳摇绳姿势：正向、反向交替旋转单摇摇绳，多摇除外； ②不同于标准交互绳摇绳方式的动作或两根绳同时往一个方向摇绳的动作
4个不同的体操或力量	①从手或小臂接触地面的起始位置跳过绳； ②坐在地上； ③仰卧状态； ④俯卧状态； ⑤蟹跳、劈叉状态； ⑥头部经过腰部以下同时脚部高于腰部的状态
4个不同的互动配合	①仅在人数多于3人的交互绳项目中包含此规定元素； ②是指运动员互相支持，共用一根绳子所完成的相互之间、上下、周围或身体上相互联系的动作技能

4. 重复难度

任何时候，难度等级为3级或以上的技能在套路中被清晰地重复，其难度值将从难度得分中扣除。规定元素裁判应对重复的难度等级予以记录判别。

（1）不被认为是重复的变化。

①改变方向（向前或向后）。

②不同方式的进入或退出。

（2）被认为是重复的变化。

①使用不同方向（左侧或右侧）或不同手臂。

②在成套中由不同的运动员完成（或不同的运动员组合）。

③重复难度，从交互绳花样来看，需要观察整体技能（包括摇绳和跳绳）、运动员的进出绳和摇绳是一项完整的技术。只是简单地更换运动员，但表现相同的整体技能，仍然被认为是重复的。

（二）国内花样赛评分方法

1. 评分因素

花样赛评分通过四个方面对整套动作进行评价，即难度动作（参照各级别难度动作表及分值）、完成质量（100分，按百分制打分后乘50%）、艺术编排（100分，按百分制打分后乘50%）、规定元素（参照各项目成套规定元素内容）。

2. 难度动作评分细则（参照各级别难度动作表及分值）

（1）难度动作级别与分值（成套动作中难度动作分为一级至四级）。

一级难度：每个动作分值1分。

二级难度：每个动作分值 2 分。

三级难度：每个动作分值 3 分。

四级难度：每个动作分值 4 分。

（2）难度动作特殊要求。

①成套动作的难度选择，必须符合参赛项目难度级别规定范围，未达到该难度级别的动作或超过该难度级别的动作，都不予计算难度分值。

②成套动作的难度数量不能超过 20 个，重复难度动作不计分，超过数量的难度动作不计分。

花样赛难度分值如表 8-2-11 所示。

表 8-2-11　花样赛难度分值

难度级别	满分数量/个	难度分值/分	最低完成/个	满分/分	特殊说明
一级	20	1	10	20	不允许空翻，否则取消比赛资格
二级	20	2	10	40	
三级	20	3	10	60	
四级	20	4	10	80	

3. 完成质量评分细则（100 分）

花样赛完成质量评分细则如表 8-2-12 所示。

表 8-2-12　花样赛完成质量评分细则

错误	具体内容	减分
小错误	①稍微偏离正确动作； ②倒立动作、侧手翻动作：身体与地面的夹角为 75°～80°； ③劈叉动作开度 170°	每人次扣 1 分
小错误	④个别动作能力不一致； ⑤个别运动员表情呆滞	扣 2 分
中错误	①明显偏离正确动作； ②倒立动作、侧手翻动作：身体与地面的夹角为 60°～75°； ③劈叉动作开度 160°	每人次扣 2 分
中错误	④整套动作约 1/3 动作能力不一致； ⑤整套动作约 1/3 运动员表情呆滞	扣 3 分
大错误	①严重偏离正确动作； ②倒立动作、侧手翻动作：身体与地面的夹角为 45°～60°； ③劈叉动作开度 150°	每人次扣 3 分
大错误	④整套动作约 1/2 动作能力不一致； ⑤整套动作约 1/2 运动员表情呆滞	扣 4 分
严重错误	①整套动作动作能力不一致； ②整套动作运动员始终无任何表情	扣 5 分

续表

错误	具体内容	减分
失误	①绳子缠住运动员身体（除缠绕动作），两根或多根绳子缠在一起，绳子把柄掉地，绳子绊脚，绳子触碰到跳绳者或摇绳者身体，遗忘动作等情况而使动作延迟或停顿； ②运动员在完成放绳时，在放绳过程中没有抓住绳柄的任何部分； ③头发没有固定在头上，出现头发松散、发饰掉落； ④比赛着装不正确，比赛服、鞋子上使用松散的装饰； ⑤佩戴饰物（如手表、项链、耳环等悬垂物），无批准佩戴眼镜； ⑥音乐无"嘀"声； ⑦未行绳礼	每次扣5分

4. 艺术编排评分细则（100分）

（1）成套动作总体设计（30分）。
①动作创编主题鲜明，新颖独特，动作素材内容丰富，具有良好视觉效果。
②动作设计符合运动员的运动能力，难度分布均衡，编排布局合理。
③场地空间运用合理，三维空间运用多样，移动自然顺畅，队形清晰准确。
花样赛艺术编排——成套动作总体设计评分细则如表8-2-13所示。

表8-2-13　花样赛艺术编排——成套动作总体设计评分细则

等级	分值
优秀	24.1~30.0
良好	18.1~24.0
一般	12.1~18.0
差	6.1~12.0
不可接受	0.0~6.0

（2）跳绳技巧与舞蹈元素融合（30分）。
①身体与绳子的控制能力，能展现运动员高水准的综合能力和训练水平；团队配合熟练、默契。
②跳绳技术技巧个性化，动作过渡连接新颖、流畅、合理。
③舞蹈元素与跳绳技术完美融合，个性绳舞组合与众不同，风格明显。
花样赛艺术编排——舞蹈元素评分细则如表8-2-14所示。

表8-2-14　花样赛艺术编排——舞蹈元素评分细则

等级	分值
优秀	24.1~30.0
良好	18.1~24.0
一般	12.1~18.0

（3）音乐运用（20分）。
①音乐的选择必须主题突出，符合运动员的个性和风格。

②动作与音乐节奏合拍。
③音乐剪辑完整、连贯，动效使用合理。成套音乐的编辑录制必须达到专业水准。
花样赛艺术编排——音乐运用评分细则如表 8-2-15 所示。

表 8-2-15 花样赛艺术编排——音乐运用评分细则

等级	分值
优秀	16.1~20.0
良好	12.1~16.0
一般	8.1~12.0
差	4.1~8.0
不可接受	0.0~4.0

（4）表演与包装（20分）。
①运动员通过成套动作展现自信、活力，体现积极向上的精神面貌。
②运动员及运动员之间表演自然熟练，配合默契。
③服装色彩搭配与音乐风格、动作风格融为一体。
花样赛艺术编排——表演与包装评分细则如表 8-2-16 所示。

表 8-2-16 花样赛艺术编排——表演与包装评分细则

等级	分值
优秀	16.1~20.0
良好	12.1~16.0
一般	8.1~12.0
差	4.1~8.0
不可接受	0.0~4.0

5. 规定元素（主裁判减分）

规定元素是指成套动作中特殊规定的内容，必须在成套动作中出现，每缺少一次减2分，每缺少一类减10分。

（1）规定元素。一组 4×8 拍的个性；4 个不同的多摇动作；4 个不同的力量和体操动作；4 个不同的缠绕与放绳动作；4 个不同的互动配合动作。

（2）主裁判减分。
花样赛规定元素——主裁判扣分细则如表 8-2-17 所示。

表 8-2-17 花样赛规定元素——主裁判扣分细则

扣分或处罚	成套动作的规定元素
减 5 分	①成套动作时间少于或超出规定时间； ②踩线或出界/次； ③赛前或赛后未行绳礼； ④运动员的头发、着装、仪容不符合规定，佩戴饰物、饰物掉落

续表

扣分或处罚	成套动作的规定元素
取消比赛资格	①运动员（队）被叫超过60秒不上场； ②比赛中嚼口香糖/不文明用语等； ③未穿跳绳鞋，服装有描绘暴力、战争、宗教、色情有关的元素； ④一至二级难度比赛出现空翻动作； ⑤违反赛场纪律

（三）规定赛评分方法

1. 主裁判判罚犯规减分因素

规定赛主裁判判罚犯规减分细则如表8-2-18所示。

表8-2-18 规定赛主裁判判罚犯规减分细则

扣分或处罚	因素
5分/次	①更改1×8拍规定元素内容； ②套路中断4秒以上； ③套路时间不足或超时； ④未行绳礼； ⑤运动员的头发、着装、仪容不符合规定，佩戴饰物、饰物掉落； ⑥场地犯规（踩线/出界），仅限个人花样规定套路
取消比赛资格	①出场（如运动员被叫到后60秒钟未出场为弃权）； ②更改4×8拍规定元素内容； ③参赛人数与要求不符合规定； ④使用外部助力器材/有悖奥林匹克精神的动作； ⑤比赛中嚼口香糖/不文明用语等； ⑥未穿跳绳鞋，服装有描绘暴力、战争、宗教、色情有关的元素

2. 创意编排（20分）

规定赛创意编排评分细则如表8-2-19所示。

表8-2-19 规定赛创意编排评分细则

评分因素及分值	评分内容
过渡连接、成套创编、场地运用（10分）	①不同动作内容和不同队形之间的衔接表现得连贯、流畅、自然、无停顿，成套动作给人感觉整体流畅、一气呵成； ②成套创编最大限度使用比赛场地，集体项目要求至少出现5次（交互绳3次）以上队形的变化，充分体现立体空间的层次变化
现场表现效果（10分）	①运动员外形整洁、干练，能瞬间吸引观众，表现出朝气蓬勃的精神面貌；运动员的动作充满活力，其娴熟的动作技巧表现出健康的体能素质； ②运动员全身心的激情投入与自信，能由内而外地感染观众，引起观众的共鸣

3. 完成质量（80分）

规定赛完成质量评分细则如表 8-2-20 所示。

表 8-2-20　规定赛完成质量评分细则

评分因素及分值	个人	集体	评分内容
动作的准确性	30 分	20 分	身体姿势、部位准确，技术规范、动作方向清楚，完美控制
动作的熟练性	20 分	15 分	动作技术协调、娴熟、轻松流畅
动作的合拍性	30 分	15 分	成套动作完成的节奏与音乐的合拍程度
运动能力一致性	—	15 分	团队在整体完成动作时运动范围的一致性，整体完成动作时所有队员运动能力的均衡一致性
表演技巧一致性	—	15 分	作为一个整体所具有的一致性表演技艺

五、花样类竞赛项目计分方法

（一）花样赛（精英级）计分方法

花样赛的成绩是基于一个难度模型的累积进行计算，在这个模型中，完成度、规定元素、扣分因素和重复技巧都会影响总成绩。

1. 难度分（D）

计算难度的方法是将每项技能相对应的难度分数相加。

难度总分没有限制，每一项难度的对应分值如表 8-2-21 所示。

表 8-2-21　花样赛（精英级）难度分值

难度等级	0	0.5	1	2	3	4	5	6	7	8
分值	0	0.13	0.18	0.32	0.58	1.05	1.89	3.4	6.12	11.02

裁判将运动员完成一项难度等级技能的次数乘以相应技能水平的分值来计算难度分。

2. 完成分（P）

完成按"−，√，+"的标记计算的百分比来影响难度分值的提高或降低（完成分值乘以难度分值），范围是±60%。每一类完成裁判的分值（动作技能、娱乐编排、音乐）按−1 到 1 的比例计算，如 j_F、j_E、j_M。裁判在该类别中给出的"−"，则值为−1；给出"√"，则值为 0；给出"+"，则值为+1。

计算 j_F、j_E、j_M 的平均值，得到 a_F、a_E、a_M。

完成分按权重分为三类：动作完成（在 60% 中占 50%）；娱乐（在 60% 占 25%）；音乐（在 60% 中占 25%）。因此，在±60% 的幅度可以分为三个范围：动作完成±30%；娱乐±15%；音乐性±15%。

完成分值可能会对难度分值产生影响，影响系数为 $F_p = 60\% = 0.6$。

$$P = 1 + (a_F \times F_p, F + a_E \times F_p, E + a_M \times F_p, M)$$

3. 失误扣分（M）

规定元素裁判和完成裁判都需要计算失误。规定元素裁判还需记录时间和空间违例，这些扣分是单独计算的，并加在失误的平均数上，以确定最终的扣分值。

每一个扣分（失误、时间违例、空间违例）的影响因素 $F_d = 2.5\% = 0.025$。

裁判记录失误平均数称为平均失误次数 a_m，此平均数也四舍五入为整数，然后将 F_d 乘 a_m，结果称为 m，即 $m = F_d \times \lceil a_m \rceil$；裁判记录的时间和空间违例的平均数称为平均违例次数 a_v，此平均数也四舍五入为整数，然后将 F_d 乘 a_v，结果 v，即 $v = F_d \times \lceil a_v \rceil$。

最后失误扣分 $M = 1 - (m+v)$。

4. 重复难度（U）

规定裁判将计算重复难度的次数，每一个三级（包含三级）重复的难度将从总难度分中扣除；每一个重复难度计算同难度分计算。

5. 规定元素（Q）

每个规定元素的缺失都会导致 2.5% 的扣减。

每一个缺少的规定元素影响因素 $F_q = F_d = 2.5\% = 0.025$；规定元素分值 Q 是指从 1 中减去所缺少的规定元素影响因素 q，即 $Q = 1 - q$。

6. 最终成绩（R）

最终成绩的计算公式为：

最终成绩（R）= [难度分（D）- 重复难度（U）] × 完成分（P）× 失误扣分（M）× 规定元素（Q）

7. 花样赛排名

总成绩最高的运动员或队伍排名第一，成绩第二高的运动员排名第二，以此类推。多个队或运动员有总成绩相同，将依次根据他们的失误扣分（M）、规定元素（Q）、完成分（P）、重复难度（U）、难度分（D）进一步比较。如果这还不能解决平局问题，仍有相同结果，失误分、完成分和难度分相等的运动员或队伍将授予相同排名。其后成绩以（N+M）排名。

（二）国内花样赛计分方法

裁判员评分最小单位为 1 分；难度动作分、完成质量分、艺术编排分计算保留小数点后 2 位；总分计算保留小数点后 2 位；最后得分保留小数点后 2 位。

难度动作分值计算：完成难度等级的次数乘以相对应的难度分值。三个分的平均分为最终难度得分。

完成质量分值计算：三个分的平均分为最终完成质量得分。

艺术编排分值计算：为成套动作总体设计分、跳绳技巧与舞蹈元素融合分、音乐运用分、表演与包装分四个方面的总分。三个总分的平均分为最终艺术编排得分。即：

总分 = 难度动作分 + 完成质量分 + 艺术编排分

最后得分 = 总分 - 主裁判减分。若最后得分相同，按照以下优先级进行名次排列（①最高艺术编排分；②最高完成质量分；③最高难度动作分）。

（三）规定赛计分方法

规定赛成绩总分 = 创意编排分 + 完成质量分 - 失误分

三个创意分的平均分为创意分值，计作 T_1。
三个完成分的平均分为完成分值，计作 T_2。
违规由主裁判单独判定，从 100 分扣除，计作 T_3。

六、犯规及失误

（一）时间犯规

音乐必须有开场提示音，音乐开始即为比赛开始，音乐结束即为比赛结束。音乐未开始，运动员开始动作，记一次失误；音乐结束，运动员还继续完成动作，记一次失误。时间不足或超时都视为时间违例，记一次失误，且超出时间的动作不予评分。花样赛、集体自编赛由规定元素裁判评判；国内花样赛、小型集体自编赛由主裁判按失误进行扣分，每次 5 分。

（二）空间违例

规定赛（个人花样规定套路）踩线或出界每出现一次，主裁判进行扣分；花样赛（精英级）每出现一次，由规定元素裁判评判；国内花样赛、主裁判按失误进行扣分，每次 5 分。

（三）其他犯规

比赛中出现以下犯规，花样赛（精英级）、集体自编赛按一次失误计算，国内花样赛、小型集体自编赛、规定赛由主裁判扣分。

（1）头发没有固定在头上，出现头发松散、发饰掉落的情况。

（2）比赛着装不正确，比赛服、鞋子上使用松散的装饰。

（3）佩戴饰物（如手表、项链、耳环等悬垂物），无批准佩戴眼镜。

（4）非速度赛项目中，运动员上场后，播放比赛口令（音乐）前和比赛口令（音乐）结束后，没有向裁判组和观众鞠躬行礼（绳礼）。

（四）失误

（1）绳子缠住运动员身体（除缠绕动作），两根或多根绳子缠在一起，绳子把柄掉地，绳子绊脚，绳子触碰到跳绳者或摇绳者身体，遗忘动作等情况而使动作延迟或停顿。

（2）运动员在完成放绳时，在放绳过程中没有抓住绳柄的任何部分。

（3）花样赛中运动员失误后，下一次尝试跳绳时没有成功，则记录另一次失误。在个人绳比赛中，如果多个队员各持一绳同时失误，则同时记录各个队员相应失误次数。个人绳的互动、车轮、三人交互绳花样比赛中，按每一组绳计算，不按运动员人数计算，如果出现失误，则算一次失误（不是每个选手一次失误）。

（4）规定赛：直接由完成质量裁判进行评判，不额外扣失误分。

（5）比赛中若出现鞋带松散，裁判将停止计数/打分，直至运动员系好鞋带后，裁判继续开始计数/评分。

第三节 传统项目竞赛规则解析

杀刀—双摇样式对抗赛是一个传统项目，比赛双方按照规定的双摇动作进行对抗，在规定时间内动作正确且跳得多的一方获胜。

一、样式名称

双摇直摇跳，简称双摇，标记为"OO"。
双摇快花跳，简称快花，标记为"OX"。
双摇扯花跳，简称扯花，标记为"XO"。
双摇凤花跳，简称凤花，标记为"XX"。

二、竞赛办法

（1）场地：计时速度赛场地如图 8-3-1 所示。

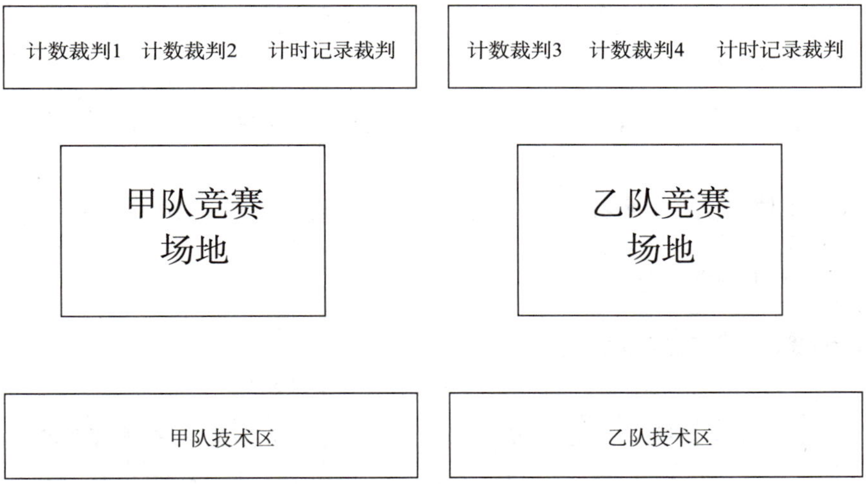

计数裁判1 计数裁判2 计时记录裁判	计数裁判3 计数裁判4 计时记录裁判
甲队竞赛场地	乙队竞赛场地
甲队技术区	乙队技术区

图 8-3-1　计时速度赛场地

（2）时间：每局不超过 2 分钟。
（3）每局采用一对一的方式，双方依次各指派一名选手参赛。
（4）听到"跳"的口令后开始比赛，裁判员从运动员出现第一次规定样式开始计数，失误即停止比赛。
（5）每局比赛时间内，一次连续完成规定样式最多的队员获胜。

三、每场比赛胜负判定

（1）每场比赛设五局，决赛阶段可设七局。
（2）每局比赛结束，胜方得 2 分，平局各得 1 分，负方不得分。

(3) 每场比赛结束，总得分高的一方为胜方。

(4) 小组赛阶段每场比赛结束，出现平局，不加赛。淘汰赛阶段每场比赛结束出现平局，则需加赛一局，直到分出胜负为止。

四、规定样式

传统项目规定样式如表 8-3-1 所示。

表 8-3-1　传统项目规定样式

样式	名称					
一元样式	OO		OX		XO		XX	
二元样式	OO OX	OO XO	OO XX	OX XO	OX XX	XO XX
四元样式	OX OO XO XX	XX XO OO OX		OO OX XX XO		XO XX XO OO	

第四节　集体自编赛竞赛规则解析

一、集体自编赛竞赛场地

（1）小型集体自编赛（3~7人，3分~3分30秒，自配音乐）赛场地不小于15米×15米。

（2）大型集体自编赛（8~16人，4分~6分，自配音乐）赛场地不小于15米×15米。

二、集体自编赛裁判人员组成

集体自编赛裁判人员组成如表 8-4-1 所示。

表 8-4-1　集体自编赛裁判人员组成

项目	主裁判	难度裁判	完成创编/失误裁判	规定元素/失误/违例/重复难度	总数
小型	1	3（完成）	3（艺术编排）	2（规定元素）	9
大型	1	3~5	4~6	2~3	10~15

三、集体自编赛竞赛项目评分方法

（一）小型集体自编赛评分方法

1. 动作要求

（1）难度动作：在规定的时间内，根据成套动作中出现的所有难度动作进行评判，重复难度及未达到最低标准的难度动作不予评判。

（2）完成质量：对整套动作中出现的所有动作及一致性进行评判。

（3）艺术编排：对整套动作的总体设计、绳具选择与运用、跳绳元素的多样性、跳绳技术技巧、音乐的运用、表演与包装进行综合评判。

（4）特殊要求：个人绳、车轮跳、交互绳动作要求及动作评分请参照花样赛竞赛规则解析，长绳、旅行跳请参照大型集体自编赛竞赛规则解析。

2. 动作评分（分值分配）

（1）难度动作 50 分（见个人绳、车轮跳、交互绳各级别难度动作表）。

（2）完成情况 50 分（按 100 分制打分后乘 50%）。

（3）艺术编排 50 分（按 100 分制打分后乘 50%）。

（4）特殊要求（个人绳、车轮跳、交互绳、长绳、旅行跳）。

3. 难度动作评分细则（50 分）

（1）对成套动作中出现的不同难度级别的个人绳、车轮跳、交互绳、长绳、旅行绳动作进行评判，整套动作难度动作满分 50 分。

（2）全部运动员参与完成所有的难度动作，如果运动员参与人数少于 25%，则不予计算难度。

（3）小型集体自编赛难度评判同集体自编赛难度。

4. 完成质量评分细则（100 分）

小型集体自编赛完成质量评分细则如表 8-4-2 所示。

表 8-4-2 小型集体自编赛完成质量评分细则

错误	具体内容	减分
小错误	①稍微偏离正确动作； ②倒立动作、侧手翻动作：身体与地面的夹角为 75°~80°； ③劈叉动作开度 170°	每人次扣 1 分
	④个别动作能力不一致； ⑤个别运动员表情呆滞	扣 2 分
中错误	①明显偏离正确动作； ②倒立动作、侧手翻动作：身体与地面的夹角为 60°~75°； ③劈叉动作开度 160°	每人次扣 2 分
	④整套动作约 1/3 动作能力不一致； ⑤整套动作约 1/3 运动员表情呆滞	扣 3 分
中错误	①严重偏离正确动作； ②倒立动作、侧手翻动作：身体与地面的夹角为 45°~60°； ③劈叉动作开度 150°	每人次扣 3 分
	④整套动作约 1/2 动作能力不一致； ⑤整套动作约 1/2 运动员表情呆滞	扣 4 分
严重错误	①整套动作动作能力不一致； ②整套动作运动员始终无任何表情	扣 5 分

续表

错误	具体内容	减分
失误	①绳子缠住运动员身体（除缠绕动作），两根或多根绳子缠在一起，绳子把柄掉地，绳子绊脚，绳子触碰到跳绳者或摇绳者身体，遗忘动作等情况而使动作延迟或停顿； ②运动员在完成放绳时，在放绳过程中没有抓住绳柄的任何部分； ③头发没有固定在头上，出现头发松散、发饰掉落； ④比赛着装不正确，比赛服、鞋子上使用松散的装饰； ⑤佩戴饰物（如手表、项链、耳环等悬垂物），无批准佩戴眼镜； ⑥音乐无"嘀"声； ⑦未行绳礼； ⑧长绳未达6米	每次扣5分

5. 艺术编排评分细则（100分）

（1）成套动作总体设计（30分）评分点。

小型集体自编赛艺术编排——成套动作总体设计评分细则如表8-4-3所示。

表8-4-3 小型集体自编赛艺术编排——成套动作总体设计评分细则

等级	标准描述	分值
优秀	①主题突出，编排合理； ②绳具选择多且运用合理，跳绳元素种类多； ③动作设计与音乐风格相吻合； ④场地运用合理，三维空间和层次变化多； ⑤过渡动作非常巧妙，移动队形非常清晰； ⑥成套动作队形变化多且超过8次	24.1～30.0
良好	①主题较突出，编排较合理； ②绳具选择较多且运用较合理，跳绳元素种类较多； ③动作设计与音乐风格比较吻合； ④场地运用比较合理，三维空间和层次变化较多； ⑤过渡动作比较巧妙，移动队形较清晰； ⑥成套动作队形变化较多，超过6次	18.1～24.0
一般	①有一定的主题，编排一般； ②绳具选择和跳绳元素种类一般； ③动作设计与音乐风格有一定的吻合； ④场地运用一般，有一定的三维空间和层次变化； ⑤有部分过渡动作，移动队形一般； ⑥成套动作队形变化一般，不足4次	12.1～18.0

续表

等级	标准描述	分值
差	①没有明确的主题，有少许编排； ②绳具选择和跳绳元素种类运用少； ③动作设计与音乐风格不符； ④场地运用少，三维空间和层次变化少； ⑤几乎没有过渡动作，移动队形混乱； ⑥成套动作队形变化少，且不足2次	6.1~12.0

（2）跳绳技巧与舞蹈元素融合（30分）评分点。

小型集体自编赛艺术编排——舞蹈元素评分细则如表8-4-4所示。

表8-4-4　小型集体自编赛艺术编排——舞蹈元素评分细则

等级	标准描述	分值
优秀	①身体与绳子的控制轻松自如； ②跳绳技巧娴熟流畅，综合表现优秀； ③跳绳技术与舞蹈元素融合得非常完美，风格突出	24.1~30.0
良好	①身体与绳子的控制自如； ②跳绳技巧娴熟流畅，综合表现好； ③跳绳技术与舞蹈元素融合较好，风格明显	18.1~24.0
一般	①身体与绳子的控制能力一般； ②跳绳技巧熟练，综合表现一般； ③跳绳技术与舞蹈元素融合一般，风格不明显	12.1~18.0
差	①身体与绳子的控制能力较差； ②跳绳技巧一般，综合表现差； ③跳绳技术与舞蹈元素融合少，风格一般	6.1~12.0
不可接受	①身体与绳子的控制能力差； ②跳绳技巧差，综合表现极差； ③跳绳技术与舞蹈元素没有融合，没有风格	0.0~6.0

（3）音乐运用（20分）评分点。

小型集体自编赛艺术编排——音乐运用评分细则如表8-4-5所示。

表8-4-5　小型集体自编赛艺术编排——音乐运用评分细则

等级	标准描述	分值
优秀	①音乐选择与运用主题突出； ②音乐编辑录制完整，动效使用合理； ③整套动作完全与音乐合拍	16.1~20.0

续表

等级	标准描述	分值
良好	①音乐选择与运用能突出主题； ②音乐编辑录制较为完整，动效使用较为合理； ③部分动作与音乐节奏不合拍	12.1~16.0
一般	①音乐选择与运用主题一般； ②音乐编辑录制一般，有一定的动效使用； ③整套1/3动作与音乐节奏不合拍	8.1~12.0
差	①音乐选择与运用不能突出主题； ②音乐编辑录制差，动效使用几乎没有； ③整套1/2动作与音乐节奏不合拍	4.1~8.0
不可接受	①音乐选择与运用与主题无关； ②音乐编辑录制很差，没有动效使用； ③整套动作与音乐节奏完全不合拍	0.0~4.0

（4）表演与包装（20分）评分点。

小型集体自编赛艺术编排——表演与包装评分细则如表8-4-6所示。

表8-4-6 小型集体自编赛艺术编排——表演与包装评分细则

等级	标准描述	分值
优秀	①运动员充满自信和活力； ②面部表情丰富，眼神交流多； ③运动员舞台表现力好，整体配合默契； ④服装色彩搭配与音乐风格动作风格融为一体	16.1~20.0
良好	①运动员较自信，有活力； ②面部表情自然，有一定的眼神交流； ③运动员舞台表现力较好，整体配合较为默契； ④服装色彩搭配与音乐风格、动作风格较为协调	12.1~16.0
一般	①运动员自信和活力一般； ②面部表情少，缺乏眼神交流； ③运动员有一定的舞台表现力，整体配合一般； ④服装色彩搭配与音乐风格、动作风格一般	8.1~12.0
差	①运动员缺乏自信和活力； ②面部表情僵硬，无眼神交流； ③运动员舞台表现力差，整体配合差； ④服装色彩搭配与音乐风格、动作风格不符	4.1~8.0

等级	标准描述	分值
不可接受	①运动员没有自信和活力； ②面部表情不可接受，始终埋头，无眼神交流； ③运动员舞台表现力不可接受，整体配合很差； ④服装色彩搭配与音乐风格、动作风格完全不符，有损于表演	0.0~4.0

（5）特殊要求（主裁判减分）。

特殊要求是指成套动作中特殊规定的内容。必须在成套动作中出现个人绳、车轮跳、交互绳、长绳（6米以上）、旅行跳，每缺一类减5分。全部运动员参与完成特殊要求，如果运动员参与人数少于50%，按缺类评判。

小型集体自编赛主裁判减分评分细则如表8-4-7所示。

表8-4-7 小型集体自编赛主裁判减分评分细则

减分或处罚	具体内容
减5分	①赛前或赛后未行绳礼； ②运动员的头发、着装、仪容不符合规定，佩戴饰物、饰物掉落； ③场上一半以上队员同时出现失误/次； ④特殊要求内容缺失/类； ⑤成套动作时间少于或超出规定时间； ⑥踩线或出界/次
取消比赛资格	①参赛人数不符合规定（不足或超过）； ②运动员（队）被叫超过60秒不上场； ③比赛中嚼口香糖/不文明用语等； ④未穿跳绳鞋，服装有描绘暴力、战争、宗教、色情有关的元素； ⑤一至二级难度比赛出现空翻动作； ⑥违反赛场纪律

（二）大型集体自编赛评分方法

1. 难度判评

难度裁判要根据运动员完成的动作给出相应的难度等级。如果团队中有25%的人没有做动作，裁判就不能给完成的动作打分（失误或者站着不动）。难度等级参照个人绳、交互绳和车轮跳的难度进行判定。长绳和旅行跳根据难度修改判定。

（1）长绳。表演的长绳有一根至少为6米，难度从0开始，满足以下条件加1级难度。

大型集体自编赛长绳难度如表8-4-8所示。

表 8-4-8　大型集体自编赛长绳难度

摇绳者技巧	跳绳者技巧
①有多个或所有的长绳交叉/转变摇绳方向； ②一名摇绳者套另一名摇绳者； ③每增加一根绳子，每一个在地上旋转的人； ④单摇套人跳，根据摇数加 1 级难度； ⑤在同一根绳子中有一名摇绳者加 1 级难度，有两名摇绳者加 2 级难度； ⑥连续的套人； ⑦所有的摇绳者在套人过程中移动或旋转； ⑧摇绳者在套人过程中完成的技巧。根据交互绳或车轮跳的难度等级将全部的动作难度等级相加	①超过 1 名运动员在长绳中跳，不管增加多少跳绳者，最多增加一个级别难度； ②运动员在套人的时候完成动作，根据单绳难度、交互绳难度和车轮难度将所有的技能难度进行相加； ③运动员在被套的过程中进行移动或旋转； ④摇绳者移动过程中运动员进行队形变换； ⑤每增加一个规定元素加 1 级难度

（2）旅行跳。旅行跳是一名运动员去套两名及以上的运动员。难度从 0 开始。大型集体自编赛旅行跳难度如表 8-4-9 所示。

表 8-4-9　大型集体自编赛旅行跳难度

套人者技巧	①单摇套人时，根据套人时的摇数增加 1 个难度等级，双摇加 2 级难度，三摇加 3 级难度，诸如此类； ②连续的套人（两名被套者之间没有空拍）； ③反摇套人（套人者反摇套运动员）； ④不看人的套人，包括：套人时背对被套者；当套人者在被套者前面时加 1 级难度，或者套人者在被套者后面进行反摇套人加 2 级难度（反摇加 1 级难度，不看人的套人加 1 级难度）； ⑤套人时转身：转 180°加 1 级难度，360°加 2 级难度，540°加 3 级难度； ⑥套人时套人者完成动作； ⑦用完成单绳难度进行难度叠加； ⑧多摇套人； ⑨如果被套两人时中间有空拍加 1 级，如果连续的套人加 2 级（套人者多摇加 1 级，连续套人加 1 级）
运动员技巧	①运动员在套人时完成技巧； ②运动员和套人者在移动时进行移动； ③套人时运动员进行队形变换
组合原理	额外的组合加 1 级难度。例如，车轮跳套人加 1 级难度，长绳中车轮跳套人加 2 级难度

2. 完成评判

集体自编赛的完成评判和花样赛一样分为两部分，裁判根据运动员的完成情况至少每 2 秒给予一个"-，√，+"的标注进行评判。

（1）技术动作的完成评分。

除了以下内容，其余技术动作的完成评判参照花样赛执行。

大型集体自编赛技术动作的完成评分细则如表 8-4-10 所示。

表 8-4-10　大型集体自编赛技术动作的完成评分细则

各技术动作的完成，运动员身体、绳体的控制（技术）		
基本的（-）	平均的（√）	优秀的（+）
队形少，不整齐	一些不同的队形，大部分是直线队形	多个不同的队形，有空间和直线的变化
场上队形的转换缺乏技巧，没有很好地使用场地	运动员很好地利用了场地空间，队形变化移动速度中等	运动员们能很好地利用场地空间，场上的移动动作平滑而迅速

（2）技术动作的完成——风格评分。

风格的评判，裁判员应该观察运动员在成套中的表现，并与观众联系起来。大型集体自编赛技术动作的完成——风格评分细则如表 8-4-11 所示。

表 8-4-11　大型集体自编赛技术动作的完成——风格评分细则

基本的（-）	平均的（√）	优秀的（+）
不适当的、令人分心的面部表情和肢体语言	面部表情向内，注意力集中，缺乏眼神交流；肢体语言既不减损也不增加整体表现	面部表情和身体语言得体且专业，不限于自然的微笑和眼神交流
服装有损于表演，与音乐和舞蹈编排不协调	服装既不减损也不增加整体表现	使用服装效果来提高整体的表现，提升舞蹈的编排效果和音乐性
表演缺乏自信，没有努力与评委和观众沟通；场上的行为有损于表现形式	运动员有时与裁判和观众交流，但也有明显的自身专注和缺乏交流的时刻	高效出色的舞台表现力；在整个套路中有专业的表现形式

（3）成套完成——娱乐编排评。

参考花样赛的娱乐编排完成评分。

（4）成套完成——音乐评分。

参考花样赛的音乐完成评分。

3. 规定元素

（1）评判要求。

①运动员须成功完成一个被授予难度等级的技术动作，才算作规定元素。

②运动员可以同时完成多个规定元素。

③规定元素可以在任何难度级别上执行。

④至少有75%的队员参与完成的规定元素才会被认定。

（2）规定元素内容。

个人绳、交互绳、车轮跳、长绳、旅行跳（套人）。

四、集体自编赛竞赛项目计分方法

(一) 小型集体自编赛计分方法

小型集体自编赛计分方法参考国内花样赛个人绳花样。

(二) 大型集体自编赛计分方法

1. 完成分值

完成分值可能会对难度分值产生影响,影响系数为 $F_p = 50\% = 0.50$。

技术动作完成产生的影响值为 F_p, $F = 1/4F_p$ ($=1/4×0.5 = 0.125 = 12.5\%$)。

形式风格产生的影响值为 F_p, $S = 1/4F_p$ ($=1/4×0.5 = 0.125 = 12.5\%$)。

娱乐编排完成的影响值为 F_p, $E = 1/4F_p$ ($=1/4×0.5 = 0.125 = 12.5\%$)。

音乐完成的影响值为 F_p, $M = 1/4F_p$ ($=1/4×0.5 = 0.125 = 12.5\%$)。

x 可以是 F、S、E 或 M,以便类别适应样式。j_s 和 a_s 的计算方法与其他 j_x 相同,且 a_x 和 a_s 与其他 a_x 相同添加到 P 中。

2. 规定元素类别

计算方法与规定元素类似,每少一项元素类别,分数可能会受到 5%(即 0.05)的影响。

五、集体自编赛违例和失误

(一) 时间违例

参考花样赛的时间违例评判。

(二) 空间违例

集体自编赛不计算空间违例。

(三) 失误

裁判计算至少影响场上半数活跃队员的失误,记一次失误。

小型集体自编赛参考主裁判减分。

第九章　花样跳绳运动的价值及功能

第一节　花样跳绳运动的价值

花样跳绳兼具运动价值与文化内涵。它全面锻炼身体，提升力量、爆发力与耐力，增强肌肉力量，促进骨骼发育。此外，花样跳绳还能健脑益智，提高思维能力，促进心肺功能，增强细胞活力、新陈代谢，保持心血管健康，塑造优美形体，提升动作敏捷性。

一、个人价值

（一）改善身体形态

花样跳绳对于改善身体形态具有重要作用。花样跳绳需要身体各个系统互相协调，可以帮助消耗体内较多的热量，同时可以燃烧堆积在体内的脂肪，达到减肥塑形、减少体脂、结实肌肉和增加骨重等效果。经常进行花样跳绳练习，锻炼者能身体匀称、健康健美，并能使动作敏捷、重心稳定。

（二）提高身体素质

花样跳绳内容丰富、形式多样，结合了多种元素，可快可慢、可繁可简。该项运动能够提高力量、速度、灵敏、协调等身体素质。单纯的计时计数项目简单易学，适合任何年龄阶段的人学习，主要发展人的速度、耐力等素质；而形式多样的花式跳绳有利于提升练习者的身体反应、协调性及柔韧性。根据练习者的水平和动作的复杂程度，对身体各方面的素质要求也越高，在练习过程中，综合素质提高也越快。跳绳的上下跳动及手指的握绳摇绳动作能够刺激脚底和拇指的穴位，刺激神经中枢，促进大脑活动，增强思维和想象力，促进大脑发育。同时，青少年儿童正处于生长发育时期，长期坚持跳绳可以推迟软骨钙化的年龄，使骨骼的生长期延长，从而促进身体发育。

（三）加强身体机能

随着经济的发展，人们长期处于快节奏的生活中，身体机能和素质不断下降，健康成为人们关注的话题。花样跳绳运动在加强身体机能方面体现为增强人体心血管、呼吸和神经系统。因此在众多的健身项目中，有氧运动成为健身和预防疾病的首选。有氧运动需要全身的主要肌群长时间持续参与进行有韵律的运动，能够有效锻炼心肺功能，使心血管更加健康。花样跳绳运动要求练习者手、脚等协调配合，利用跳绳在音乐的配合下有节奏地完成各种动作，它是一种全身性的有氧运动，且其运动量大于一般运动项目，能够更加有效地增强心肺功能。经常进行花样跳绳练习，还可以防治骨质疏松、关节炎、肌肉萎缩、肥胖症、糖尿病、高血脂、高血压、便秘、失眠症、抑郁症及更年期综合征等多种疾病。花样跳绳运动由于对人体健康有巨大的促进作用，被欧美一些医学专家评价为"最完美的健康运动"。

（四）促进心理健康

经常进行花样跳绳运动，可改善心境，降低焦虑、抑郁，促进心理健康。相关研究显示，参与锻炼后，人们睡眠质量提升，焦虑、抑郁症状得到改善。中等强度的花样跳绳，能有效改善焦虑、抑郁，提高判断力和学习力，增强想象力与创造力，培养顽强意志、拼搏精神及优化自我形象，对心理健康和健康人格具有积极作用。这与二十大关注人民身心健康的精神相契合。我们应积极推广花样跳绳运动，助力人民身心健康发展。

二、社会价值

（一）密切人际关系

网络的高速发展实现了人们足不出户便能工作、交流、购物等一系列的事情，看似方便了人们的日常生活，减少了时间浪费，可同时也减少的是人们相互之间面对面的沟通和心与心的交流，加上快节奏的生活，使得人们现实中的交往减少。花样跳绳作为一种体育运动项目，安全性强，简单易学，灵活多样，休闲娱乐，便于推广，适合多个年龄阶段的人，是大众性的体育运动项目，不同人群的参与更能有效地促进人际交往，使人们在锻炼中融合在一起，营造良好的氛围，提高社会交往的能力，密切人际关系。对现代人而言，轻松愉快地跳绳，更能促进其进行良好的交流、沟通及交友。在国外，许多欧美国家已经将跳绳运动定为全民健身运动，并被列为本国运动会的正式比赛项目，越来越多的人开始以绳会友。在我国，跳绳作为民族传统体育项目本就拥有广泛的群众性，现如今随着国家体育总局社会体育指导中心的推广和各类赛事的举办，不同地区和人们之间的交流加强，社会各界的联系更加密切。

（二）促进社会和谐

和谐社会一直是人们希望和倡导的，和谐需要个体的自我身体和心理状态达到和谐，从而实现个体与个体之间的融洽和睦、友好相处，最终实现整个社会的和谐发展。运动本身就是锻炼身体、调节心理状态的有效措施。跳绳运动能够释放压力、缓解情绪，从而降低人们因日常生活或工作所产生的焦虑和抑郁，减少或消除不良情绪，从而改善心境，达到健康积极的心理状态，实现个人的身心和谐状态，协调社会呈现和谐状态。随着花样跳绳运动的发展和推广，不同级别和类型的跳绳比赛在我国各地出现，这些赛事为社会各界的交流沟通提供了良好的平台。目前我国以及世界许多国家都开设有专门的工作室和俱乐部等，不仅为运动者提供了交流的空间，也促进了国家之间的交流联系。跳绳运动在建立和促进社会和谐方面的积极作用得到了国外的高度认同，帮助戒毒组织将其作为吸毒人群摆脱依赖性药物作用的有效体育锻炼方法之一，有些国家还将跳绳运动作为儿童和青少年成长的手段之一，帮助其提升自我效能感和自尊心，增强团队精神和协作能力，重建社会关系。因此，跳绳运动的发展和传播对促进社会和谐，矫正和消除社会不和谐因素有积极的作用。

（三）传承非遗文化

花样跳绳，入选陕西省第四批省级非物质文化遗产名录。花样跳绳运动在保持中国传统体育文化的基础上不断创新，既保留了传统的价值观念，又融入了现代体育文化，从而形成一种新的现代价值观，具有一定的传承价值。花样跳绳在古代单一跳绳的基础上，融入了舞蹈、音乐、杂技、武术、体操等多种元素，发展成多元化的现代花样跳绳，将内容枯燥的跳绳运动变成了一项有活力、更加有趣的体育运动。

二十大报告中强调，要加大文化保护力度。花样跳绳作为非物质文化遗产，已历经上千年，具有丰厚文化底蕴。它不仅是古代的娱乐与强身之法，更是劳动人民的智慧结晶。我们应当珍视这一宝贵的文化遗产，通过多种方式加以保护和传承，积极开展相关活动，培养专业人才，加强宣传推广，让更多人了解和喜爱花样跳绳。只有这样，我们才能将其发扬光大，推动中华文化更好地走向世界，为人类文明的发展作出贡献。

三、教育价值

（一）增强自信心

跳绳运动作为校园体育活动内容之一，长期被作为中小学的课程内容和比赛项目，具有广泛的群众基础。在传统跳绳运动基础上发展而来的现代花样跳绳运动有别于传统跳绳，具有多样性和挑战性，而且其内容可根据练习者的实际水平和自身特点进行调整。相对于其他运动项目而言，跳绳具有广泛的群众基础，无论男女老少都能进行，都能进行简单的跳绳，对练习者而言，尤其是运动能力不强或运动意向不大的青少年，在接触跳绳的初期会减轻对运动的认知压力，其随时随地都能进行练习和教学的特点也能够减轻练习者对课堂和学习的压力，运动项目的简单性和易操作感会让练习者增强对运动训练或者学习的信心，在初期就开始培养练习者的自我效能感，保证练习者具有积极的心态和学习的动力。

（二）培养坚韧不拔的品格

花样跳绳运动主要锻炼练习者的有氧耐力和爆发力，是有氧运动中运动量相对较大的运动项目，训练练习者运动的持久力，练习者在运动过程中需要有足够的自我忍耐力才能坚持。而且学习者可根据自身接受能力和水平，不断进行不同内容和等级的动作学习和练习。一般情况下，练习者是按照难度等级由简到难进行学习的，在学习的过程中随着难度的增加，对练习的体能和技术要求逐步提高，需要付出的时间和努力也相对增加，要想不断地提升和突破自我，就需要练习者具有足够的忍耐力和毅力。花样跳绳不仅是单个人运动，还是一项集体运动，在两人或者多人的练习项目里，要想完成一个配合或者难度动作，练习者必须都具备相应的技术技能，这就需要练习者有坚持不懈的努力和不放弃的决心，以及坚韧不拔的品格。尤其是对计数类花样跳绳项目的学习和练习，因其动作结构相对较单一，主要锻炼练习者的速度、耐力和体能，对提升练习者的耐受力有十分重要的

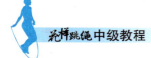

作用。

练习跳绳可克服困难，超越自我，培养坚韧品格，契合二十大奋斗精神；其团队协作要求也符合团结奋斗的倡导。跳绳的国内外推广有利于增强文化自信，契合推进文化自信自强要求。总之，花样跳绳与二十大精神内涵相符，参与跳绳能培养坚韧品格，为中国梦贡献力量。

（三）培养团结互助、共同协作的体育精神

花样跳绳运动种类繁多，可根据技术和人数的不同进行项目的选择，就人数而言，它不仅有单人跳绳，还有两人、三人和团体跳绳。在任何一个不是一个人完成的运动项目中，要想完成一个或者一套技术动作必须要具有良好的沟通能力和共同的目标，在沟通练习的过程中相互帮助和支持。花样跳绳有别于其他的运动项目，它不仅仅是人参与的运动，更多的是要将人和绳结为一体，灵活协调地运用于动作之中，将绳和人的美共同展现。所以在两人以上的跳绳运动项目中，不仅练习者个人必须掌握自己与绳子的协调，完成相应的技术技能，还需要保证人与人之间、绳与绳之间的灵活协调配合。因此，在练习的过程中，更加需要练习者具有良好的心态，积极地沟通配合，培养团结互助、相互协作的品德。尤其是跳绳内容中的交互绳，是极其注重团队合作精神的项目。

花样跳绳运动能够有效激发学生对体育的激情，养成良好的体育锻炼习惯和持续健身意识，还能够培养学生勇于担当的意识和责任感，对于培养集体主义观和团队协作精神也具有重要作用。

第二节 花样跳绳运动的功能

一、健身功能

二十大报告中明确提出要广泛开展全民健身活动。花样跳绳需要手、臂、腰、腿、足的全方位配合，是一项全身性的运动。此运动能够提升多项身体素质，增强身体肌肉的力量，促进骨骼的生长发育；还能够对穴位产生一定的刺激，有效提高思维能力，具备健脑益智的显著功效；与此同时，可以让血液获得更多的氧气供应，切实提高心肺功能，增强细胞的活力，从而确保心血管系统始终保持健康的状态；跳绳的动作幅度相对较大，多是左右开弓、上下齐动的有节奏协调运动，能够大力促进身体肠胃的蠕动以及体内血液的循环，还可以促进新陈代谢，消除臀部和大腿上多余的脂肪，使形体变得更美，并且让动作更加敏捷，使身体重心保持稳定。

二、娱乐功能

跳绳在古代就作为一种体育游戏流传下来，在近现代也有很多体育教师和训练者将其作为课前热身小游戏，可见其娱乐性一直以来都被人们所认同。现代花样跳绳融合了体操、技巧、武术、街舞等元素，形式多样，种类繁多，其娱乐和观赏性更高。相比其他运动项目，跳绳在形式上是一项利用道具的非徒手运动，但又是一项不受场地、人数、时

间、季节和年龄限制的运动，且道具简单便宜又便于携带，不会对练习者产生任何压力和限制，几乎是一项可以随时随地进行的运动。而且花样多，可以随练习者即兴创编，展现了一种"只有你想不到的，没有你做不到的"创造性的运动，绳子鞭打地面的强烈节奏感配上音乐，更增强了趣味性和吸引力，不仅让观赏者，更让运动者乐在其中，可谓真正体现了娱乐的双重性——娱乐自我、娱乐大家。

三、带动产业发展功能

花样跳绳从古代的体育游戏，到其他体育项目的辅助练习手段，再发展到现代的国际性体育运动项目，其发展本身就促进了体育产业的壮大。花样跳绳运动已经成立了国际组织，具有相应的国际赛事，在世界许多国家包括中国成立了相应的机构和组织，举办相应的赛事和培训。推动一个运动项目发展最好的途径和手段就是举办相应的赛事和培训，扩大宣传和影响力。花样跳绳赛事的举办尤其是大型赛事可以带来巨大经济效益，其中最直接的收入是门票、纪念品、广告、电视转播权等，间接的收入是促进交通、旅游的发展，以及相应的协会、俱乐部、培训机构等的发展。现如今，花样跳绳培训班和跳绳公司更是在全国各地不断成立，如上海、深圳、北京、苏州等地。但相比其他国家尤其是西方国家而言，花样跳绳在我国的发展比较晚，还处于起步阶段，其所产生的经济效益和价值并不明显，发展前景较大。

四、推动民族民间运动发展功能

花样跳绳作为我国优秀的民间传统体育项目，是集弘扬传统、休闲娱乐、健身健心、先进创新于一体的新兴运动项目。花样跳绳运动既是中华体育文化的组成部分，又是中华民族传统历史文化的重要内容。它将我国的民族文化精神传承和展示出来，不仅能增强学生各方面的身体体质，还能在学习运动技能的同时，了解民族体育文化，弘扬民族体育精神。

二十大报告中提出要推进文化自信自强。在时代发展、科技进步的背景下，花样跳绳运动承载中华民族丰富的体育文化内涵。它在世界的广泛传播，吸引众多国内外运动员参与，为我国民族民间运动走向国际化舞台，展示中华文化魅力发挥着重要作用。

第十章 花样跳绳基本技术教学

第一节 单绳个人花样——单摇

一、直摇

1. 动作名称
直摇,简称"O"。

2. 动作做法
在基本摇绳姿势的基础上,两手持绳柄向前向后摇动,当绳体接触到地面时,双脚并拢跳跃过绳,绳子绕过身体一周,一摇一跳的动作即为直摇,如图10-1-1所示。具体视频见二维码10-1-1。

10-1-1 直摇

(a)

(b)

(c)

图10-1-1 直摇
(a)正面;(b)侧面;(c)背面

3. 动作要领
(1)手臂保持基本摇绳的姿势,控制手臂摇绳节奏。
(2)双脚并拢向上跳,落地向下时前脚掌着地。
(3)绳子打地就向上跳一次。

4. 教学提示

（1）固定手型：摇空绳，两手各握一根短绳，做并脚向上跳的动作。

（2）徒手跳：站在原地徒手模仿整个动作过程。

（3）单个动作练习：每次只跳一个动作就停下来，再重新开始。

（4）连续动作练习：初学者可以连续跳，1~2 个八拍为一组，间歇练习。

5. 重点和难点

把握并脚跳过绳的时机和节奏。

6. 易犯错误及纠正方法

（1）易犯错误：摇绳节奏无法与跳跃的节奏相匹配。

（2）纠正方法：徒手摇绳练习，在摇动过程中膝盖随着节奏跳动，原地直腿跳动练习。

7. 动作价值

该动作是跳绳练习的基础，大量的练习能够培养良好的绳感。

二、交叉

1. 动作名称

交叉，英文名"Cross"，简称"C"。

2. 动作做法

绳子由后向前摇起时保持大臂不动，小臂在体前交叉，如图 10-1-2 所示。具体视频见二维码 10-1-2。

10-1-2 交叉

(a)　　　　　　　　　(b)　　　　　　　　　(c)

图 10-1-2　交叉

(a) 正面；(b) 侧面；(c) 背面

3. 动作要领

（1）两小臂上下交叉贴到腹部，交叉的位置大约在小臂的中间。

（2）两小臂交叉时拳心向后，拳眼向两侧，摇绳时由后向上摇起，当绳子快落地时并脚跳起过绳。

4. 教学提示

（1）徒手跳：原地徒手模仿整个动作过程。

（2）跳空绳：两手各握一根短绳，由后向前摇动绳子，在体前做交叉。

（3）交叉踩绳：绳子要到体前时做交叉，然后双脚踩住绳子中间部位。

（4）连续动作练习：双脚能踩住绳子后试着跳过，再连续跳过。

5. 重点和难点

两手交叉的位置是否正确，以及在做交叉时是否摇绳。

6. 易犯错误及纠正方法

（1）易犯错误：两手交叉的位置不对或交叉时没有摇绳导致失误。
（2）纠正方法：练习时刻意控制两手交叉的位置，徒手尝试交叉时摇绳的感觉。

7. 动作价值

培养实践判断能力和手脚协调能力。

三、限制位单摇

（一）异侧胯下直摇跳

1. 动作名称

异侧胯下直摇跳，简称"O1"。

2. 动作做法

绳子由后向前摇起时，将左脚（右脚）向右（左）抬起，双手向左（右），将右手（左手）绳柄由左脚（右脚）外侧放置在膝盖后，右脚（左脚）跳过，如图10-1-3所示。具体视频见二维码10-1-3。

10-1-3 异侧胯下直摇跳

 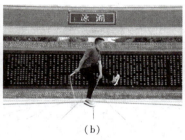 

(a) (b) (c)

图 10-1-3 异侧胯下直摇跳
(a) 正面；(b) 侧面；(c) 背面

3. 动作要领

（1）抬起的脚微微屈膝，身体往抬起脚的方向转动。
（2）手在膝盖后要向上翻腕，且要摇动绳子。
（3）另外一只打开的手要配合完成动作。

4. 教学提示

（1）徒手跳：原地徒手模仿整个动作过程。
（2）跳空绳：膝盖后的手握一根短绳，由后向前摇动绳子，在规定的位置做摇绳的动作。
（3）交叉踩绳：双手带上绳子进行踩绳的练习。
（4）连续动作练习：支撑脚能踩住绳子后试着跳过，再连续跳过。

5. 重点和难点

在规定的位置找到摇绳的感觉。

6. 易犯错误及纠正方法

（1）易犯错误：打开的手容易向外；膝盖后的手没有摇绳。

（2）纠正方法：刻意将手固定在身体摇绳；多进行单手带绳膝后的摇绳练习。

7. 动作价值

培养实践判断能力和手脚协调能力。

（二）同侧胯下直摇跳

1. 动作名称

同侧胯下直摇跳，简称"O2"。

2. 动作做法

绳子由后向前摇起时，将一只手放在抬起的同侧脚的内侧胯下，另外一只手正常摇绳，当绳子快过脚时，支撑脚跳过，如图10-1-4所示。具体视频见二维码10-1-4。

10-1-4 同侧胯下直摇跳

（a）

（b）

（c）

图10-1-4 同侧胯下直摇跳
（a）正面；（b）侧面；（c）背面

3. 动作要领

（1）抬起的脚要高，微微屈膝，身体正直。

（2）手在膝盖后正常地摇绳，拳心向前，绳柄指向两侧。

4. 教学提示

（1）徒手跳：原地徒手模仿整个动作过程。

（2）跳空绳：膝盖后的手握一根短绳，由后向前摇动绳子，在既定的位置做摇绳的动作。

（3）交叉踩绳：双手带上绳子进行踩绳的练习。

（4）连续动作练习：支撑脚能踩住绳子后试着跳过，再连续跳过。

5. 重点和难点

在规定的位置找到摇绳的感觉。

6. 易犯错误及纠正方法

（1）易犯错误：膝盖后的绳柄容易上指；膝盖后的手没有摇绳。

（2）纠正方法：刻意将绳柄往外指；多进行单手带绳膝后的摇绳练习。

7. 动作价值

培养实践判断能力和手脚协调能力。

（三）胯下膝后直摇跳

1. 动作名称

胯下膝后直摇跳，英文名"Inverse Weave"，简称"O3"。

2. 动作做法

绳子由后向前摇起时上体向下弯曲，同时两脚开立屈膝半蹲，双手在胯下与腿交叉并贴于膝后，当绳子过身体时两脚迅速并拢让绳子顺利过脚，过脚后再将绳子从胯下向前拉出，如图10-1-5所示。具体视频见二维码10-1-5。

10-1-5 胯下膝后直摇跳

图 10-1-5 胯下膝后直摇跳
（a）正面；（b）侧面；（c）背面

3. 动作要领

（1）在做动作时上体下压要快，两脚要迅速张开并屈膝半蹲。
（2）双手在胯下做手与脚的交叉时要将绳柄向两侧打开，不能向上指。
（3）绳子过脚时双脚要迅速并拢，并且起跳过绳。

4. 教学提示

（1）徒手跳：原地徒手模仿整个动作过程。
（2）交叉踩绳：绳子从胯下摇过再过身体后将两脚尖翘起踩住绳子。
（3）连续动作练习：双脚能踩住绳子后试着跳过，再连续跳过。

5. 重点和难点

在胯下的手找到摇绳的感觉，交叉时两手的位置正确。

6. 易犯错误及纠正方法

（1）易犯错误：双手在胯下做手与脚的交叉时交叉幅度太小，导致绳子不能过身体；绳子经常绊到脚。
（2）纠正方法：刻意将胯下手与脚的交叉做大些，并且要动手腕摇绳；做动作时尽量慢点。

7. 动作价值

培养实践判断能力和手脚协调能力。

（四）颈后直摇跳

1. 动作名称

颈后直摇跳，简称"O4"。

2. 动作做法

将一只手从颈前绕过，绳柄放置于颈后，尽量向颈外延伸，另一只手放置于体侧，如图 10-1-6 所示。具体视频见二维码 10-1-6。

图 10-1-6　颈后直摇跳

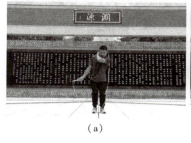  

（a）　　　　　　　　　　　（b）　　　　　　　　　　　（c）

图 10-1-6　颈后直摇跳

（a）正面；（b）侧面；（c）背面

3. 动作要领

（1）颈后的手尽量向外延伸，利用手腕带动绳子。

（2）体侧的手要尽量放低。

4. 教学提示

（1）徒手跳：原地徒手模仿整个动作过程。

（2）交叉踩绳：绳子摇过后再过身体时将两脚尖翘起踩住绳子。

（3）连续动作练习：双脚能踩住绳子后试着跳过，再连续跳过。

5. 重点和难点

在颈后的手找到摇绳的感觉，做动作时两手的位置正确。

6. 易犯错误及纠正方法

（1）易犯错误：颈后的绳子导致绳子不能过身体；绳子经常绊到脚。

（2）纠正方法：刻意将颈后的手与颈的交叉做得大些，并且要动手腕摇绳，另外一只手要放低；做动作时尽量慢点。

7. 动作价值

培养实践判断能力和手脚协调能力。

（五）异侧胯下交叉单摇跳

1. 动作名称

异侧胯下交叉单摇跳，英文名"Toad"，简称"C1"。

2. 动作做法

绳子由后向前摇起时保持大臂不动，左手（右手）小臂放到抬起

图 10-1-7　异侧胯下交叉单摇跳

的右腿（左腿）的内侧胯下，右手（左手）在体前置于左手（右手）上做交叉，绳子快落地时左脚（右脚）跳起，当绳子过头顶后，两手向两侧打开，然后将右脚（左脚）放下并立，如图10-1-7所示。具体视频见二维码10-1-7。

图10-1-7 异侧胯下交叉单摇跳
（a）正面；（b）侧面；（c）背面

3. 动作要领

（1）两大臂贴到身体两侧，两小臂交叉的位置大体不变。
（2）贴紧腹部的手要放在异侧腿的胯下。
（3）做交叉时拳心向后，绳柄指向两侧，摇绳时由后向上摇起。
（4）动作做完时要找准时机打开。
（5）在做动作的过程中要求上体正直，抬起的腿要尽量抬高。

4. 教学提示

（1）徒手跳：原地徒手模仿整个动作过程。
（2）跳空绳：胯下的手握一根短绳，由后向前摇动绳子，在体前做胯下交叉。
（3）交叉踩绳：绳子要到体前时做胯下交叉，然后着地的脚踩住绳子中间部位。
（4）连续动作练习：双脚能踩住绳子后试着跳过，再连续跳过。

5. 重点和难点

在胯下的手找到摇绳的感觉，交叉时两手的位置正确，跳过后找准两手打开的时机。

6. 易犯错误及纠正方法

（1）易犯错误：抬腿的时机不对；跳过后两手打开的时机不对。
（2）纠正方法：绳子由后向前摇起，当绳子过头顶时就赶快抬起异侧腿；同样，此动作跳过后，绳子过头顶后两手便向两边打开，过脚后再并脚跳跃过绳。

7. 动作价值

培养实践判断能力和手脚协调能力。

（六）同侧胯下交叉单摇跳

1. 动作名称

同侧胯下交叉单摇跳，英文名"Inverse Toad"，简称"C2"。

2. 动作做法

绳子由后向前摇起时保持大臂不动，左手（右手）小臂放到抬起

10-1-8 同侧胯下交叉单摇跳

的左腿（右腿）的外侧胯下，右手（左手）在体前置于左手（右手）上做交叉，绳子快落地时右脚（左脚）跳起，当绳子过头顶后，两手向两侧打开，然后将左脚（右脚）放下并立，如图10-1-8所示。具体视频见二维码10-1-8。

图 10-1-8　同侧胯下交叉单摇跳
（a）正面；（b）侧面；（c）背面

3. 动作要领

（1）两大臂贴到身体两侧，两小臂交叉的位置大体不变。
（2）贴紧腹部的手要放在同侧腿的胯下。
（3）做交叉时拳心向后，绳柄指向两侧，摇绳时由后向上向前摇起。
（4）在做动作的过程中要求上体正直，抬起的腿要尽量抬高。

4. 教学提示

（1）徒手跳：原地徒手模仿整个动作过程。
（2）跳空绳：胯下的手握一根短绳，由后向前摇动绳子，在体前做胯下交叉。
（3）交叉踩绳：绳子要到体前时做胯下交叉，然后着地的脚踩住绳子中间部位。
（4）连续动作练习：双脚能踩住绳子后试着跳过，再连续跳过。

5. 重点和难点

在胯下的手找到摇绳的感觉，交叉时两手的位置正确，跳过后找准两手打开的时机。

6. 易犯错误及纠正方法

（1）易犯错误：抬腿的时机不对；跳过后两手打开的时机不对。
（2）纠正方法：绳子由后向前摇起，当绳子过头顶时就赶快抬起同侧腿；同样，此动作跳过后，绳子过头顶后两手便向两边打开，过脚后再并脚。

7. 动作价值

培养实践判断能力和手脚协调能。

（七）双手单腿下交叉单摇跳

1. 动作名称

双手单腿下交叉单摇跳，英文名"Elephant Toad"，简称"C3"。

2. 动作做法

绳子由后向前摇起时保持大臂不动，将两小臂交叉放在抬起的左腿（右腿）的胯下，然后单脚跳过，当绳子过头顶后，两手向两侧打开，

10-1-9　双手单腿下交叉单摇跳

然后将左脚（右脚）放下并立，如图 10-1-9 所示。具体视频见二维码 10-1-9。

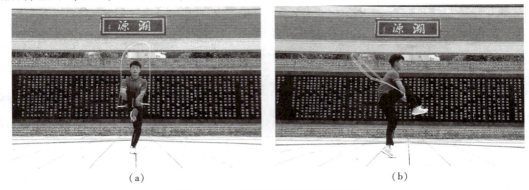

图 10-1-9　双手单腿下交叉单摇跳
(a) 正面；(b) 侧面

3. 动作要领

（1）两大臂贴到身体两侧，两小臂交叉的位置在一条抬起的腿的胯下。

（2）与抬起脚同侧的手要稍微往另外一边多伸出一些，以减少失误。

（3）在做动作的过程中要求上体正直，抬起的腿要尽量抬高。

4. 教学提示

（1）徒手跳：原地徒手模仿整个动作过程。

（2）跳空绳：两手各拿一根短绳，由后向前摇动绳子，在体前做胯下交叉。

（3）交叉踩绳：绳子要到体前时做膝下交叉，然后着地的脚踩住绳子中间部位。

（4）连续动作练习：双脚能踩住绳子后试着跳过，再连续跳过。

5. 重点和难点

在胯下的手找到摇绳的感觉，交叉时两手的位置正确，跳过后找准两手打开的时机。

6. 易犯错误及纠正方法

（1）易犯错误：抬腿的时机不对；跳过后两手打开的时机不对。

（2）纠正方法：绳子由后向前摇起，当绳子过头顶时就赶快抬起一条腿；同样，此动作跳过后，绳子过头顶后两手便向两边打开，过脚后再并脚。

7. 动作价值

培养实践判断能力和手脚协调能力。

（八）双腿胯下交叉单摇跳

1. 动作名称

双腿胯下交叉单摇跳，英文名"Weave"，简称"C4"。

2. 动作做法

绳子由后向前摇起时上体向下弯曲，同时两脚开立屈膝半蹲，双手在胯下做交叉并贴于膝后，当绳子过身体时两脚迅速并拢让绳子顺利过脚，过脚后再将绳子从胯下向前拉出，如图 10-1-10 所示。具体视频

10-1-10　双腿胯下交叉单摇跳

见二维码 10-1-10。

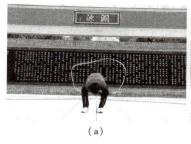 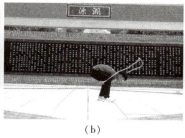 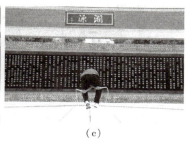

(a) (b) (c)

图 10-1-10 双腿胯下交叉单摇跳

(a) 正面；(b) 侧面；(c) 背面

3. 动作要领

（1）在做动作时上体下压要快，两脚要迅速张开并屈膝半蹲。

（2）双手在胯下做交叉时要将绳柄向两侧打开，不能向上指。

（3）绳子过脚时双脚要迅速并拢，并且起跳过绳。

4. 教学提示

（1）徒手跳：原地徒手模仿整个动作过程。

（2）交叉踩绳：绳子从胯下摇过再过身体后，将两脚尖翘起踩住绳子。

（3）连续动作练习：双脚能踩住绳子后试着跳过，再连续跳过。

5. 重点和难点

在胯下的手找到摇绳的感觉，交叉时两手的位置正确。

6. 易犯错误及纠正方法

（1）易犯错误：双手在胯下交叉的幅度太小，导致绳子不能过身体和起跳的时机不对；绳子经常绊到脚。

（2）纠正方法：刻意将胯下双手的交叉做得大些，并且要动手腕摇绳；做动作时尽量慢点。

7. 动作价值

培养实践判断能力和手脚协调能力。

（九）前后手交叉单摇跳

1. 动作名称

前后手交叉单摇跳，英文名 EB，简称"E"。

2. 动作做法

在侧甩的基础上，大臂不动，将侧甩方向的小臂在侧甩的同时贴着身体滑到背后背着，掌心向后，体前的手的动作不变，顺势完成这个动作，如图 10-1-11 所示。具体视频见二维码 10-1-11。

10-1-11 前后手交叉单摇跳

(a) (b) (c)

图 10-1-11　前后手交叉单摇跳

(a) 正面；(b) 侧面；(c) 背面

3. 动作要领

(1) 在做侧甩时，尽量动手腕，且绳子要贴紧身体。

(2) 双手前后的位置要在一个水平面上。

(3) 双手的拳心要始终保持向后，且动手腕时要一致。

4. 教学提示

(1) 徒手跳：原地徒手模仿整个动作过程。

(2) 跳空绳：背在后面的手握一根短绳，由后向前摇动绳子，做完侧甩后背在背后固定摇绳。

(3) 踩绳：做完侧甩后，双手的位置固定好，绳子将会越过头顶，然后将脚尖翘起踩住从头顶下来的绳子。

(4) 连续动作练习：双脚能踩住绳子后试着跳过，再连续跳过。

5. 重点和难点

将侧甩过渡到前后手交叉。

6. 易犯错误及纠正方法

(1) 易犯错误：侧甩时绳子离身体太远，导致绳子偏离了应有的轨迹，不能完成此动作。

(2) 纠正方法：侧甩时贴紧身体，用手腕去摇绳。

7. 动作价值

培养实践判断能力和手脚协调能力。

（十）前后手异侧胯下单摇跳

1. 动作名称

前后手异侧胯下单摇跳，简称"E1"。

2. 动作做法

在侧甩的基础上，大臂不动，将侧甩方向的小臂在侧甩的同时贴着身体滑到背后背着，掌心向后；在做完侧甩后，体前的手迅速置于异侧抬起的腿的胯下让绳子顺利地过身体，如图 10-1-12 所示。具体视频见二维码 10-1-12。

10-1-12　前后手异侧胯下单摇跳

图 10-1-12　前后手异侧胯下单摇跳
（a）正面；（b）侧面；（c）背面

3. 动作要领

（1）在做侧甩时，尽量动手腕，且绳子要贴紧身体。
（2）抬起的腿要尽量抬高，身体保持正直。
（3）双手的拳心要始终保持向后，且动手腕时要一致。
（4）注意摇绳的节奏，不可过快。

4. 教学提示

（1）徒手跳：原地徒手模仿整个动作过程。
（2）跳空绳：双手各拿一根短绳，由后向前摇动绳子，做完侧甩后背在背后固定摇绳，体前的手置于异侧腿的胯下进行摇绳。
（3）踩绳：做完侧甩后，双手的位置固定好，绳子将会越过头顶，然后将脚尖翘起踩住从头顶下来的绳子。
（4）连续动作练习：双脚能踩住绳子后试着跳过，再连续跳过。

5. 重点和难点

将侧甩过渡到前后手胯下交叉。

6. 易犯错误及纠正方法

（1）易犯错误：侧甩时绳子离身体太远，导致绳子偏离了应有的轨迹，不能完成此动作；抬脚的时机不对。
（2）纠正方法：侧甩时贴紧身体，用手腕去摇绳；做完侧甩后，再将异侧的腿抬起。

7. 动作价值

培养实践判断能力和手脚协调能力。

（十一）前后手同侧胯下单摇跳

1. 动作名称

前后手同侧胯下单摇跳，简称"E2"。

2. 动作做法

在侧甩的基础上，大臂不动，将侧甩方向的手的小臂在侧甩的同时贴着身体滑到背后背着，掌心向后，在做完侧甩后，体前的手迅速置于同侧抬起的腿的胯下，让绳子顺利地过身体，如图 10-1-13 所示。具

10-1-13　前后手同侧胯下单摇跳

体视频见二维码10-1-13。

图 10-1-13　前后手同侧胯下单摇跳
（a）正面；（b）侧面；（c）背面

3. 动作要领

（1）在做侧甩时，尽量动手腕，且绳子要贴紧身体。

（2）抬起的腿要尽量抬高，身体保持正直。

（3）双手的拳心要始终保持向后，且动手腕时要一致。

（4）注意摇绳的节奏，不可过快。

4. 教学提示

（1）徒手跳：原地徒手模仿整个动作过程。

（2）跳空绳：双手各拿一根短绳，由后向前摇动绳子，做完侧甩后背在背后固定摇绳，体前的手置于同侧腿的胯下进行摇绳。

（3）踩绳：做完侧甩后，双手的位置固定好，绳子将会越过头顶，然后将脚尖翘起踩住从头顶下来的绳子。

（4）连续动作练习：双脚能踩住绳子后试着跳过，再连续跳过。

5. 重点和难点

将侧甩过渡到前后手胯下交叉。

6. 易犯错误及纠正方法

（1）易犯错误：侧甩时绳子离身体太远，导致绳子偏离了应有的轨迹，不能完成此动作；抬脚的时机不对。

（2）纠正方法：侧甩时贴紧身体，用手腕去摇绳；做完侧甩后，再将同侧的腿抬起。

7. 动作价值

培养实践判断能力和手脚协调能力。

（十二）前后手膝前后单摇跳

1. 动作名称

前后手膝前后单摇跳，简称"E3"。

2. 动作做法

在侧甩的基础上，大臂不动，侧甩的同时上体迅速弯曲下压，同时屈膝半蹲，将侧甩方向的小臂在侧甩的同时贴着身体滑到膝后，掌心向

10-1-14　前后手膝前后单摇跳

后，在做完侧甩后，体前的手位置不变，让绳子顺利过身体，如图 10-1-14 所示。具体视频见二维码 10-1-14。

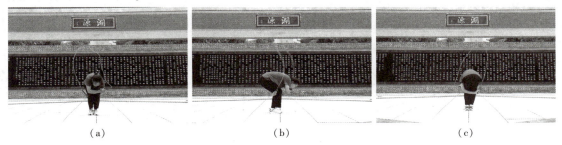

图 10-1-14　前后手膝前后单摇跳
(a) 正面；(b) 侧面；(c) 背面

3. 动作要领

（1）在做侧甩时，尽量动手腕，且绳子要贴紧身体。
（2）双手的拳心要始终保持向后，且动手腕时要一致。
（3）注意摇绳的节奏，不可过快。

4. 教学提示

（1）徒手跳：原地徒手模仿整个动作过程。
（2）跳空绳：放在膝后的手拿一根短绳，由后向前摇动绳子，做完侧甩后将手放于膝后进行摇绳。
（3）踩绳：做完侧甩后，双手的位置固定好，绳子将会越过头顶，然后将脚尖翘起踩住从头顶下来的绳子。
（4）连续动作练习：双脚能踩住绳子后试着跳过，再连续跳过。

5. 重点和难点

抓住跳过绳子的时机。

6. 易犯错误及纠正方法

（1）易犯错误：容易将膝后做成背后。
（2）纠正方法：做的时候手尽量往下放于膝后。

7. 动作价值

培养实践判断能力和手脚协调能力。

（十三）颈后体前交叉单摇跳

1. 动作名称

颈后体前交叉单摇跳，简称"E4"。

2. 动作做法

右手放在体前，左手放在颈后形成交叉。在做侧甩时顺势将同侧手放于颈后，小臂带动手腕把绳摇过自己，如图 10-1-15 所示。具体视频见二维码 10-1-15。

10-1-15　颈后体前交叉单摇跳

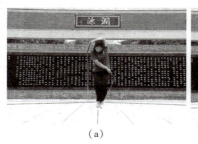  

（a）　　　　　　　　　　（b）　　　　　　　　　　（c）

图 10-1-15　颈后体前交叉单摇跳

（a）正面；（b）侧面；（c）背面

3. 动作要领

（1）稍向下低头，给颈后的手更大的空间。

（2）两手均贴近身体，颈后的手腕稍向下。

（3）注意摇绳的节奏，不可过快。

4. 教学提示

（1）徒手跳：原地徒手模仿整个动作过程。

（2）跳空绳：从预备姿势开始做动作，使绳子摇起并跳过。

（3）踩绳：双手的位置固定好，绳子将会越过头顶，然后将脚尖翘起，踩住从头顶下来的绳子。

（4）连续动作练习：双脚能踩住绳子后试着跳过，再连续跳过。

5. 重点和难点

抓住跳过绳子的时机。

6. 易犯错误及纠正方法

（1）易犯错误：起跳高度不够，单手摇绳。

（2）纠正方法：两手尽可能放低，过绳瞬间跳高。

7. 动作价值

培养实践判断能力和手脚协调能力。

（十四）背后交叉单摇跳

1. 动作名称

背后交叉单摇跳，英文名 TS，简称"T"。

2. 动作做法

绳子由后向前摇起，过脚后双手贴紧身体顺势滑到身体背后交叉，拳心向后，如图 10-1-16 所示。具体视频见二维码 10-1-16。

10-1-16　背后交叉单摇跳

 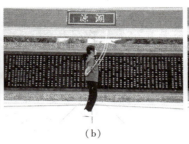 

(a) (b) (c)

图 10-1-16 背后交叉单摇跳
(a) 正面；(b) 侧面；(c) 背面

3. 动作要领

(1) 当绳子过脚时不能把手打得太开，这样容易失误。

(2) 双手在背后交叉时，拳心向后，切勿将绳柄的柄尖朝上。

(3) 背后交叉时注意两手的位置一定是在一个水平面上，并且尽量交叉得大些。

4. 教学提示

(1) 徒手跳：原地徒手模仿整个动作过程。

(2) 跳空绳：单手握一根短绳，由后向前摇动绳子，过脚后在身体后面做交叉摇绳。

(3) 交叉踩绳：当绳子过头顶后，将前脚尖翘起，踩住绳子中间部位。

(4) 连续动作练习：双脚能踩住绳子后试着跳过，再连续跳过。

5. 重点和难点

双手在背后交叉摇绳。

6. 易犯错误及纠正方法

(1) 易犯错误：背后双手交叉的位置不对；背后的手没有摇绳。

(2) 纠正方法：在做交叉时根据能否看到伸出来的绳柄，来判断双手的位置是否正确；多进行背后摇绳的徒手练习。

7. 动作价值

培养实践判断能力和手脚协调能力。

(十五) 背后膝后交叉单摇跳

1. 动作名称

背后膝后交叉单摇跳，英文名 CL，简称 "T1"。

2. 动作做法

绳子由后向前摇起时，上体迅速下压屈膝半蹲，当绳子过脚后，一手放于膝后，一手放于背后且同时完成，并使绳子顺利地摇过身体，如图 10-1-17 所示。具体视频见二维码 10-1-17。

10-1-17 背后膝后交叉单摇跳

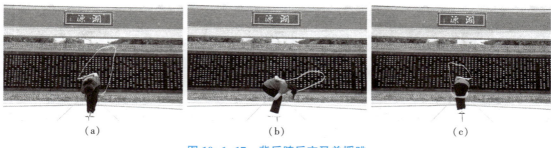

图 10-1-17 背后膝后交叉单摇跳
(a) 正面；(b) 侧面；(c) 背面

3. 动作要领

（1）在膝后的手拳心朝后，背后的手拳心朝上。

（2）双手在膝后、背后时切勿将绳柄向上指。

（3）双手在膝后、背后的摇绳动作要统一。

4. 教学提示

（1）徒手跳：原地徒手模仿整个动作过程。

（2）跳空绳：两手各握一根短绳，由后向前摇动绳子，双手在膝后、背后时的摇绳不要打到自己。

（3）交叉踩绳：绳子要到体前时双脚踩住绳子中间部位。

（4）连续动作练习：双脚能踩住绳子后试着跳过，再连续跳过。

5. 重点和难点

双手在膝后背后的位置正确，摇绳时动手腕。

6. 易犯错误及纠正方法

（1）易犯错误：双手放的位置不对；柄尖容易上指；起跳的时机不对。

（2）纠正方法：多进行徒手的膝后背后摇绳；刻意将柄尖与地面平行；多进行踩绳的练习。

7. 动作价值

培养实践判断能力和手脚协调能力。

（十六）膝后交叉单摇跳

1. 动作名称

膝后交叉单摇跳，英文名 AS，简称"T2"。

2. 动作做法

绳子由后向前摇起时，上体迅速下压，屈膝半蹲，当绳子过脚后，双手在膝后做交叉，并使绳子顺利地摇过身体，如图 10-1-18 所示。具体视频见二维码 10-1-18。

10-1-18 膝后交叉单摇跳

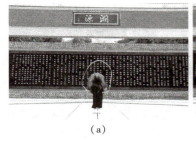 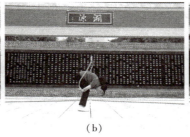 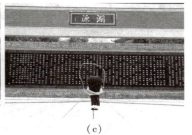

(a)　　　　　　　　　　(b)　　　　　　　　　　(c)

图 10-1-18　膝后交叉单摇跳

(a) 正面；(b) 侧面；(c) 背面

3. 动作要领

(1) 在膝后的手拳心朝后。

(2) 双手在膝后时要动手腕。

4. 教学提示

(1) 徒手跳：原地徒手模仿整个动作过程。

(2) 交叉踩绳：绳子要到体前时，双脚踩住绳子中间部位。

(3) 连续动作练习：双脚能踩住绳子后试着跳过，再连续跳过。

5. 重点和难点

双手在膝后摇绳要动手腕。

6. 易犯错误及纠正方法

(1) 易犯错误：双手放置的位置不对；柄尖容易上指；起跳的时机不对。

(2) 纠正方法：多进行徒手的膝后摇绳；刻意将柄尖与地面平行；多进行踩绳的练习。

7. 动作价值

培养实践判断能力和手脚协调能力。

第二节　个人花样——多摇

一、双摇

(一) 直摇交叉

1. 动作名称

直摇交叉，简称"OC"。

2. 动作做法

在基本摇绳姿势的基础上，两手持绳柄向前向后摇动，当绳体快接触到地面时，双脚并拢跳跃过绳，完成 O；在跳起未落地时，绳子继续由后向前摇，摇起时保持大臂不动，小臂在体前做交叉，完成 C 后脚落地。直摇交叉如图 10-2-1 所示。具体视频见二维码 10-2-1。

图 10-2-1　直摇交叉

3. 动作要领

（1）手臂保持基本摇绳姿势，把握双摇的节奏。

（2）直摇交叉的动作需在空中完成，方可算一次跳过。

（3）在空中做动作的时候，双手做交叉和摇绳的速度要快，并且要控制好落地的节奏。

10-2-1　直摇交叉

4. 教学提示

（1）分解练习：做 OC 的单摇练习，先做 O 然后接 C。

（2）徒手跳：原地徒手模仿整个动作过程。

（3）跳空绳：两手各握一根短绳，由后向前摇动绳子，做 OC 双摇。

5. 重点和难点

O 与 C 的连接流畅，起跳时机正确。

6. 易犯错误和纠正

（1）易犯错误：O 与 C 的转换时机不正确。

（2）纠正方法：做分解练习时留意转换的时机与位置，注意手腕与手臂的发力。

7. 动作价值

培养实践判断能力和动手腕的能力。

（二）交叉双摇

1. 动作名称

交叉双摇，简称"CC"。

2. 动作做法

绳子由后向前摇起时保持大臂不动，小臂在体前做交叉，当绳体快接触到地面时，双脚并拢跳跃过绳，完成第一个 C；在跳起未落地时手腕快速发力，落前完成第二个 C。交叉双摇如图 10-2-2 所示。具体视频见二维码 10-2-2。

10-2-2　交叉双摇

图 10-2-2 交叉双摇

3. 动作要领

（1）两小臂上下交叉贴到腹部，交叉的位置大约在小臂的中间。

（2）做交叉时拳心向后，绳柄指向两侧，摇绳时由后向上摇起。

（3）当绳子快落地时并脚跳起过绳。

（4）过绳后在落地前手腕发力用力摇过第二个 C。

4. 教学提示

（1）分解练习：做 CC 的单摇练习。

（2）徒手跳：原地徒手模仿整个动作过程。

（3）跳空绳：两手各握一根短绳，由后向前摇动绳子，做 CC 双摇。

5. 重点和难点

两手交叉的位置正确，在做交叉时是手腕摇绳。

6. 易犯错误和纠正

（1）易犯错误：两手交叉的位置不对或交叉时没有摇绳。

（2）纠正方法：练习时刻意地控制两手交叉的位置，徒手尝试交叉时摇绳的感觉。

7. 动作价值

培养实践判断能力和动手腕的能力。

（三）交叉直摇

1. 动作名称

交叉直摇，简称"CO"。

2. 动作做法

绳子由后向前摇起时保持大臂不动，小臂在体前做交叉，当绳体快接触到地面时，双脚并拢跳跃过绳，完成 C。在跳起未落地时，迅速将交叉的手恢复到基本摇绳姿势，两手持绳柄向前向后摇动，落地前摇过 O。交叉直摇如图 10-2-3 所示。具体视频见二维码 10-2-3。

10-2-3 交叉直摇

图 10-2-3　交叉直摇

3. 动作要领

（1）做交叉的时候，用手腕去摇绳。

（2）交叉过渡到直摇的时候要快。

（3）起跳和落地均以前脚掌为主。

4. 教学提示

（1）分解练习：做 CO 的单摇练习，先做 C 然后接 O。

（2）徒手跳：原地徒手模仿整个动作过程。

（3）跳空绳：两手各握一根短绳，由后向前摇动绳子，做 CO 双摇。

5. 重点和难点

C 与 O 的连接流畅，起跳时机正确。

6. 易犯错误和纠正

（1）易犯错误：完成 C 后两手打开时动作幅度过大或者不流畅。

（2）纠正方法：多练习，练习时注意两手开时的位置。

7. 动作价值

培养实践判断能力和动手腕的能力。

（四）侧甩交叉

1. 动作名称

侧甩交叉，简称"SC"。

2. 动作做法

将绳子由后向前向左做侧打，该动作要求右手在下、左手在上，与做 SO 的侧打动作相反。侧打的同时身体向上跳，并在空中完成侧打和交叉的动作，以交叉时绳子过脚为一个完整侧甩交叉双摇跳。侧甩交叉如图 10-2-4 所示。具体视频见二维码 10-2-4。

10-2-4　侧甩交叉

图 10-2-4　侧甩交叉

3. 动作要领

（1）绳子由后向前做侧甩的同时身体要准备向上跳。
（2）在空中完成最后一个交叉时，手的动作不要太大。
（3）侧甩交叉双摇跳的侧打和侧甩直双摇跳的侧打动作是有区别的。
（4）起跳和落地均用前脚掌着地，起缓冲作用。

4. 教学提示

（1）徒手练习：原地徒手模仿侧甩交叉双摇跳的动作和节奏。
（2）带绳练习：先单个动作练习，然后停下来，多次重复。
（3）连续动作练习：在动作熟悉后可将 5~10 个动作组合起来练习。

5. 重点和难点

侧打时手的正确位置。

6. 易犯错误及纠正方法

（1）易犯错误：侧打时容易将该动作与侧甩直双摇跳的动作混淆。
（2）纠正方法：先练习单摇的侧甩交叉，掌握好了再过渡到双摇。

7. 动作价值

在培养协调能力的基础上，适当增加难度。

（五）异侧胯下交叉直摇

1. 动作名称

异侧胯下交叉直摇，简称"C1O"。

2. 动作做法

绳子由后向前摇起时保持大臂不动，左手（右手）小臂放到抬起的右腿（左腿）的内侧胯下，右手（左手）在体前置于左手（右手）上做交叉，绳子快落地时左脚（右脚）跳起，当绳子过头顶后，两手向两侧打开，然后将右脚（左脚）放下，在落地前手腕摇动绳，使绳再绕一圈。异侧胯下交叉直摇如图 10-2-5 所示。具体视频见二维码 10-2-5。

10-2-5　异侧胯下交叉直摇

图 10-2-5 异侧胯下交叉直摇

3. 动作要领

（1）两大臂贴到身体两侧，两小臂交叉的位置大体不变。
（2）贴紧腹部的手要放在异侧腿的胯下。
（3）做交叉时拳心向后，绳柄指向两侧，摇绳时由后向上摇起。
（4）动作做完时要找准胯下手臂打开时机。
（5）在做动作的过程中要求上体正直，抬起的腿要尽量抬高。
（6）在 C1 解开后手腕依旧发力，落地前摇过 O。

4. 教学提示

（1）徒手练习：原地徒手模仿。
（2）带绳练习：每个动作先单个练习，多次重复。
（3）连续动作练习：在熟悉动作后左右皆可连接起来，5~10 个一组连起来练习。

5. 重点和难点

抓住胯下交叉解开的时机与起跳的时机。

6. 易犯错误和纠正

（1）易犯错误：交叉时手的放置可能会出错或过于放到末端。
（2）纠正方法：先练习单摇 C1O，先掌握正确的动作要领再做双摇。

7. 动作价值

在培养协调能力的基础上，适当增加难度。

（六）同侧胯下交叉直摇

1. 动作名称

同侧胯下交叉直摇，简称"C2O"。

2. 动作做法

绳子由后向前摇起时大臂保持不动，右手（左手）小臂放到抬起的右腿（左腿）的内侧胯下，左手（右手）在体前置于右手（左手）上做交叉，绳子快落地时右脚（左脚）跳起，当绳子过头顶后，两手向两侧打开，然后将左脚（右脚）放下并立，在落地前手腕摇动绳，使绳再绕一圈。同侧胯下交叉直摇如图 10-2-6 所示。具体视频见二维码 10-2-6。

10-2-6 同侧胯下交叉直摇

图 10-2-6 同侧胯下交叉直摇

3. 动作要领

（1）两大臂贴到身体两侧，两小臂交叉的位置大体不变。
（2）贴紧腹部的手要放在同侧腿的胯下。
（3）做交叉时拳心向后，绳柄指向两侧，摇绳时由后向上摇起。
（4）在做动作的过程中要求上体正直，抬起的腿要尽量抬高。
（5）动作做完后，绳子再次过头顶时两手向两侧打开，绳子过脚后再把抬起的脚放下来。
（6）在 C2 解开后手腕依旧发力，落地前摇过 O。

4. 教学提示

（1）徒手练习：原地徒手模仿。
（2）带绳练习：每个动作先单个练习，多次重复。
（3）连续动作练习：在熟悉动作后左右皆可连接起来，5~10 个一组连起来练习。

5. 重点和难点

在胯下的手找到摇绳的感觉，交叉时两手的位置正确，跳过后找准两手打开的时机。

6. 易犯错误和纠正

（1）易犯错误：抬腿的时机不对；跳过后两手打开的时机不对。
（2）纠正方法：绳子由后向前摇起，当绳子过头顶时就赶快抬起同侧腿；同样，此动作跳过后，绳子过头顶即把两手向两边打开，过脚后再并脚。

7. 动作价值

在培养协调能力的基础上，适当增加难度。

（七）双手单腿下交叉直摇

1. 动作名称

双手单腿下交叉直摇，简称"C3O"。

2. 动作做法

绳子由后向前摇起时保持大臂不动，将两小臂放置在抬起的左腿（右腿）的胯下，然后单脚跳过，当绳子过头顶后，两手向两侧打开，然后将左脚（右脚）放下并立，在落地前手腕摇动绳，使绳再绕一圈。双手单腿下交叉直摇如图 10-2-7 所示。具体视频见二维码 10-2-7。

图 10-2-7　双手单腿下交叉直摇

3. 动作要领

（1）两大臂贴到身体两侧，两小臂交叉的位置在一条抬起腿的胯下。

（2）与抬起腿同侧的手要稍微往另外一边多伸出一些，以减少失误。

（3）在做动作的过程中要求上体正直，抬起的腿要尽量抬高。

（4）动作做完后，绳子再次过头顶时两手向两侧打开，绳子过脚后再把抬起的脚放下来。

10-2-7　双手单腿下交叉直摇

（5）在 C3 解开后手腕依旧发力，落地前摇过 O。

4. 教学提示

（1）徒手跳：原地徒手模仿整个动作过程。

（2）跳空绳：两手交换用一根短绳，由后向前摇动绳子，在体前做胯下交叉。

（3）连续动作练习：双脚能踩住绳子后试着跳过，再连续跳过。

5. 重点和难点

在胯下的手能找到摇绳的感觉，交叉时两手的位置正确，跳过后找准两手打开的时机。

6. 易犯错误和纠正

（1）易犯错误：抬腿的时机不对；跳过后两手打开的时机不对。

（2）纠正方法：绳子由后向前摇起，当绳子过头顶时就赶快抬起同侧腿；同样，此动作跳过后，绳子过头顶即把两手向两边打开，过脚后再并脚。

7. 动作价值

培养实践判断能力和手脚协调能力。

（八）前后手交叉直摇

1. 动作名称

前后手交叉直摇，简称"EO"。

2. 动作做法

在侧甩的基础上，大臂不动，将侧甩方向的小臂在侧甩的同时贴着身体滑到背后，掌心向后，体前的手的动作不变，顺势完成 E；当 E 完成后，双手顺势解开到正常摇绳位，手腕手臂发力，落地前摇过 O。前后手交叉直摇如图 10-2-8 所示。具体视频见二维码 10-2-8。

图 10-2-8　前后手交叉直摇

3. 动作要领

（1）在做侧甩时，尽量动手腕，且绳子要贴紧身体。
（2）双手前后的位置要在一个水平面上。
（3）双手的拳心要始终向后，且动手腕时要一致。
（4）E 的解开要流畅迅速。

10-2-8　前后手交叉直摇

4. 教学提示

（1）徒手练习：原地徒手模仿。
（2）带绳练习：每个动作先单个练习，多次重复。
（3）连续动作练习：在熟悉动作后左右皆可连接起来，5~10 个一组连起来练习。

5. 重点和难点

将侧甩过渡到前后手交叉，E 的解开要流畅。

6. 易犯错误和纠正

（1）易犯错误：侧甩时绳子离身体太远，导致绳子偏离了应有的轨迹，不能完成此动作。
（2）纠正方法：侧甩时贴紧身体，用手腕去摇绳。

7. 动作价值

培养实践判断能力和手脚协调能力。

（九）前后手异侧胯下直摇

1. 动作名称

前后手异侧胯下直摇，简称"E1O"。

2. 动作做法

在侧甩的基础上，大臂不动，将侧甩方向的小臂在侧甩的同时贴着身体滑到背后，掌心向后；在做完侧甩后，体前的手迅速放置于异侧抬起的腿的胯下，让绳子顺利地过身体；E1 完成后两手分别向两边打开成正常摇绳姿势；将提起的脚放下并立，在落地前用手腕发力摇过 O。前后手异侧胯下直摇如图 10-2-9 所示。具体视频见二维码 10-2-9。

图 10-2-9　前后手异侧胯下直摇

3. 动作要领

（1）在做侧甩时，尽量动手腕，且绳子要贴紧身体。

（2）抬起的腿要尽量抬高，身体保持正直。

（3）双手的拳心要始终向后，且动手腕时要一致。

（4）注意摇绳的节奏，不可过快。

（5）O 的摇绳要快。

10-2-9　前后手异侧胯下直摇

4. 教学提示

（1）徒手练习：原地徒手模仿。

（2）带绳练习：每个动作先单个练习，多次重复。

（3）连续动作练习：在熟悉动作后左右皆可连接起来，5~10 个一组连起来练习。

5. 重点和难点

将侧甩过渡到前后手胯下交叉，E1 的解开要流畅。

6. 易犯错误和纠正

（1）易犯错误：侧甩时绳子离身体太远，导致绳子偏离了应有的轨迹，不能完成此动作；抬脚的时机不对。

（2）纠正方法：侧甩时贴紧身体，用手腕去摇绳；做完侧甩后，再将异侧的腿抬起。

7. 动作价值

培养实践判断能力和手脚协调能力。

（十）前后手同侧胯下直摇

1. 动作名称

前后手同侧胯下直摇，简称"E2O"。

2. 动作做法

在侧甩的基础上，大臂不动，将侧甩方向的小臂在侧甩的同时贴着身体滑到背后，掌心向后；在做完侧甩后，体前的手迅速放置于同侧抬起的腿的胯下，让绳子顺利地过身体；E2 完成后两手分别向两边打开成正常摇绳姿势；将提起的脚放下并立，在落地前用手腕发力摇过 O。前后手同侧胯下直摇如图 10-2-10 所示。具体视频见二维码 10-2-10。

图 10-2-10 前后手同侧胯下直摇

3. 动作要领

（1）在做侧甩时，尽量动手腕，且绳子要贴紧身体。
（2）抬起的腿要尽量抬高，身体保持正直。
（3）双手的拳心要始终向后，且动手腕时要一致。
（4）注意摇绳的节奏，不可过快。
（5）O 的摇绳要快。

4. 教学提示

10-2-10 前后手同侧胯下直摇

（1）徒手练习：原地徒手模仿。
（2）带绳练习：每个动作先单个练习，多次重复。
（3）连续动作练习：在熟悉动作后左右皆可连接起来，5~10 个一组连起来练习。

5. 重点和难点

将侧甩过渡到前后手胯下交叉，E2 的解开要流畅。

6. 易犯错误和纠正

（1）易犯错误：侧甩时绳子离身体太远，导致绳子偏离了应有的轨迹，不能完成此动作；抬脚的时机不对。
（2）纠正方法：侧甩时贴紧身体，用手腕去摇绳；做完侧甩后，再将同侧的腿抬起。

7. 动作价值

培养实践判断能力和手脚协调能力。

（十一）前后手膝前后直摇

1. 动作名称

前后手膝前后直摇，简称"E3O"。

2. 动作做法

在侧甩的基础上，大臂不动，侧甩的同时上体迅速弯曲下压，同时屈膝半蹲，将侧甩方向的小臂在侧甩的同时贴着身体滑到膝后，掌心向后；在做完侧甩后，体前的手位置不变，让绳子顺利过身体；当 E3 过后，两手分别向两边打开成正常摇绳姿势；将提起的脚放下并立，在落地前用手腕发力摇过 O。前后手膝前后直摇如图 10-2-11 所示。具体视频见二维码 10-2-11。

图 10-2-11　前后手膝前后直摇

3. 动作要领

（1）在做侧甩时，尽量动手腕，且绳子要贴紧身体。
（2）双手的拳心要始终向后，且动手腕时要一致。
（3）注意摇绳的节奏，不可过快。
（4）解开 E3 后 O 的摇绳要快。

4. 教学提示

（1）徒手练习：原地徒手模仿。
（2）带绳练习：每个动作先单个练习，多次重复。
（3）连续动作练习：在熟悉动作后左右皆可连接起来，5~10 个一组连起来练习。

5. 重点和难点

抓住跳过绳子的时机，注意 O 的摇绳。

6. 易犯错误和纠正

（1）易犯错误：容易将膝后做成背后。
（2）纠正方法：做该动作的时候手尽量往下放于膝后。

7. 动作价值

培养实践判断能力和手脚协调能力。

（十二）前后手颈后直摇

1. 动作名称

前后手颈后直摇，简称"E4O"。

2. 动作做法

10-2-12　前后手颈后直摇

正常起绳后，一只手屈肘，手腕顺势放到颈后，掌心向前，用手腕摇绳，同时另一只手向前斜放于腹前，与 C 相同；双脚同时用力跳起，然后屈膝；E4 过后在落地前两手顺势打开成正常摇绳姿势，用手臂和手腕摇过 O。前后手颈后直摇如图 10-2-12 所示。具体视频见二维码 10-2-12。

图 10-2-12 前后手颈后直摇

3. 动作要领

（1）背于颈后的手和斜放于腹前的摇绳的手臂要同时摇绳。

（2）起跳要高同时屈膝，以防绊绳。

（3）E4 的解开要迅速流畅。

4. 教学提示

（1）徒手练习：原地徒手模仿。

（2）带绳练习：每个动作先单个练习，多次重复。

（3）连续动作练习：在熟悉动作后左右皆可连接起来，5~10 个一组连起来练习。

5. 重点和难点

摇绳的动作要快，动作要做到位，绳子方可顺利通过。

6. 易犯错误和纠正

（1）易犯错误：起跳时机不对，容易绊绳。

（2）纠正方法：练习时注意起跳的时机。

7. 动作价值

培养实践判断能力和手脚协调能力。

（十三）直摇背后交叉

1. 动作名称

直摇背后交叉，简称"OT"。

2. 动作做法

在直双摇的摇绳基础上，将直双摇的第二个动作（O）改做交叉（T）的动作，在起跳到落地的过程中需要把直摇背后交叉完成。交叉动作：绳子由后向前摇起，过脚后双手贴紧身体顺势滑到身体背后做交叉，拳心向后，绳柄指向两侧。直摇背后交叉如图 10-2-13 所示。具体视频见二维码 10-2-13。

10-2-13 直摇背后交叉

图 10-2-13 直摇背后交叉

3. 动作要领

（1）当绳子过脚时不能把手打得太开，否则容易失误。

（2）双手在背后交叉时，拳心向后，切勿将绳柄的柄尖朝上。

（3）背后交叉时，两手的位置一定是在一个水平面上，并且尽量交叉得大些。

4. 教学提示

（1）徒手跳：原地徒手模仿整个动作过程。

（2）跳空绳：单手握一根短绳，由后向前摇动绳子，过脚后在身体后面做交叉摇绳。

（3）交叉踩绳：绳子摇到背后做交叉，当绳子过头顶后，将前脚尖翘起踩住绳子中间部位。

（4）连续动作练习：双脚能踩住绳子后试着跳过，再连续跳过。

5. 重点和难点

双手在背后交叉的摇绳。

6. 易犯错误和纠正

（1）易犯错误：背后双手交叉的位置不对；背后的手没有摇绳。

（2）纠正方法：在做交叉时根据能否看到伸出来的绳柄，来判断双手的位置是否正确；多进行背后摇绳的徒手练习。

7. 动作价值

培养实践判断能力和手脚协调能力。

（十四）背后交叉直摇

1. 动作名称

背后交叉直摇，简称"TO"。

2. 动作做法

绳子由后向前摇起，过脚后双手贴紧身体顺势滑到背后做交叉，拳心向后，手腕发力摇绳，当绳快打地时跳起，绳过脚后，两手顺势解开，在落地前在摇过一个O。背后交叉直摇如图10-2-14所示。具体视频见二维码10-2-14。

10-2-14 背后交叉直摇

图 10-2-14 背后交叉直摇

3. 动作要领

（1）绳子过脚时不能把手打得太开，这样容易失误。

（2）双手在背后交叉时，拳心向后，切勿将绳柄的柄尖朝上。

（3）背后交叉时，两手的位置一定是在一个水平面上，并且尽量交叉得大些。

4. 教学提示

（1）徒手跳：原地徒手模仿整个动作过程。

（2）跳空绳：单手握一根短绳，由后向前摇动绳子，过脚后在身体后面做交叉摇绳。

（3）交叉踩绳：绳子摇到背后做交叉，当绳子过头顶后，将前脚尖翘起踩住绳子中间部位。

（4）连续动作练习：双脚能踩住绳子后试着跳过，再连续跳过。

5. 重点和难点

双手在背后交叉的摇绳。

6. 易犯错误和纠正

（1）易犯错误：背后双手交叉的位置不对；背后的手没有摇绳。

（2）纠正方法：在做交叉时根据能否看到伸出来的绳柄，来判断双手的位置是否正确；多进行背后摇绳的徒手练习。

7. 动作价值

培养实践判断能力和手脚协调能力。

（十五）背后膝后交叉直摇

1. 动作名称

背后膝后交叉直摇，简称"T1O"。

2. 动作做法

绳子由后向前摇起时，上体迅速下压屈膝半蹲，当绳子过脚后，一手放于膝后，一手放于背后且同时完成，并使绳子顺利地摇过身体；完成 T1 动作，然后解开为直摇落地。背后膝后交叉直摇如图 10-2-15 所示。具体视频见二维码 10-2-15。

图 10-2-15　背后膝后交叉直摇

3. 动作要领

（1）在膝后的手拳心朝后，背后的手拳心朝上。
（2）双手在膝后背后时切勿将绳柄向上指。
（3）双手在膝后背后的摇绳动作要统一。

10-2-15　背后膝后交叉直摇

4. 教学提示

（1）徒手跳：原地徒手跳，模仿背后膝后交叉直摇跳的动作和节奏。
（2）带绳练习：初学时把速度放慢，背后膝后交叉直摇单个动作分开练习。
（3）连续动作练习：初学者以 5~10 个为一组，串起来练习。

5. 重点和难点

双手在膝后背后的位置正确，摇绳时动手腕。

6. 易犯错误和纠正

（1）易犯错误：双手放置的位置不对；柄尖容易上指；起跳的时机不对。
（2）纠正方法：多进行徒手的膝后背后摇绳；刻意将柄尖与地面平行；多进行踩绳的练习。

7. 动作价值

培养实践判断能力和手脚协调能力。

（十六）直摇背后膝后交叉

1. 动作名称

直摇背后膝后交叉，简称"OT1"。

2. 动作做法

在直双摇的摇绳基础上，将直双摇的第二个动作（O）改为交叉（T1）的动作，在起跳到落地的过程中需要把直摇背后膝后交叉完成。直摇背后膝后交叉如图 10-2-16 所示。具体视频见二维码 10-2-16。

10-2-16　直摇背后膝后交叉

图 10-2-16 直摇背后膝后交叉

3. 动作要领

（1）在膝后的手拳心朝后，背后的手拳心朝上。

（2）双手在膝后背后时切勿将绳柄向上指。

（3）双手在膝后背后的摇绳动作要统一。

4. 教学提示

（1）徒手跳：原地徒手跳，模仿背后膝后交叉直摇跳的动作和节奏。

（2）带绳练习：初学时把速度放慢，背后膝后交叉直摇单个动作分开练习。

（3）连续动作练习：初学者以 5~10 个为一组，串起来练习。

5. 重点和难点

双手在膝后背后的位置正确，摇绳时动手腕。

6. 易犯错误和纠正

（1）易犯错误：双手放置的位置不对；柄尖容易上指；起跳的时机不对。

（2）纠正方法：多进行徒手的膝后背后摇绳；刻意将柄尖与地面平行；多进行踩绳的练习。

7. 动作价值

培养实践判断能力和手脚协调能力。

（十七）直摇膝后交叉

1. 动作名称

直摇膝后交叉，简称"OT2"。

2. 动作做法

在直双摇的摇绳基础上，将直双摇的第二个动作（O）改为膝后交叉（T2）的动作，在起跳到落地的过程中需要把直摇膝后交叉完成。膝后交叉动作：绳子由后向前摇起时，上体迅速下压屈膝半蹲；当绳子过脚后，双手在膝后做交叉，并使绳子顺利地摇过身体。直摇膝后交叉如图 10-2-17 所示。具体视频见二维码 10-2-17。

10-2-17 直摇膝后交叉

图 10-2-17 直摇膝后交叉

3. 动作要领

（1）在膝后的手拳心朝后，绳柄指向两侧。
（2）双手在膝后时要动手腕。

4. 教学提示

（1）徒手跳：原地徒手模仿整个动作过程。
（2）交叉踩绳：绳子要到体前时，双脚踩住绳子中间部位。
（3）连续动作练习：双脚能踩住绳子后试着跳过，再连续跳过。

5. 重点和难点

双手在膝后摇绳要动手腕。

6. 易犯错误和纠正

（1）易犯错误：双手放置的位置不对；柄尖容易上指；起跳的时机不对。
（2）纠正方法：多进行徒手的膝后摇绳；刻意将柄尖按与地面平行；多进行踩绳的练习。

7. 动作价值

培养手腕动作的协调能力。

（十八）膝后交叉直摇

1. 动作名称

膝后交叉直摇，简称"T2O"。

2. 动作做法

该动作以膝后交叉开始，在起跳时就先做膝后交叉动作，然后解开为直摇落地。膝后交叉直摇演示如图 10-2-18 所示。具体视频见二维码 10-2-18。

10-2-18 膝后交叉直摇

图 10-2-18 膝后交叉直摇

3. 动作要领

（1）做交叉的时候，用手腕去摇绳。
（2）交叉过渡到直摇的时候要快。
（3）起跳和落地均以前脚掌为主。

4. 教学提示

（4）徒手跳：原地徒手模仿整个动作过程。
（5）交叉踩绳：绳子要到体前时，双脚踩住绳子中间部位。
（6）连续动作练习：双脚能踩住绳子后试着跳过，再连续跳过。

5. 重点和难点

做交叉时手腕的发力，以及摇和跳的时机和节奏。

6. 易犯错误和纠正

（1）易犯错误：交叉时的手腕发力不对，很难控制整个身体。
（2）纠正方法：多练习膝后交叉直摇的单摇跳，培养摇绳的节奏。

7. 动作价值

培养手腕动作的协调能力。

二、三摇

（一）直摇交叉直摇

1. 动作名称

直摇交叉直摇，简称"OCO"。

2. 动作做法

直摇：在基本摇绳姿势的基础上，两手持绳柄向前向后摇动，当绳体即将接触到地面时跳起，双脚并拢跳跃过绳，绳子绕过身体一周。交叉：在直摇的基础上把两小臂于体前交叉，脚跳过绳后可以解开双手。直摇：和前面一个直摇一样。直摇交叉直摇如图 10-2-19 所示。具体视频见二维码 10-2-19。

10-2-19 直摇交叉直摇

图 10-2-19　直摇交叉直摇

3. 动作要领

（1）手臂保持基本的摇绳姿势，控制手臂摇绳节奏。

（2）双脚并拢向上跳，落地向下前脚掌着地。

（3）绳子打地就向上跳一次，空中绳子过三次。

4. 教学提示

（1）固定手型：摇空绳，两手各握一根短绳，脚并脚向上跳，手有交叉的动作。

（2）徒手跳：站在原地徒手模仿三个动作单摇过绳，之后再连接起来三个动作一起跳，有腾空的感觉。

（3）两个动作练习：把整个动作分为两个双摇（OC、CO），先把双摇跳会，再转为三摇跳。

（4）连续动作练习：初学者可以间断跳，即跳一个完整动作，中间用两个单摇隔开，再接下一个完整动作。

5. 重点和难点

（1）重点：把握并脚跳过绳的时机和节奏。

（2）难点：后面两个（CO）动作连接不上。

6. 易犯错误及纠正方法

（1）易犯错误：摇绳节奏无法与跳动的节奏相匹配。

（2）纠正方法：原地徒手摇绳练习，在摇动过程中膝盖随着节奏跳动；原地直腿跳动练习，有腾空感。

7. 动作价值

增强体能，培养良好的身体素质。

（二）直摇交叉交叉

1. 动作名称

直摇交叉交叉，简称"OCC"。

2. 动作做法

直摇：在基本摇绳姿势的基础上，两手持绳柄向前向后摇动，当绳体接触到地面时，双脚并拢跳跃过绳，绳子绕过身体一周。交叉：在直摇的基础上把两小臂于体前交叉，脚跳过绳后可以解开双手。交叉：和前一个交叉一样。直摇交叉交叉如图10-2-20所示。具体视频见二维码10-2-20。

10-2-20　直摇交叉交叉

图 10-2-20 直摇交叉交叉

3. 动作要领

（1）手臂保持基本摇绳的姿势，控制手臂摇绳交叉的节奏。
（2）双脚并拢向上跳，落地时前脚掌着地。
（3）绳子打地就向上跳一次，空中绳子过三次。

4. 教学提示

（1）固定手型：摇空绳，两手各握一根短绳，脚并脚向上跳，手有交叉的动作。
（2）徒手跳：站在原地徒手模仿三个动作单摇过，之后再连接起来三个动作一起过，有腾空的感觉。
（3）两个动作练习：先把这个动作分为两个双摇（OC、CC），双摇跳会后，再转为三摇跳。
（4）连续动作练习：初学者可以间断跳，即跳一个完整动作，中间用两个单摇隔开，再接下一个完整动作。

5. 重点和难点

（1）重点：把握并脚跳过绳的时机和节奏。
（2）难点：后面两个（CC）动作连接不上，最后一个 C 往往不易过。

6. 易犯错误及纠正方法

（1）易犯错误：摇绳节奏无法与跳动的节奏相匹配。
（2）纠正方法：徒手摇绳练习，在摇动过程中膝盖随着节奏跳动；原地直腿跳动练习。

7. 动作价值

增强体能，培养良好的身体素质。

（三）交叉交叉交叉

1. 动作名称

交叉交叉交叉，简称"CCC"。

2. 动作做法

交叉：在直摇的基础上把两小臂于体前交叉，脚跳过绳后可以解开双手。交叉交叉交叉如图 10-2-21 所示。具体视频见二维码 10-2-21。

10-2-21 交叉交叉交叉

图 10-2-21 交叉交叉交叉

3. 动作要领

（1）大臂保持基本摇绳的姿势，控制小臂摇绳交叉节奏。

（2）双脚并拢向上跳，落地时前脚掌着地。

（3）绳子打地就向上跳一次，空中绳子过三次。

4. 教学提示

（1）固定手型：摇空绳，两手各握一根短绳，脚并脚向上跳，小臂有在体前交叉的动作。

（2）徒手跳：站在原地徒手模仿三个动作单摇过，之后再连接起三个动作一起过，有腾空的感觉。

（3）两个动作练习：先把这个完整动作分为两个双摇（CC、CC），双摇跳会后，再转为三摇跳，每次只跳一个动作就停下来，再重新开始。

（4）连续动作练习：初学者可以间断跳，即跳一个完整动作，中间用两个单摇隔开，再接下一个完整动作。

5. 重点和难点

（1）重点：把握并脚跳过绳的时机和节奏。

（2）难点：最后两个交叉连接不上。

6. 易犯错误及纠正方法

（1）易犯错误：摇绳节奏无法与跳动的节奏相匹配。

（2）纠正方法：徒手摇绳练习，在摇动过程中膝盖随着节奏跳动；原地微屈膝腾空跳动练习。

7. 动作价值

增强体能，培养良好的身体素质。

（四）交叉直摇直摇

1. 动作名称

交叉直摇直摇，简称"COO"。

2. 动作做法

交叉：在直摇的基础上，绳子过头顶后把两小臂于体前交叉，脚跳过绳后可以解开。直摇：双手两侧持绳，由身后向前摇绳，越过头顶，通过双脚，绕身体两周。交叉直摇直摇如图 10-2-22 所示。具体视频见二维码 10-2-22。

10-2-22 交叉直摇直摇

图 10-2-22 交叉直摇直摇

3. 动作要领

（1）大臂保持基本摇绳的姿势，控制小臂摇绳交叉节奏。

（2）双脚并拢向上跳。

（3）绳子打地就向上跳一次，空中绳子过三次。

4. 教学提示

（1）徒手跳：站在原地徒手模仿三个动作单摇过，之后在连接起来三个动作一起过，有腾空的感觉。

（2）两个动作练习：先把这个完整动作分为两个双摇（CO、OO），双摇跳会后，再转为三摇跳，每次只跳一个完整动作就停下来，再重新开始。

（3）连续动作练习：初学者可以间隔跳，即跳一个完整动作，中间用两个单摇隔开，再接下一个完整动作。

5. 重点和难点

（1）重点：把握并脚跳过绳的时机和节奏。

（2）难点：动作不连贯。

6. 易犯错误及纠正方法

（1）易犯错误：摇绳节奏无法与跳动的节奏相匹配。

（2）纠正方法：徒手练习整个动作，在练习过程中脚随着节奏跳动；原地直腿跳动练习，有腾空感。

7. 动作价值

增强体能，培养良好的身体素质。

（五）交叉交叉直摇

1. 动作名称

交叉交叉直摇，简称"CCO"。

2. 动作做法

交叉：在直摇的基础上，绳子过头顶后把两小前臂于体前交叉，交叉绳子绕体两周后解开。直摇：双手两侧持绳，由身后向前摇绳，越过头顶，通过双脚，绕身体一周。交叉交叉直摇如图 10-2-23 所示。具体视频见二维码 10-2-23。

10-2-23 交叉交叉直摇

图 10-2-23　交叉交叉直摇

3. 动作要领

（1）大臂保持基本摇绳的姿势，控制小臂摇绳交叉节奏。

（2）双脚并拢向上跳。

（3）绳子打地就向上跳一次，空中绳子过三次。

4. 教学提示

（1）徒手跳：站在原地徒手模仿三个动作单摇跳过，之后再连接起来三个动作一起跳过，有腾空的感觉。

（2）两个动作练习：先把这个完整动作分为两个双摇（CC、CO），双摇跳会后，再转为三摇跳，每次只跳一个完整动作就停下来，再重新开始。

（3）连续动作练习：初学者可以间隔跳，即跳一个完整动作，中间用两个单摇隔开，再接下一个完整动作。

5. 重点和难点

（1）重点：把握摇绳和脚跳过绳的时机和节奏。

（2）难点：两个交叉不连贯。

6. 易犯错误及纠正方法

（1）易犯错误：摇绳节奏无法与跳动的节奏相匹配。

（2）纠正方法：徒手摇绳练习，在摇动过程中脚随着节奏跳动；原地直腿跳动练习，有腾空感。

7. 动作价值

增强体能，培养良好的身体素质。

（六）侧甩交叉直摇

1. 动作名称

侧甩交叉直摇，简称"SCO"。

2. 动作做法

侧甩：两手臂向前摇绳至一边体侧甩绳，绳子不过脚。交叉：在直摇的基础上，绳子过头顶后把两小臂于体前交叉，脚跳过绳后可以解开。直摇：双手两侧持绳，由身后向前摇绳，越过头顶，通过双脚，绕身体一周。侧甩交叉直摇如图 10-2-24 所示。具体视频见二维码 10-2-24。

10-2-24　侧甩交叉直摇

图 10-2-24　侧甩交叉直摇

3. 动作要领

（1）侧甩的时候用力，侧甩的同时双脚并拢向上跳。

（2）绳子打地就向上跳一次，空中绳子过两次。

4. 教学提示

（1）徒手跳：站在原地徒手模仿整个动作过程。

（2）两个动作练习：先把这个完整动作分为两个双摇（SC、CO），双摇跳会后，再转为三摇跳，每次只跳一个完整动作就停下来，再重新开始。

（3）连续动作练习：初学者可以间隔跳，即跳一个完整动作，中间用两个单摇隔开，再接下一个完整动作。

5. 重点和难点

（1）重点：侧甩和交叉的连接。

（2）难点：把握并脚跳过绳的时机和节奏。

6. 易犯错误及纠正方法

（1）易犯错误：摇绳节奏无法与跳动的节奏相匹配。

（2）纠正方法：徒手摇绳练习，在摇动过程中脚随着节奏跳动；原地直腿跳动练习，有腾空感。

7. 动作价值

增强体能，培养良好的身体素质。

（七）侧甩交叉交叉

1. 动作名称

侧甩交叉交叉，简称"SCC"。

2. 动作做法

侧甩：两手臂向前摇绳至一边体侧甩绳，绳子不过脚。交叉：在直摇的基础上，绳子过头顶后把两小臂于体前交叉，脚跳过绳后可以解开。侧甩交叉交叉如图 10-2-25 所示。具体视频见二维码 10-2-25。

10-2-25　侧甩交叉交叉

图 10-2-25　侧甩交叉交叉

3. 动作要领

（1）侧甩的时候用力，侧甩的同时双脚并拢向上跳。

（2）绳子打地就向上跳一次，空中绳子过两次。

（3）微屈膝。

4. 教学提示

（1）徒手跳：站在原地徒手模仿整个动作过程。

（2）两个动作练习：先把这个完整动作分为两个双摇（SC、CC），双摇跳会后，再转为三摇跳，每次只跳一个完整动作就停下来，再重新开始。

（3）连续动作练习：初学者可以间隔跳，即跳一个完整动作，中间用两个单摇隔开，再接下一个完整动作。

5. 重点和难点

（1）重点：侧甩和交叉的连接。

（2）难点：把握并脚跳过绳的时机和节奏。

6. 易犯错误及纠正方法

（1）易犯错误：摇绳节奏无法与跳动的节奏相匹配。

（2）纠正方法：徒手摇绳练习，在摇动过程中脚随着节奏跳动；原地直腿跳动练习，有腾空感。

7. 动作价值

促进动作技能的巩固和提高，发展学生的专项素质，增强学生体质。

（八）侧甩直摇交叉

1. 动作名称

侧甩直摇交叉，简称"SOC"。

2. 动作做法

侧甩：两手臂向前摇绳至一边体侧甩绳，绳子不过脚。直摇：双手两侧持绳，由身后向前摇绳，越过头顶，通过双脚，绕身体一周。交叉：在直摇的基础上，绳子过头顶后把两小臂于体前交叉，脚跳过绳后可以解开。侧甩直摇交叉如图10-2-26所示。具体视频见二维码10-2-26。

10-2-26 侧甩直摇交叉

图10-2-26 侧甩直摇交叉

3. 动作要领

（1）侧甩的时候用力，侧甩的同时双脚并拢向上跳。

(2) 绳子打地就向上跳一次，空中绳子过两次。
(3) 微屈膝。

4. 教学提示

(1) 徒手跳：站在原地徒手模仿整个动作过程。
(2) 两个动作练习：先把这个完整动作分为两个双摇（SO、OC），双摇跳会后，再转为三摇跳，每次只跳一个完整动作就停下来，再重新开始。
(3) 连续动作练习：初学者可以间隔跳，即跳一个完整动作，中间用两个单摇隔开，再接下一个完整动作。

5. 重点和难点

(1) 重点：侧甩和直摇交叉的衔接。
(2) 难点：把握并脚跳过绳的时机和节奏。

6. 易犯错误及纠正方法

(1) 易犯错误：摇绳节奏无法与跳动的节奏相匹配。
(2) 纠正方法：徒手摇绳练习，在摇动过程中脚随着节奏跳动；原地直腿跳动练习，有腾空感。

7. 动作价值

增强体能，培养良好的身体素质。

（九）侧甩侧甩直摇

1. 动作名称

侧甩侧甩直摇，简称"SSO"。

2. 动作做法

侧甩（左边右边）：两手臂向前摇绳至一边体侧甩绳，绳子不过脚。侧甩（右边左边）：两手臂向前摇绳至一边体侧甩绳，绳子不过脚。直摇：双手两侧持绳，由身后向前摇绳，越过头顶，通过双脚，绕身体一周。侧甩侧甩直摇如图10-2-27所示。具体视频见二维码10-2-27。

10-2-27 侧甩侧甩直摇

图10-2-27 侧甩侧甩直摇

3. 动作要领

(1) 侧甩的时候用力，第一个侧甩的同时双脚并拢向上跳。
(2) 在空中完成第二个侧甩，随后完成直摇一次。
(3) 微屈膝。

4. 教学提示

（1）徒手跳：站在原地徒手模仿整个动作过程。

（2）连续动作练习：初学者可以间隔跳，即跳一个完整动作，中间用两个单摇隔开，再接下一个完整动作。

5. 重点和难点

（1）重点：两个侧甩不连贯。

（2）难点：把握并脚跳过绳的时机和节奏。

6. 易犯错误及纠正方法

（1）易犯错误：摇绳节奏无法与跳动的节奏相匹配。

（2）纠正方法：徒手摇绳练习，在摇动过程中脚随着节奏跳动；原地直腿跳动练习，有腾空感。

7. 动作价值

增强体能，培养良好的身体素质。

（十）侧甩交叉1直摇

1. 动作名称

侧甩交叉1直摇，简称"SC1O"。

2. 动作做法

侧甩：两手臂向前摇绳至一边体侧甩绳，绳子不过脚。交叉1：异侧胯下体前交叉。直摇：双手两侧持绳，由身后向前摇绳，越过头顶，通过双脚，绕身体一周。侧甩交叉1直摇如图10-2-28所示。具体视频见二维码10-2-28。

10-2-28　侧甩交叉1直摇

图 10-2-28　侧甩交叉1直摇

3. 动作要领

（1）侧甩时，用力打地并往上跳。

（2）跳起后，腿前后分开，同时异侧胯下体前交叉。

4. 教学提示

（1）徒手跳：站在原地徒手模仿整个动作过程。

（2）两个动作练习：先把这个完整动作分为两个双摇（SC1，C1O），双摇跳会后，再转为三摇跳，每次只跳一个完整动作，之后用两个单摇接下一个完整动作。

（3）连续动作练习：初学者可以间隔跳，即跳一个完整动作，中间用两个单摇隔开，再接下一个完整动作。

5. 重点和难点

(1) 重点：C1 解开并与下一个动作衔接。

(2) 难点：把握侧甩与 C1 的衔接时机和节奏。

6. 易犯错误及纠正方法

(1) 易犯错误：摇绳节奏无法与腿的跳动节奏相匹配。

(2) 纠正方法：徒手摇绳练习，在摇动过程中腿分开，随着节奏跳动；原地分腿跳动练习，腿尽量前后分开。

7. 动作价值

增强体能，培养良好的身体素质。

(十一) 侧甩交叉 1 交叉

1. 动作名称

侧甩交叉 1 交叉，简称"SC1C"。

2. 动作做法

侧甩：两手臂向前摇绳至一边体侧甩绳，绳子不过脚。交叉 1：异侧胯下体前交叉。交叉：在直摇的基础上，绳子过头顶后把两小前臂于体前交叉，脚跳过绳后可以解开。侧甩交叉 1 交叉如图 10-2-29 所示。具体视频见二维码 10-2-29。

10-2-29 侧甩交叉 1 交叉

图 10-2-29 侧甩交叉 1 交叉

3. 动作要领

(1) 侧甩时，用力打地并往上跳。

(2) 跳起后，腿前后分开，同时异侧胯下体前交叉之后顺势体前交叉。

4. 教学提示

(1) 徒手跳：站在原地徒手模仿整个动作过程。

(2) 两个动作练习：先把这个完整动作分为两个双摇（SC1、C1C），双摇跳会后，再转为三摇跳，每次只跳一个完整动作之后用两个单摇接下一个完整动作。

(3) 连续动作练习：初学者可以间隔跳，即跳一个完整动作，中间用两个单摇隔开，再接下一个完整动作。

5. 重点和难点

(1) 重点：C1 解开并与下一个动作衔接。

(2) 难点：把握侧甩与 C1 的衔接时机和节奏。

6. 易犯错误及纠正方法

（1）易犯错误：摇绳节奏无法与跳动的节奏相匹配。

（2）纠正方法：徒手摇绳练习，在摇动过程中腿分开，随着节奏跳动；原地分腿跳动练习，腿尽量前后分开。

7. 动作价值

增强体能，培养良好的身体素质。

（十二）侧甩交叉2交叉

1. 动作名称

侧甩交叉2交叉，简称"SC2C"。

2. 动作做法

侧甩：两手臂向前摇绳至一边体侧甩绳，绳子不过脚。交叉2：同侧胯下体前交叉。交叉：在直摇的基础上，绳子过头顶后把两小臂于体前交叉，脚跳过绳后可以解开。侧甩交叉2交叉如图10-2-30所示。具体视频见二维码10-2-30。

10-2-30 侧甩交叉2交叉

图10-2-30 侧甩交叉2交叉

3. 动作要领

（1）侧甩时，用力打地并往上跳。

（2）C2抬腿时，往另一侧移动之后顺势于体前交叉。

4. 教学提示

（1）徒手跳：站在原地徒手模仿整个动作过程。

（2）两个动作练习：先把这个完整动作分为两个双摇（SC2、C2C），双摇跳会后，再转为三摇跳，每次只跳一个完整动作，之后用两个单摇接下一个完整动作。

（3）连续动作练习：初学者可以间隔跳，即跳一个完整动作，中间用两个单摇隔开，再接下一个完整动作。

5. 重点和难点

（1）重点：C2解开并与下一个动作衔接。

（2）难点：把握侧甩与C2的衔接时机和节奏。

6. 易犯错误及纠正方法

（1）易犯错误：摇绳节奏无法与跳动的节奏相匹配。

（2）纠正方法：徒手摇绳练习，在摇动过程中抬腿往另一侧移动；原地直腿跳动练习，有腾空感。

7. 动作价值

增强体能，培养良好的身体素质，更好地锻炼手腕。

（十三）侧甩交叉 2 直摇

1. 动作名称

侧甩交叉 2 直摇，简称"SC2O"。

2. 动作做法

侧甩：两手臂向前摇绳至一边体侧甩绳，绳子不过脚。交叉 2：同侧胯下体前交叉。直摇：双手两侧持绳，由身后向前摇绳，越过头顶，通过双脚，绕身体一周。侧甩交叉 2 直摇如图 10-2-31 所示。具体视频见二维码 10-2-31。

10-2-31　侧甩交叉 2 直摇

图 10-2-31　侧甩交叉 2 直摇

3. 动作要领

（1）侧甩时，用力打地并往上跳。
（2）C2 抬腿时，往另一侧移动。

4. 教学提示

（1）徒手跳：站在原地徒手模仿整个动作过程。
（2）两个动作练习：先把这个完整动作分为两个双摇（SC2、C2O），双摇跳会后，再转为三摇跳，每次只跳一个完整动作，之后用两个单摇接下一个完整动作。
（3）连续动作练习：初学者可以间隔跳，即跳一个完整动作，中间用两个单摇隔开，再接下一个完整动作。

5. 重点和难点

（1）重点：C2 解开并与下一个动作衔接。
（2）难点：把握侧甩与 C2 的衔接时机和节奏。

6. 易犯错误及纠正方法

（1）易犯错误：摇绳节奏无法与跳动的节奏相匹配。
（2）纠正方法：徒手摇绳练习，在摇动过程中抬腿往另一侧移动；原地直腿跳动练习，有腾空感。

7. 动作价值

增强体能，培养良好的身体素质，更好地锻炼手腕。

（十四）侧甩交叉 3 直摇

1. 动作名称

侧甩交叉 3 直摇，简称"SC3O"。

2. 动作做法

侧甩：两手臂向前摇绳至一边体侧甩绳，绳子不过脚。交叉 3：双手同时在单腿胯下交叉，跳过之后绳子到额头处就可以解开。直摇：双手两侧持绳，由身后向前摇绳，越过头顶，通过双脚，绕身体一周。侧甩交叉 3 直摇如图 10-2-32 所示。具体视频见二维码 10-2-32。

10-2-32　侧甩交叉 3 直摇

图 10-2-32　侧甩交叉 3 直摇

3. 动作要领

（1）侧甩时，用力打地并往上跳。

（2）双手同时单腿胯下交叉。

4. 教学提示

（1）徒手跳：站在原地徒手模仿整个动作过程。

（2）两个动作练习：先把这个完整动作分为两个双摇（SC3、C3O），双摇跳会后，再转为三摇跳，每次只跳一个完整动作，之后用两个单摇接下一个完整动作。

（3）连续动作练习：初学者可以间隔跳，即跳一个完整动作，中间用两个单摇隔开，再接下一个完整动作。

5. 重点和难点

（1）重点：C3 解开并与下一个动作衔接。

（2）难点：把握侧甩与 C3 的衔接时机和节奏。

6. 易犯错误及纠正方法

（1）易犯错误：摇绳节奏无法与跳动的节奏相匹配。

（2）纠正方法：徒手摇绳练习，在摇动过程中跟随节奏双手放在单腿胯下跳过；原地有节奏地跳动练习。

7. 动作价值

增强体能，培养良好的身体素质，更好地锻炼手腕。

（十五）侧甩前后交叉直摇

1. 动作名称

侧甩前后交叉直摇，简称"SEO"。

2. 动作做法

侧甩：两手臂向前摇绳至一边体侧甩绳，绳子不过脚。前后交叉：一只手放在体前，一只手放在体后，正常摇过。直摇：双手两侧持绳，由身后向前摇绳，越过头顶，通过双脚，绕身体一周。侧甩前后交叉直摇如图10-2-33所示。具体视频见二维码10-2-33。

10-2-33　侧甩前后交叉直摇

图10-2-33　侧甩前后交叉直摇

3. 动作要领

（1）侧甩时用力打地，控制手臂摇绳节奏。

（2）双脚并拢向上跳。

（3）绳子打地就向上跳一次，空中绳子过两次。

4. 教学提示

（1）徒手跳：站在原地徒手模仿整个动作过程。

（2）两个动作练习：先把这个完整动作分为两个双摇（SE、EO），双摇跳会后，再转为三摇跳，每次只跳一个完整动作，之后用两个单摇接下一个完整动作。

（3）连续动作练习：初学者可以间隔跳，即跳一个完整动作，中间用两个单摇隔开，再接下一个完整动作。

5. 重点和难点

（1）重点：E解开并与下一个动作衔接。

（2）难点：把握侧甩与E的衔接时机和节奏。

6. 易犯错误及纠正方法

（1）易犯错误：摇绳节奏无法与跳动的节奏相匹配。

（2）纠正方法：徒手摇绳练习，在摇动过程中膝盖随着节奏跳动；原地直腿跳动练习，有腾空感。

7. 动作价值

增强体能，培养良好的身体素质，更好地锻炼手腕。

（十六）侧甩前后交叉交叉

1. 动作名称

侧甩前后交叉交叉，简称"SEC"。

2. 动作做法

侧甩：两手臂向前摇绳至一边体侧甩绳，绳子不过脚。前后交叉：一只手放在体前，一只手放在体后，正常摇过。交叉：在直摇的基础上，绳子过头顶即把两小臂于体前交叉，脚跳过绳后可以解开。侧甩前后交叉交叉如图10-2-34所示。具体视频见二维码10-2-34。

10-2-34 侧甩前后交叉交叉

图10-2-34 侧甩前后交叉交叉

3. 动作要领

（1）侧甩时用力。

（2）前后交叉时靠近身体。

（3）绳子侧甩时往上跳，绳子在空中过两次。

4. 教学提示

（1）徒手跳：站在原地徒手模仿整个动作过程。

（2）两个动作练习：先把这个完整动作分为两个双摇（SE、EC），双摇跳会后，再转为三摇跳，每次只跳一个完整动作，之后用两个单摇接下一个完整动作。

（3）连续动作练习：初学者可以间隔跳，即跳一个完整动作，中间用两个单摇隔开，再接下一个完整动作。

5. 重点和难点

（1）重点：E解开并与C衔接。

（2）难点：把握E与C的衔接时机和节奏。

6. 易犯错误及纠正方法

（1）易犯错误：摇绳节奏无法与跳动的节奏相匹配。

（2）纠正方法：徒手摇绳练习，在摇动过程中膝盖随节奏跳动，手贴紧身体；原地直腿跳动练习，有腾空感。

7. 动作价值

增强体能，培养良好的身体素质，更好地锻炼手腕。

（十七）侧甩前后交叉1直摇

1. 动作名称

侧甩前后交叉1直摇，简称"SE1O"。

2. 动作做法

侧甩：两手臂向前摇绳至一边体侧甩绳，绳子不过脚。前后交叉1：一只手放在异侧胯下，一只手放在体后，正常摇过。直摇：双手两侧持绳，由身后向前摇绳，越过头顶，通过双脚，绕身体一周。侧甩前后交叉1直摇如图10-2-35所示。具体视频见二维码10-2-35。

10-2-35 侧甩前后交叉1直摇

图10-2-35 侧甩前后交叉1直摇

3. 动作要领

（1）侧甩时用力打地，控制手臂摇绳节奏。

（2）异侧胯下前后交叉。

（3）绳子打地时向上跳，绳子在空中过两次。

4. 教学提示

（1）徒手跳：站在原地徒手模仿整个动作过程。

（2）两个动作练习：先把这个完整动作分为两个双摇（SE1、E1O），双摇跳会后，再转为三摇跳，每次只跳一个完整动作，之后用两个单摇接下一个完整动作。

（3）连续动作练习：初学者可以间隔跳，即跳一个完整动作，中间用两个单摇隔开，再接下一个完整动作。

5. 重点和难点

（1）重点：侧甩和E1的衔接。

（2）难点：把握E1和O的衔接时机和节奏。

6. 易犯错误及纠正方法

（1）易犯错误：摇绳节奏无法与跳动的节奏相匹配。

（2）纠正方法：徒手摇绳练习，在摇动过程中把腿抬高并随着节奏跳动；原地分腿跳动练习，有腾空感。

7. 动作价值

增强体能，培养良好的身体素质，更好地锻炼手腕。

（十八）侧甩前后交叉 2 直摇

1. 动作名称

侧甩前后交叉 2 直摇，简称"SE2O"。

2. 动作做法

侧甩：两手臂向前摇绳至一边体侧甩绳，绳子不过脚。前后交叉 2：一只手放在同侧胯下，一只手放在体后，正常摇过。直摇：双手两侧持绳，由身后向前摇绳，越过头顶，通过双脚，绕身体一周。侧甩前后交叉 2 直摇如图 10-2-36 所示。具体视频见二维码 10-2-36。

10-2-36 侧甩前后交叉 2 直摇

图 10-2-36　侧甩前后交叉 2 直摇

3. 动作要领

（1）侧甩时用力打地，控制手臂摇绳速度。

（2）同侧胯下前后交叉。

（3）绳子侧甩时就向上跳，绳子在空中过两次。

4. 教学提示

（1）徒手跳：站在原地徒手模仿整个动作过程。

（2）两个动作练习：先把这个完整动作分为两个双摇（SE2、E2O），双摇跳会后，再转为三摇跳，每次只跳一个完整动作，之后用两个单摇接下一个完整动作。

（3）连续动作练习：初学者可以间隔跳，即跳一个完整动作，中间用两个单摇隔开，再接下一个完整动作。

5. 重点和难点

（1）重点：侧甩和 E2 的衔接。

（2）难点：把握 E2 与 O 的衔接时机和节奏。

6. 易犯错误及纠正方法

（1）易犯错误：摇绳节奏无法与跳动的节奏相匹配。

（2）纠正方法：徒手摇绳练习，在摇动过程中抬腿往另一边移动并随着节奏跳动；原地跳动练习，有腾空感。

7. 动作价值

增强体能，培养良好的身体素质，更好地锻炼手腕。

（十九）侧甩前后交叉 1 交叉

1. 动作名称

侧甩前后交叉 1 交叉，简称"SE1C"。

2. 动作做法

侧甩：两手臂向前摇绳至一边体侧甩绳，绳子不过脚。前后交叉 1：一只手放在异侧胯下，一只手放在体后，正常摇过。交叉：在直摇的基础上，绳子过头顶即把两小臂于体前交叉，脚跳过绳后可以解开。侧甩前后交叉 1 交叉如图 10-2-37 所示。具体视频见二维码 10-2-37。

10-2-37　侧甩前后交叉 1 交叉

图 10-2-37　侧甩前后交叉 1 交叉

3. 动作要领

（1）侧甩时用力打地，控制摇绳节奏。

（2）异侧胯下前后交叉。

（3）绳子侧甩时就向上跳，绳子在空中过两次。

4. 教学提示

（1）徒手跳：站在原地徒手模仿整个动作过程。

（2）两个动作练习：先把这个完整动作分为两个双摇（SE1、E1C），双摇跳会后，再转为三摇跳，每次只跳一个完整动作，之后用两个单摇接下一个完整动作。

（3）连续动作练习：初学者可以间隔跳，即跳一个完整动作，中间用两个单摇隔开，再接下一个完整动作。

5. 重点和难点

（1）重点：侧甩与 E1 的衔接。

（2）难点：把握 E1 与 C 的衔接时机和节奏。

6. 易犯错误及纠正方法

（1）易犯错误：摇绳节奏无法与跳动的节奏相匹配。

（2）纠正方法：徒手摇绳练习，在摇动过程中抬腿随着节奏跳动；原地跳动练习，有腾空感。

7. 动作价值

增强体能，培养良好的身体素质，更好地锻炼手腕。

（二十）侧甩前后交叉 2 交叉

1. 动作名称

侧甩前后交叉 2 交叉，简称"SE2C"。

2. 动作做法

侧甩：两手臂向前摇绳至一边体侧甩绳，绳子不过脚。前后交叉 2：一只手放在同侧胯下，一只手放在体后。交叉：在直摇的基础上，绳子过头顶即把两小臂于体前交叉，脚跳过绳后可以解开。侧甩前后交叉 2 交叉如图 10-2-38 所示。具体视频见二维码 10-2-38。

10-2-38　侧甩前后交叉 2 交叉

图 10-2-38　侧甩前后交叉 2 交叉

3. 动作要领

（1）侧甩时用力打地，控制摇绳节奏与速度。

（2）同侧胯下前后交叉。

（3）绳子侧甩时就向上跳，绳子在空中过两次。

4. 教学提示

（1）徒手跳：站在原地徒手模仿整个动作过程。

（2）两个动作练习：先把这个完整动作分为两个双摇（SE2、E2C），双摇跳会后，再转为三摇跳，每次只跳一个完整动作，之后用两个单摇接下一个完整动作。

（3）连续动作练习：初学者可以间隔跳，即跳一个完整动作，中间用两个单摇隔开，再接下一个完整动作。

5. 重点和难点

（1）重点：E2 的掌握。

（2）难点：把握 E2 与 C 的衔接时机和节奏。

6. 易犯错误及纠正方法

（1）易犯错误：摇绳节奏无法与跳动的节奏相匹配。

（2）纠正方法：徒手摇绳练习，在摇动过程中抬同侧的腿并随着节奏跳动；原地抬腿跳动练习，有腾空感。

7. 动作价值

增强体能，培养良好的身体素质，更好地锻炼手腕。

（二十一）直摇背后交叉直摇

1. 动作名称

直摇背后交叉直摇，简称"OTO"。

2. 动作做法

直摇：双手两侧持绳，由身后向前摇绳，越过头顶，通过双脚，绕身体一周。背后交叉：双手在背后交叉，绳子过脚即可解开。直摇：双手两侧持绳，由身后向前摇绳，越过头顶，通过双脚，绕身体一周。直摇背后交叉直摇如图10-2-39所示。具体视频见二维码10-2-39。

10-2-39　直摇背后交叉直摇

图10-2-39　直摇背后交叉直摇

3. 动作要领

（1）控制摇绳节奏，用手腕带动绳子。

（2）双脚并拢向上跳，膝盖微屈。

（3）绳子打地就向上跳，绳子在空中过三次。

4. 教学提示

（1）徒手跳：站在原地徒手模仿整个动作过程。

（2）两个动作练习：先把这个完整动作分为两个双摇（OT、TO），双摇跳会后，再转为三摇跳，每次只跳一个完整动作，之后用两个单摇接下一个完整动作。

（3）连续动作练习：初学者可以间隔跳，即跳一个完整动作，中间用两个单摇隔开，再接下一个完整动作。

5. 重点和难点

（1）重点：T的掌握。

（2）难点：把握T与O的衔接时机和节奏。

6. 易犯错误及纠正方法

（1）易犯错误：摇绳节奏无法与跳动的节奏相匹配。

（2）纠正方法：徒手摇绳练习，在摇动过程中脚随着节奏跳动；原地直腿跳动练习，有腾空感。

7. 动作价值

增强体能，培养良好的身体素质，更好地锻炼手腕。

（二十二）直摇背后交叉背后交叉

1. 动作名称

直摇背后交叉背后交叉，简称"OTT"。

2. 动作做法

直摇：双手两侧持绳，由身后向前摇绳，越过头顶，通过双脚，绕身体一周。背后交叉：双手在背后交叉，绳子过脚即可解开。背后交叉：双手在背后交叉，绳子过脚即可解开。直摇背后交叉背后交叉如图10-2-40所示。具体视频见二维码10-2-40。

10-2-40　直摇背后交叉背后交叉

图 10-2-40　直摇背后交叉背后交叉

3. 动作要领

（1）控制摇绳节奏，用手腕带动绳子。

（2）双脚并拢向上跳，膝盖可微屈。

（3）绳子打地时就向上跳，绳子在空中过三次。

4. 教学提示

（1）徒手跳：站在原地徒手模仿整个动作过程。

（2）两个动作练习：先把这个完整动作分为两个双摇（OT、TT），双摇跳会后，再转为三摇跳，每次只跳一个完整动作，之后用两个单摇接下一个完整动作，再重新开始。

（3）连续动作练习：初学者可以间隔跳，即跳一个完整动作，中间用两个单摇隔开，再接下一个完整动作。

5. 重点和难点

（1）重点：O 与 T 的连贯性。

（2）难点：把握 T 与 T 的衔接时机和节奏。

6. 易犯错误及纠正方法

（1）易犯错误：摇绳节奏无法与跳动的节奏相匹配。

（2）纠正方法：徒手摇绳练习，在摇动过程中脚随着节奏跳动；原地直腿跳动练习，有腾空感。

7. 动作价值

增强体能，培养良好的身体素质，更好地锻炼手腕。

（二十三）背后交叉背后交叉背后交叉

1. 动作名称

背后交叉背后交叉背后交叉，简称"TTT"。

2. 动作做法

背后交叉：双手在背后交叉，绳子过脚即可解开。背后交叉：双手在背后交叉，双脚跳过。背后交叉：双手在背后交叉，双脚跳过之后可解开。背后交叉背后交叉背后交叉如图 10-2-41 所示。具体视频见二维码 10-2-41。

10-2-41 背后交叉背后交叉背后交叉

图 10-2-41 背后交叉背后交叉背后交叉

3. 动作要领

（1）控制手臂摇绳节奏，用手腕带动绳子。

（2）双脚并拢向上跳，膝盖可微屈。

（3）绳子打时就向上跳，绳子在空中过三次。

4. 教学提示

（1）徒手跳：站在原地徒手模仿整个动作过程。

（2）两个动作练习：先把这个完整动作分为两个双摇（TT、TT），双摇跳会后，再转为三摇跳，每次只跳一个完整动作之后中间用两个单摇接下一个完整动作，再重新开始。

（3）连续动作练习：初学者可以间隔跳，即跳一个完整动作，中间用两个单摇隔开，再接下一个完整动作。

5. 重点和难点

（1）重点：三个 T 的连贯性。

（2）难点：把握 T 与 T 的衔接时机和节奏。

6. 易犯错误及纠正方法

（1）易犯错误：摇绳节奏无法与跳动的节奏相匹配。

（2）纠正方法：徒手摇绳练习，在摇动过程中脚随着节奏跳动；原地微屈膝跳动练习，有腾空感。

7. 动作价值

大量练习该动作，有利于锻炼手腕的灵活性。

（二十四）背后交叉背后交叉直摇

1. 动作名称

背后交叉背后交叉直摇，简称"TTO"。

2. 动作做法

背后交叉：双手在背后交叉，双脚跳过。背后交叉：双手在背后交叉，双脚跳过之后就可以解开。直摇：双手两侧持绳，由身后向前摇绳，越过头顶，通过双脚，绕身体一周。背后交叉背后交叉直摇如图10-2-42所示。具体视频见二维码10-2-42。

10-2-42 背后交叉背后交叉直摇

图 10-2-42 背后交叉背后交叉直摇

3. 动作要领

（1）用手腕带动绳子。

（2）双脚并拢向上跳，膝盖可微屈。

（3）绳子打地时就向上跳，绳子在空中过三次。

4. 教学提示

（1）徒手跳：站在原地徒手模仿整个动作过程。

（2）两个动作练习：先把这个完整动作分为两个双摇（TT、TO），双摇跳会后，再转为三摇跳，每次只跳一个完整动作之后中间用两个单摇接下一个完整动作，再重新开始。

（3）连续动作练习：初学者可以间隔跳，即跳一个完整动作，中间用两个单摇隔开，再接下一个完整动作。

5. 重点和难点

（1）重点：两个T的连贯性。

（2）难点：把握T与T的衔接时机和节奏。

6. 易犯错误及纠正方法

（1）易犯错误：摇绳节奏无法与跳动的节奏相匹配。

（2）纠正方法：徒手摇绳练习，在摇动过程中脚随着节奏跳动；原地跳动练习，有腾空感。

7. 动作价值

大量练习该动作，有利于锻炼手腕的灵活性。

（二十五）背后交叉直摇直摇

1. 动作名称

背后交叉直摇直摇，简称"TOO"。

2. 动作做法

背后交叉：双手在背后交叉，双脚跳过之后就可以解开。直摇：双手两侧持绳，由身后向前摇绳，越过头顶，通过双脚，绕身体两周。背后交叉直摇直摇如图 10-2-43 所示。具体视频见二维码 10-2-43。

10-2-43 背后交叉直摇直摇

图 10-2-43 背后交叉直摇直摇

3. 动作要领

（1）控制手臂摇绳节奏，手腕带动摇绳。

（2）双脚并拢向上跳，膝盖可微屈。

（3）绳子打地时就向上跳，绳子在空中过三次。

4. 教学提示

（1）徒手跳：站在原地徒手模仿整个动作过程。

（2）两个动作练习：先把这个完整动作分为两个双摇（TO、OO），双摇跳会后，再转为三摇跳，每次只跳一个完整动作之后中间用两个单摇接下一个完整动作，再重新开始。

（3）连续动作练习：初学者可以间隔跳，即跳一个完整动作，中间用两个单摇隔开，再接下一个完整动作。

5. 重点和难点

（1）重点：T 与 O 的衔接。

（2）难点：把握 T 与 O 的衔接时机和节奏。

6. 易犯错误及纠正方法

（1）易犯错误：摇绳节奏无法与跳动的节奏相匹配。

（2）纠正方法：徒手摇绳练习，在摇动过程中脚随着节奏跳动；原地直腿跳动练习，有腾空感。

7. 动作价值

增强体能，培养良好的身体素质，更好地锻炼手腕。

（二十六）侧甩直摇背后交叉

1. 动作名称

侧甩直摇背后交叉，简称"SOT"。

2. 动作做法

侧甩：两手臂向前摇绳至一边体侧甩绳，绳子不过脚。直摇：双手两侧持绳，由身后向前摇绳，越过头顶，通过双脚，绕身体一周。背后交叉：双手在背后交叉，双脚跳过之后就可以解开。侧甩直摇背后交叉如图 10-2-44 所示。具体视频见二维码 10-2-44。

10-2-44 侧甩直摇背后交叉

图 10-2-44 侧甩直摇背后交叉

3. 动作要领

（1）控制手臂摇绳节奏，手腕带动摇绳。

（2）侧甩用力打地，打地时膝盖可微屈，双脚并拢向上跳。

（3）绳子侧甩时就向上跳，绳子在空中过两次。

4. 教学提示

（1）徒手跳：站在原地徒手模仿整个动作过程。

（2）两个动作练习：先把这个完整动作分为两个双摇（SO、OT），双摇跳会后，再转为三摇跳，每次只跳一个完整动作之后中间用两个单摇接下一个完整动作，再重新开始。

（3）连续动作练习：初学者可以间隔跳，即跳一个完整动作，中间用两个单摇隔开，再接下一个完整动作。

5. 重点和难点

（1）重点：O 与 T 的衔接。

（2）难点：把握 O 与 T 的衔接时机和节奏。

6. 易犯错误及纠正方法

（1）易犯错误：摇绳节奏无法与跳动的节奏相匹配。

（2）纠正方法：徒手摇绳练习，在摇动过程中脚随着节奏跳动；原地直腿跳动练习，有腾空感。

7. 动作价值

增强体能，培养良好的身体素质。

（二十七）侧甩背后交叉直摇

1. 动作名称

侧甩背后交叉直摇，简称"STO"。

2. 动作做法

侧甩：两手臂向前摇绳至一边体侧甩绳，绳子不过脚。背后交叉：双手在背后交叉，双脚跳过之后就可以解开。直摇：双手两侧持绳，由身后向前摇绳，越过头顶，通过双脚，绕身体一周。侧甩背后交叉直摇如图 10-2-45 所示。具体视频见二维码 10-2-45。

10-2-45 侧甩背后交叉直摇

图 10-2-45 侧甩背后交叉直摇

3. 动作要领

（1）控制手臂摇绳节奏，手腕带动摇绳。

（2）双脚并拢向上跳，跳起时膝盖可微屈。

（3）绳子侧甩打地时就向上跳，绳子在空中过两次。

4. 教学提示

（1）徒手跳：站在原地徒手模仿整个动作过程。

（2）两个动作练习：先把这个完整动作分为两个双摇（ST、TO），双摇跳会后，再转为三摇跳，每次只跳一个完整动作之后中间用两个单摇接下一个完整动作，再重新开始。

（3）连续动作练习：初学者可以间隔跳，即跳一个完整动作，中间用两个单摇隔开，再接下一个完整动作。

5. 重点和难点

（1）重点：S 与 T 的掌握。

（2）难点：把握 S 与 T 的衔接时机和节奏。

6. 易犯错误及纠正方法

（1）易犯错误：摇绳节奏无法与跳动的节奏相匹配。

（2）纠正方法：徒手摇绳练习，在摇动过程中脚随着节奏跳动；原地微屈膝跳动练习，有腾空感。

7. 动作价值

增强体能，培养良好的身体素质，更好地锻炼手腕。

（二十八）侧甩直摇 1 直摇

1. 动作名称

侧甩直摇 1 直摇，简称"SO1O"。

2. 动作做法

侧甩：两手臂向前摇绳至一边体侧甩绳，绳子不过脚。直摇 1：一只手做直摇动作，一只手做异侧胯下直摇动作。直摇：双手两侧持绳，由身后向前摇绳，越过头顶，通过双脚，绕身体一周。侧甩直摇 1 直摇如图 10-2-46 所示。具体视频见二维码 10-2-46。

10-2-46　侧甩直摇 1 直摇

图 10-2-46　侧甩直摇 1 直摇

3. 动作要领

（1）侧甩打地时要用力，控制手臂摇绳节奏，手腕带动摇绳。

（2）腿下的手尽可能往外伸，摆腿动作幅度要大一些。

（3）绳子侧甩时就向上跳，绳子在空中过两次。

4. 教学提示

（1）徒手跳：站在原地徒手模仿整个动作过程。

（2）两个动作练习：先把这个完整动作分为两个双摇（SO1、O1O），双摇跳会后，再转为三摇跳，每次只跳一个完整动作之后中间用两个单摇接下一个完整动作，再重新开始。

（3）连续动作练习：初学者可以间隔跳，即跳一个完整动作，中间用两个单摇隔开，再接下一个完整动作。

5. 重点和难点

（1）重点：O1 的掌握。

（2）难点：把握 S 与 O1 的衔接时机和节奏。

6. 易犯错误及纠正方法

（1）易犯错误：摇绳节奏无法与跳动的节奏相匹配。

（2）纠正方法：徒手摇绳练习，在摇动过程中脚随着节奏跳动；原地微屈膝跳动练习，有腾空感。

7. 动作价值

增强体能，培养良好的身体素质。

（二十九）侧甩直摇1交叉

1. 动作名称

侧甩直摇1交叉，简称"SO1C"。

2. 动作做法

侧甩：两手臂向前摇绳至一边体侧甩绳，绳子不过脚。直摇1：一只手做直摇动作，一只手异侧胯下直摇动作。交叉：在直摇的基础上，绳子过头顶即把两小臂于体前交叉，脚跳过绳后可以解开。侧甩直摇1交叉如图10-2-47所示。具体视频见二维码10-2-47。

10-2-47　侧甩直摇1交叉

图10-2-47　侧甩直摇1交叉

3. 动作要领

（1）侧甩时用力打地，控制手臂摇绳节奏。

（2）抬起的腿往异侧移。

（3）绳子侧甩时就向上跳，绳子在空中过两次。

4. 教学提示

（1）徒手跳：站在原地徒手模仿整个动作过程。

（2）两个动作练习：先把这个完整动作分为两个双摇（SO1、O1C），双摇跳会后，再转为三摇跳，每次只跳一个完整动作之后中间用两个单摇接下一个完整动作，再重新开始。

（3）连续动作练习：初学者可以间隔跳，即跳一个完整动作，中间用两个单摇隔开，再接下一个完整动作。

5. 重点和难点

（1）重点：O1的掌握。

（2）难点：把握O1与C的衔接时机和节奏。

6. 易犯错误及纠正方法

（1）易犯错误：摇绳节奏无法与跳动的节奏相匹配。

（2）纠正方法：徒手摇绳练习，在摇动过程中脚随着节奏跳；原地微屈膝跳动练习，有腾空感。

7. 动作价值

增强体能，培养良好的身体素质，更好地锻炼手腕。

（三十）侧甩直摇 2 直摇

1. 动作名称

侧甩直摇 2 直摇，简称"SO2O"。

2. 动作做法

侧甩：两手臂向前摇绳至一边体侧甩绳，绳子不过脚。直摇 2：一只手做直摇动作，一只手做同侧胯下直摇动作。直摇：双手两侧持绳，由身后向前摇绳，越过头顶，通过双脚，绕身体一周。侧甩直摇 2 直摇如图 10-2-48 所示。具体视频见二维码 10-2-48。

10-2-48 侧甩直摇 2 直摇

图 10-2-48 侧甩直摇 2 直摇

3. 动作要领

（1）侧甩时打地要用力，控制手臂摇绳节奏。

（2）抬起的腿要尽量抬高。

（3）绳子侧甩打地时就向上跳，绳子在空中过两次。

4. 教学提示

（1）徒手跳：站在原地徒手模仿整个动作过程。

（2）两个动作练习：先把这个完整动作分为两个双摇（SO2、O2O），双摇跳会后，再转为三摇跳，每次只跳一个完整动作之后中间用两个单摇接下一个完整动作，再重新开始。

（3）连续动作练习：初学者可以间隔跳，即跳一个完整动作，中间用两个单摇隔开，再接下一个完整动作。

5. 重点和难点

（1）重点：O2 的掌握。

（2）难点：把握 O2 与 O 的衔接时机和节奏。

6. 易犯错误及纠正方法

（1）易犯错误：摇绳节奏无法与跳动的节奏相匹配。

（2）纠正方法：徒手摇绳练习，在摇动过程中脚随着节奏跳动；原地微屈膝跳动练习，有腾空感。

7. 动作价值

增强体能，培养良好的身体素质，更好地锻炼手腕。

（三十一）侧甩直摇 2 交叉

1. 动作名称

侧甩直摇 2 交叉，简称"SO2C"。

2. 动作做法

侧甩：两手臂向前摇绳至一边体侧甩绳，绳子不过脚。直摇 2：一只手做直摇动作，一只手做同侧胯下直摇动作。交叉：在直摇的基础上，绳子过头顶即把两小臂于体前交叉，脚跳过绳后可以解开。侧甩直摇 2 交叉如图 10-2-49 所示。具体视频见二维码 10-2-49。

10-2-49 侧甩直摇 2 交叉

图 10-2-49 侧甩直摇 2 交叉

3. 动作要领

（1）侧甩时用力打地，控制手臂摇绳节奏。

（2）抬起的腿要尽量抬高。

（3）绳子侧甩打地时就向上跳，绳子在空中过两次。

4. 教学提示

（1）徒手跳：站在原地徒手模仿整个动作过程。

（2）两个动作练习：先把这个完整动作分为两个双摇（SO2、O2C），双摇跳会后，再转为三摇跳，每次只跳一个完整动作之后中间用两个单摇接下一个完整动作，再重新开始。

（3）连续动作练习：初学者可以间隔跳，即跳一个完整动作，中间用两个单摇隔开，再接下一个完整动作。

5. 重点和难点

（1）重点：O2 的掌握。

（2）难点：把握 O2 与 C 的衔接时机和节奏。

6. 易犯错误及纠正方法

（1）易犯错误：摇绳节奏无法与跳动的节奏相匹配。

（2）纠正方法：徒手摇绳练习，在摇动过程中脚随着节奏跳动；原地微屈膝跳动练习，有腾空感。

7. 动作价值

增强体能，培养良好的身体素质，更好地锻炼手腕。

三、四摇

(一) 直摇交叉直摇直摇

1. 动作名称

直摇交叉直摇直摇，简称"OCOO"。

2. 动作做法

两手持绳，绳在身后，由后向前摇绳子的同时将身体跃起，第一次过脚双手保持直摇手势，当绳第二次到达头顶后双手即做交叉动作直至绳子第二次过脚，绳第三次经过头顶后将双手变为直摇手势并完成接下来的两次摇绳。直摇交叉直摇直摇如图10-2-50所示。具体视频见二维码10-2-50。

10-2-50 直摇交叉直摇直摇

图 10-2-50 直摇交叉直摇直摇

3. 动作要领

（1）起跳要稍高，前脚掌发力要足。

（2）交叉时手尽量贴近身体，手腕发力。

(二) 直摇交叉交叉直摇

1. 动作名称

直摇交叉交叉直摇，简称"OCCO"。

2. 动作做法

绳子置于身后，由后向前摇绳；身体跃起，一次直摇后，绳子第二次经头顶双手即做交叉动作，保持交叉动作并完成两周摇绳后，将双手变为直摇手势，完成过脚。直摇交叉交叉直摇如图10-2-51所示。具体视频见二维码10-2-51。

10-2-51 直摇交叉交叉直摇

图 10-2-51　直摇交叉交叉直摇

3. 动作要领

交叉动作时双手贴近身体，手腕发力，摇绳速度要快。

（三）交叉交叉交叉直摇

1. 动作名称

交叉交叉交叉直摇，简称"CCCO"。

2. 动作做法

绳子置于身后，双手做交叉动作；起跳后保持姿势，摇绳三周之后将双手变为直摇手势，完成过脚。交叉交叉交叉直摇如图 10-2-52 所示。具体视频见二维码 10-2-52。

10-2-52　交叉交叉交叉直摇

图 10-2-52　交叉交叉交叉直摇

3. 动作要领

做交叉动作时，手腕充分发力，速度要快，双手贴近身体。

（四）交叉直摇直摇直摇

1. 动作名称

交叉直摇直摇直摇，简称"COOO"。

2. 动作做法

绳子置于身后，双手做交叉动作；跳过一周后将双手变为直摇手势，并完成三次直摇。交叉直摇直摇直摇如图10-2-53所示。具体视频见二维码10-2-53。

10-2-53 交叉直摇直摇直摇

图10-2-53 交叉直摇直摇直摇

3. 动作要领

手尽量贴近身体，交叉后摇绳速度要逐渐加快。

（五）交叉交叉直摇直摇

1. 动作名称

交叉交叉直摇直摇，简称"CCOO"。

2. 动作做法

绳子位于身后，双手交叉，在交叉摇绳的情况下完成两次过绳，之将后双手变为直摇手势，再完成两次直摇过绳。交叉交叉直摇直摇如图10-2-54所示。具体视频见二维码10-2-54。

10-2-54 交叉交叉直摇直摇

图 10-2-54　交叉交叉直摇直摇

3. 动作要领

绳子置于身后，双手成交叉动作，完成两个交叉动作后将双手变为直摇手势，再完成两次直摇过绳。

（六）侧甩交叉直摇直摇

1. 动作名称

侧甩交叉直摇直摇，简称"SCOO"。

2. 动作做法

从基本姿势开始，绳子置于身后，由后向前摇绳，跳起同时先将绳子完成一次右（左）侧甩，再进行交叉直摇直摇。侧甩交叉直摇直摇如图 10-2-55 所示。具体视频见二维码 10-2-55。

10-2-55　侧甩交叉直摇直摇

图 10-2-55　侧甩交叉直摇直摇

3. 动作要领

(1) 绳子侧甩时，成圆形摆动，手尽量贴近身体，侧甩幅度小，速度快。

(2) 在侧甩变换交叉时，侧甩一侧的手做交叉，另一只手不动，能衔接得更顺畅。

(七) 侧甩交叉交叉直摇

1. 动作名称

侧甩交叉交叉直摇，简称"SCCO"。

2. 动作做法

基本姿势开始，绳子置于身后；起跳同时先将绳子完成一次右（左）侧甩，再将姿势换为交叉姿势完成两次交叉过绳，最后解开完成一次直摇过绳。侧甩交叉交叉直摇如图 10-2-56 所示。具体视频见二维码 10-2-56。

10-2-56 侧甩交叉交叉直摇

图 10-2-56 侧甩交叉交叉直摇

3. 动作要领

(1) 侧甩变换交叉时，侧甩的手做交叉动作，另一手不动，能更好地衔接。

(2) 侧甩幅度要小，手腕发力，手尽量靠近身体。

(八) 侧甩交叉交叉交叉

1. 动作名称

侧甩交叉交叉交叉，简称"SCCC"。

2. 动作做法

基本姿势开始，绳子置于身后；起跳同时先将绳子完成一次右（左）侧甩，再将双手变为交叉手势，尽量紧贴身体，完成三次过绳。侧甩交叉交叉交叉如图 10-2-57 所示。具体视频见二维码 10-2-57。

10-2-57 侧甩交叉交叉交叉

图 10-2-57 侧甩交叉交叉交叉

3. 动作要领

（1）三次交叉必定要手腕发力快而猛，双手要贴近身体，跳起一定高度。
（2）侧甩后衔接交叉采用手一动一静的方式，能更流畅地完成整个动作。

（九）侧甩直摇交叉交叉

1. 动作名称

侧甩直摇交叉交叉，简称"SOCC"。

2. 动作做法

从基本姿势开始，绳子置于身后；起跳同时完成一次侧甩后衔接一个直摇，之后将双手迅速变为交叉手势，连续过两次绳。侧甩直摇交叉交叉如图 10-2-58 所示。具体视频见二维码 10-2-58。

10-2-58 侧甩直摇交叉交叉

图 10-2-58 侧甩直摇交叉交叉

3. 动作要领

（1）侧甩成圆，幅度不可太大，交叉时双手紧贴身体。

（2）手腕发力，速度要快。

（十）侧甩直摇直摇交叉

1. 动作名称

侧甩直摇直摇交叉，简称"SOOC"。

2. 动作做法

从基本姿势开始，绳子置于身后；绳由后向前侧打完成一次侧甩，再连续完成两次直摇和一次交叉。侧甩直摇直摇交叉如图10-2-59所示。具体视频见二维码10-2-59。

10-2-59 侧甩直摇直摇交叉

图10-2-59 侧甩直摇直摇交叉

3. 动作要领

侧甩幅度要小，手腕发力。

（十一）侧甩侧甩交叉直摇

1. 动作名称

侧甩侧甩交叉直摇，简称"SSCO"。

2. 动作做法

从基本姿势开始，绳子置于身后；绳由后向前侧甩左右各一次后，转换交叉姿势并完成过绳一次，最后解开交叉手完成一次直摇过绳。侧甩侧甩交叉直摇如图10-2-60所示。具体视频见二维码10-2-60。

10-2-60 侧甩侧甩交叉直摇

图 10-2-60　侧甩侧甩交叉直摇

3. 动作要领

（1）第一次侧甩结束后转换时，一只手交叉，另一只手幅度不宜过大，倒腕即可。

（2）两次侧甩手尽量靠近身体完成，才能更快衔接交叉直摇。

（十二）侧甩侧甩交叉交叉

1. 动作名称

侧甩侧甩交叉交叉，简称"SSCC"。

2. 动作做法

从基本姿势开始，绳子置于身后；绳由后向前侧甩左右各一次后，转换交叉姿势并完成两次过绳。侧甩侧甩交叉交叉如图10-2-61所示。具体视频见二维码10-2-61。

10-2-61　侧甩侧甩交叉交叉

图 10-2-61　侧甩侧甩交叉交叉

3. 动作要领

（1）侧甩时幅度要小。

（2）交叉动作时手贴近身体，手腕发力摇绳。

（十三）侧甩侧甩直摇交叉

1. 动作名称

侧甩侧甩直摇交叉，简称"SSOC"。

2. 动作做法

从基本姿势开始，绳子置于身后；绳由后向前侧甩左右各一次后，完成一周直摇，再完成一周交叉过绳。侧甩侧甩直摇交叉如图10-2-62所示。具体视频见二维码10-2-62。

10-2-62 侧甩侧甩直摇交叉

图 10-2-62 侧甩侧甩直摇交叉

3. 动作要领

（1）第一次侧甩结束后转换时，一只手交叉，另一只手幅度不宜过大。

（2）交叉动作时双手靠近身体，手腕发力摇绳。

（十四）侧甩前后手交叉直摇直摇

1. 动作名称

侧甩前后手交叉直摇直摇，简称"SEOO"。

2. 动作做法

从基本姿势开始，绳子置于身后；在侧甩的基础上，大臂不动，将侧甩方向的小臂在侧甩的同时贴着身体滑到背后，掌心向后，体前手的动作不变，顺势完成这个动作，过绳后也顺势抽出背后手，换成直摇姿势完成两次过绳。侧甩前后手交叉直摇直摇如图10-2-63所示。具体视频见二维码10-2-63。

10-2-63 侧甩前后手交叉直摇直摇

图 10-2-63　侧甩前后手交叉直摇直摇

3. 动作要领

（1）前后手要在同一水平面上，拳心朝后，摇绳时手腕发力。
（2）背后手和体前手同时摇绳，两手应沿身体多向外伸。

（十五）侧甩前后手交叉交叉直摇

1. 动作名称

侧甩前后手交叉交叉直摇，简称"SECO"。

2. 动作做法

从基本姿势开始，绳子置于身后；完成侧甩后体前手保持不动，同侧手顺势滑向身体背后，两手掌心向后，同时摇绳；完成过绳后体前手不变，背后手抽出并同体前手交叉，进行交叉跳，最后解开进行直摇跳。侧甩前后手交叉交叉直摇如图 10-2-64 所示。具体视频见二维码 10-2-64。

10-2-64　侧甩前后手交叉直摇

图 10-2-64　侧甩前后手交叉交叉直摇

3. 动作要领

（1）前后手保持同一水平面，掌心朝后，摇绳时手腕发力。

（2）做前后交叉跳时两手要沿身体多向外伸。

（十六）侧甩前后手异侧胯下交叉直摇直摇

1. 动作名称

侧甩前后手异侧胯下交叉直摇直摇，简称"SE100"。

2. 动作做法

从基本姿势开始，绳子置于身后；由后向前摇绳，绳子到头顶上方时，左手（右手）迅速内旋往后背，同时双脚起跳，并抬起左腿（右腿）将右手（左手）伸入左（右）胯下，过绳后立即抽出，完成两次直摇。侧甩前后手异侧胯下交叉直摇直摇如图10-2-65所示。具体视频见二维码10-2-65。

10-2-65 侧甩前后手异侧胯下交叉直摇直摇

图10-2-65 侧甩前后手异侧胯下交叉直摇直摇

3. 动作要领

（1）抬起的腿要尽量抬高，身体保持正直，两腿不要伸得太直，尽量不要干扰绳。

（2）两手拳心始终保持向后方且动腕一致，控制摇绳节奏，不宜过快。

（十七）侧甩前后手胯下同侧交叉直摇直摇

1. 动作名称

侧甩前后手胯下同侧交叉直摇直摇，简称"SE200"。

2. 动作做法

从基本姿势开始，绳子置于身后；由后向前摇绳，绳至头顶时，左（右）手迅速内旋，背于后背腰间，双脚同时向上起跳，此时抬起右腿（左腿），并将右手（左手）伸入抬起腿的胯下，过绳后顺势抽出，完成两次直摇。侧甩前后手胯下同侧交叉直摇直摇如图10-2-66所示。具体视频见二维码10-2-66。

10-2-66 侧甩前后手胯下同侧交叉直摇直摇

图 10-2-66 侧甩前后手胯下同侧交叉直摇直摇

3. 动作要领

（1）位于身后的手和胯下的手要同时摇绳。

（2）做胯下动作时，手腕发力，摇绳速度要快。

（十八）侧甩前后手胯下异侧交叉交叉直摇

1. 动作名称

侧甩前后手胯下异侧交叉交叉直摇，简称"SE1CO"。

2. 动作做法

从基本姿势开始，绳子置于身后；由后向前摇绳，绳子到头顶上方时，左手（右手）迅速内旋往后背，同时双脚起跳，并抬起左腿（右腿）将右手（左手）伸入左（右）胯下，过绳后胯下手上移至体前，处于交叉状态，身后手搭至体前手上成交叉姿势，过绳之后完成直摇。侧甩前后手胯下异侧交叉交叉直摇如图10-2-67所示。具体视频见二维码10-2-67。

10-2-67 侧甩前后手胯下异侧交叉交叉直摇

图 10-2-67 侧甩前后手胯下异侧交叉交叉直摇

3. 动作要领

（1）抬起的腿要尽量抬高，身体保持正直，两腿也不要伸得太直。
（2）摇绳时用手腕，交叉时尽量贴近身体。

（十九）侧甩前后手同侧胯下交叉交叉直摇

1. 动作名称

侧甩前后手同侧胯下交叉交叉直摇，简称"SE2CO"。

2. 动作做法

从基本姿势开始，绳子置于身后；由后向前摇绳，绳至头顶时，左（右）手迅速内旋，背于后背腰间，双脚同时向上起跳，此时抬起右腿（左腿），并将右手（左手）伸入抬起腿的胯下，过绳后胯下手移至体前，身后手也移至体前，成交叉姿势，过绳之后完成一次直摇。侧甩前后手同侧胯下交叉交叉直摇如图 10-2-68 所示。具体视频见二维码 10-2-68。

10-2-68 侧甩前后手同侧胯下交叉交叉直摇

图 10-2-68 侧甩前后手同侧胯下交叉交叉直摇

3. 动作要领

（1）位于身后的手和胯下的手要同时摇绳。
（2）做胯下动作时，手腕发力，摇绳速度要快。

（二十）直摇背后交叉直摇直摇

1. 动作名称

直摇背后交叉直摇直摇，简称"OTOO"。

2. 动作做法

从基本姿势开始，绳子置于身后；过直摇后手顺势置于身后交叉，掌心向后贴近身体；过绳后顺势解开，完成两次直摇。直摇背后交叉直摇直摇如图 10-2-69 所示。具体视频见二维码 10-2-69。

10-2-69 直摇背后交叉直摇直摇

图 10-2-69　直摇背后交叉直摇直摇

3. 动作要领

（1）绳子过脚时不能把手打得太开，否则容易失误。
（2）双手在背后交叉时，拳心向后，切勿将绳柄的柄尖朝上。

（二十一）直摇背后交叉背后交叉直摇

1. 动作名称

直摇背后交叉背后交叉直摇，简称"OTTO"。

2. 动作做法

从基本姿势开始，绳子置于身后；过直摇后手顺势置于身后交叉，掌心向后，贴近身体；完成两次过绳后顺势解开，完成一次直摇。直摇背后交叉背后交叉直摇如图 10-2-70 所示。具体视频见二维码 10-2-70。

10-2-70　直摇背后交叉背后交叉直摇

图 10-2-70　直摇背后交叉背后交叉直摇

3. 动作要领

（1）背后交叉过绳时脚不要太开，否则易造成失误。

（2）双手在背后交叉时，拳心向后，切勿将绳柄的柄尖朝上。

（二十二）背后交叉背后交叉背后交叉直摇

1. 动作名称

背后交叉背后交叉背后交叉直摇，简称"TTTO"。

2. 动作做法

手放于身后做交叉动作准备，双手在背后交叉时，拳心向后，保持同一水平高度且指向两边，切勿将绳柄的柄尖朝上；起跳时将双脚靠紧，手腕发力，摇绳速度要快，保持动作完成三次，解开手势之后完成一次直摇。背后交叉背后交叉背后交叉直摇如图10-2-71所示。具体视频见二维码10-2-71。

10-2-71 背后交叉背后交叉背后交叉直摇

图10-2-71 背后交叉背后交叉背后交叉直摇

3. 动作要领

（1）做背后交叉摇时双脚要紧靠，以免造成失误。

（2）双手在背后交叉时，拳心向后，切勿将绳柄的柄尖朝上。

（二十三）背后交叉背后交叉直摇直摇

1. 动作名称

背后交叉背后交叉直摇直摇，简称"TTOO"。

2. 动作做法

手放于身后做交叉动作准备，双手在背后交叉时，绳柄保持同一水平高度且指向两边，切勿将绳柄的柄尖朝上；起跳时将双脚靠紧，手腕发力，摇绳速度要快，保持动作完成两次过绳，解开手势之后完成两次直摇。背后交叉背后交叉直摇直摇如图10-2-72所示。具体视频见二维码10-2-72。

10-2-72 背后交叉背后交叉直摇直摇

图 10-2-72　背后交叉背后交叉直摇直摇

3. 动作要领

（1）双手在背后交叉时，拳心向后，切勿将绳柄的柄尖朝上。

（2）做背后交叉摇时双脚要紧靠，以免造成失误。

（二十四）背后交叉直摇直摇直摇

1. 动作名称

背后交叉直摇直摇直摇，简称"TOOO"。

2. 动作做法

双手放于身后做交叉动作准备；双手在背后交叉时，拳心向后，保持同一水平高度且指向两边，切勿将绳柄的柄尖朝上；起跳时将双脚靠紧，手腕发力，摇绳速度要快，保持动作完成一次过绳，解开手势再完成三次直摇。背后交叉直摇直摇直摇如图 10-2-73 所示。具体视频见二维码 10-2-73。

10-2-73　背后交叉直摇直摇直摇

图 10-2-73　背后交叉直摇直摇直摇

3. 动作要领

（1）背后交叉起跳时双脚要紧靠，两手手腕发力同时摇绳。
（2）双手在背后交叉时，拳心向后，切勿将绳柄的柄尖朝上。

（二十五）侧甩直摇背后交叉直摇

1. 动作名称

侧甩直摇背后交叉直摇，简称"SOTO"。

2. 动作做法

基本姿势从开始，绳子放于身后；完成侧甩后接直摇，过绳的瞬间双手顺势滑至背后，成交叉姿势，手腕发力摇绳，过绳后解开交叉手势衔接直摇。侧甩直摇背后交叉直摇如图 10-2-74 所示。具体视频见二维码 10-2-74。

10-2-74 侧甩直摇背后交叉直摇

图 10-2-74 侧甩直摇背后交叉直摇

3. 动作要领

（1）侧甩时幅度要小，以更好地衔接下面的动作。
（2）背后交叉摇绳需手腕发力，切勿绳柄朝上。

（二十六）侧甩背后交叉直摇直摇

1. 动作名称

侧甩背后交叉直摇直摇，简称"STOO"。

2. 动作做法

从基本姿势开始，绳子放于身后；侧甩后一手顺势滑向身后，另一手从异侧滑向身后，做背后交叉，过绳后完成两次直摇。侧甩背后交叉直摇直摇如图 10-2-75 所示。具体视频见二维码 10-2-75。

10-2-75 侧甩背后交叉直摇直摇

图 10-2-75　侧甩背后交叉直摇直摇

3. 动作要领

（1）侧甩幅度要小，做背后交叉时双脚要紧靠。
（2）摇绳时手腕发力，背后绳柄控制在一个平面上，切勿绳柄朝上。

（二十七）侧甩异侧胯下直摇直摇

1. 动作名称

侧甩异侧胯下直摇直摇，简称"SO100"。

2. 动作做法

从基本姿势开始，绳子放于身后；在侧甩的基础上，绳子由后向前摇起时，将左腿（右腿）向右（左）抬起，双手向左（右），将右手（左手）绳柄由左脚（右脚）外侧放置在膝盖后，右脚（左脚）跳过后，再完成两次直摇。侧甩异侧胯下直摇直摇如图 10-2-76 所示。具体视频见二维码 10-2-76。

10-2-76　侧甩异侧胯下直摇直摇

图 10-2-76　侧甩异侧胯下直摇直摇

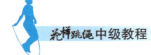

3. 动作要领

（1）抬起的腿微微屈膝，身体往抬起腿的方向转动。
（2）手在膝盖后要向上翻腕，且要摇动绳子。

（二十八）侧甩异侧胯下交叉直摇

1. 动作名称

侧甩异侧胯下交叉直摇，简称"SO1CO"。

2. 动作做法

从基本姿势开始，绳子置于身后；在侧甩的基础上，绳子由后向前摇起时，将左腿（右腿）向右（左）抬起，双手向左（右），将右手（左手）绳柄由左脚（右脚）外侧放置在膝盖后，右脚（左脚）跳过，之后一只手滑至体前，另一只手搭至体前手上成交叉姿势，跳过之后解开交叉姿势完成一次直摇。侧甩异侧胯下交叉直摇如图10-2-77所示。具体视频见二维码10-2-77。

10-2-77 侧甩异侧胯下交叉直摇

图 10-2-77 侧甩异侧胯下交叉直摇

3. 动作要领

（1）膝盖下方的手要用手腕带动摇绳，并掌握摇绳的节奏。
（2）抬起的腿微微屈膝，身体往抬起腿的方向转动。

（二十九）侧甩同侧胯下直摇直摇

1. 动作名称

侧甩同侧胯下直摇直摇，简称"SO2OO"。

2. 动作做法

从基本姿势开始，绳子置于身后；在侧甩完成后，绳子由后向前摇起时，将一只手放在抬起的同侧腿的内侧胯下，另外一只手正常地摇

10-2-78 侧甩同侧胯下直摇直摇

绳，当绳子快过脚时，支撑脚跳过，之后再完成两次直摇。侧甩同侧胯下直摇直摇如图10-2-78 所示。具体视频见二维码 10-2-78。

图 10-2-78　侧甩同侧胯下直摇直摇

3. 动作要领

（1）抬起的腿要高，膝盖微屈，身体要正直。

（2）手在膝盖后正常摇绳，掌心向前。

（三十）侧甩同侧胯下交叉直摇

1. 动作名称

侧甩同侧胯下交叉直摇，简称"SO2CO"。

2. 动作做法

从基本动作姿势开始，绳子置于身后；在侧甩完成后，绳子由后向前摇起时，将一只手放在抬起的同侧腿的内侧胯下，另外一只手正常地摇绳；当绳子快过脚时，支撑脚跳过，之后再完成一周交叉和一周直摇。侧甩同侧胯下交叉直摇如图10-2-79 所示。具体视频见二维码 10-2-79。

10-2-79　侧甩同侧胯下交叉直摇

图 10-2-79　侧甩同侧胯下交叉直摇

图 10-2-79　侧甩同侧胯下交叉直摇（续）

3. 动作要领

（1）抬起的腿要高，膝盖微曲，身体要正直。
（2）在膝盖之下的手掌心要朝前。

第三节　双人单绳和车轮跳

一、双人单绳

双人单绳是指两位跳绳者利用一根绳子，通过侧打绳的摇动，同时跳绳者在绳中或绳外完成各种转体、跳跃等动作，以此展现个人高超的绳技和两人协同配合的默契。双人单绳是花样跳绳中一种特殊的元素种类，没有对应的比赛项目，却是表演项目中必须有的板块，训练中通常会作为车轮跳的辅助练习，对车轮跳难度动作学习很有帮助。

（一）带人跳双摇

1. 动作名称

带人跳双摇。

2. 动作方法

如图 10-3-1 所示，带人者持绳，两人可面对面站立，也可同向站立，协调配合，绳子同时绕过两人身体即为完成一次动作。跳绳者可位于带人者体前或体后，可延伸出跳绳者原地转身等花样。具体视频见二维码 10-3-1。

10-3-1　带人跳双摇

图 10-3-1　带人跳双摇

3. 动作要领

两人节奏一致，相互配合。

4. 教学提示

（1）徒手跳：带人者与跳绳者原地徒手有节奏地跳跃，建立良好的节奏感。

（2）带绳练习：初学者开始采用两弹一跳，即带人者与跳绳者并脚跳跃两次，绳子过脚一次；熟练掌握以后，采用一弹一跳，即并脚跳绳一次，绳子过脚一次。

5. 重点与难点

跳绳者进绳的时机和两人节奏一致的跳跃。

6. 易犯错误及纠正方法

（1）易犯错误：进绳时机不对，带人者摇绳过快，跳绳者跳跃时机不对。

（2）纠正方法：绳向下打地就进人，两人同时起跳，放慢摇绳速度。

7. 动作价值

培养团结协作精神和默契感。

（二）双人和谐跳

1. 动作名称

双人和谐跳，简称"V"。

2. 动作方法

如图 10-3-2 所示，两名跳绳者各握绳子一端，并排站立，右边的人右手握绳，左边的人左手握绳；将绳子置于两人身后，两人同时摇绳，同时过绳。具体视频见二维码 10-3-2。

10-3-2 双人和谐跳

图 10-3-2 双人和谐跳

3. 动作要领

两人摇绳节奏一致，相互配合，起跳一致。

4. 教学提示

先原地并排各握一根短绳有节奏地练习；之后两名跳绳者各握绳子一端，慢速练习同摇跳。可从两弹一跳并脚跳开始练习，过渡至一弹一跳并脚跳，熟练后，再加快摇绳速度。

5. 重点与难点

两人同时起跳的节奏以及同时摇绳。

6. 易犯错误及纠正方法

（1）易犯错误：起跳时上体前倾，导致动作不美观；摇绳节奏不一致。

（2）纠正方法：两人身体直立，徒手原地有节奏地跳跃；多进行摇绳练习，摇绳与起跳一致。

7. 动作价值

培养良好的节奏感与默契感。

（三）一人内转360°

1. 动作名称

一人内转360°，简称"O+内360"。

2. 动作方法

如图10-3-3所示，两名跳绳者各握绳子一端，并排站立，右侧跳绳者进绳跳一次，然后原地向内（左）转体一周，回到进绳之前的位置跳跃过绳；接着左侧的跳绳者重复此动作，两人轮流进行练习。具体视频见二维码10-3-3。

10-3-3 一人内转360°

图10-3-3 一人内转360°

3. 动作要领

转身者从向下"送绳"给跳绳者跳时开始转身，转到180°时手臂上举，回到原位后摇绳给自己跳，转体时保持摇绳节奏不变。

4. 教学提示

（1）单人练习：两人分别握一根短绳，做内转360°练习。

（2）对转身动作熟练后，再练习依次跳，目的是建立良好的节奏感；之后尝试内转360°练习。

5. 重点与难点

掌握"送绳"与起跳节奏，以及转身时节奏的变化。

6. 易犯错误与纠正方法

（1）易犯错误：转身时摇绳节奏过快，导致跳绳者失误；转完之后手没有上举。

（2）纠正方法：转身速度慢一点，手臂同身体一同转动。

7. 动作价值

培养身体协调性与相互配合的能力。

（四）两人同时内转 360°

1. 动作名称

两人同时内转 360°，简称"内转 360°"或"360"。

10-3-4 两人同时内转 360°

2. 动作方法

如图 10-3-4 所示，两名跳绳者各握绳子一端，并排站立，两人把绳子由后向前摇动，同时两人向内转体一周，回到初始位置，转身时绳子在中间打空。具体视频见二维码 10-3-4。

图 10-3-4 内转 360°

3. 动作要领

两个人动作要同步，特别是转身和摇绳动作；转体后双手随绳子转动的惯性打开，还原到初始位置；转体与摇绳节奏一致，不要因为转体而忘记摇绳。

4. 教学提示

两人先做徒手转身练习，要求转身节奏一致，之后各握绳子一端慢速练习。

5. 重点与难点

转身与摇绳同步进行，转回之前手要上举。

6. 易犯错误与纠正方法

（1）易犯错误：同伴转体过快，导致摇绳速度加快，节奏不一致。
（2）纠正方法：多进行徒手转体练习。

7. 动作价值

培养团结协作能力。

（五）一人内转 180°

1. 动作名称

一人内转 180°，简称"O+180"。

2. 动作方法

如图 10-3-5 所示，两名跳绳者各握绳子一端，并排站立，转身者向内转身的同时"送绳"给跳绳者跳，转到 180°时，摇绳的手在体前做反摇交叉跳，跳过之后手上举转回原位，自己摇绳跳跃一次。具体视频见二维码 10-3-5。

图 10-3-5　一人内转 180°

3. 动作要领

转体后双手随着绳子的惯性变成体前交叉摇绳；两人摇绳节奏一致，摇绳动作随转体连贯进行。

4. 教学提示

（1）先做徒手转体摇绳动作练习，之后手持短绳进行内转 180°练习。

（2）练习时可以喊出跳绳的节奏，便于两人更好地配合；以一个八拍为例，第三拍右侧人转，第六拍左侧人转。

5. 重点与难点

摇绳与转身的节奏一致，反摇体前交叉动作到位。

6. 易犯错误与纠正方法

（1）易犯错误：转身过快导致摇绳加快，反摇体前交叉动作不到位，导致失误。

（2）纠正方法：减慢转身速度，交叉位置到位。

7. 动作价值

培养身体协调性与团结协作精神。

（六）两人同时内转 180°

1. 动作名称

两人同时内转 180°，简称"内转 180°"或"180"。

2. 动作方法

如图 10-3-6 所示，两名跳绳者各握绳子一端，并排站立，绳子置于身后；两人同时把绳子由后向前摇，接着两人同时向内转体 180°，绳子在中间打空；转完 180°两人同时在体前做单手反摇交叉摇绳并跳过身体，然后双手上举打开并转回初始位置。具体视频见二维码 10-3-6。

10-3-6　两人同时内转 180°

图 10-3-6　两人同时内转 180°

3. 动作要领

转体后双手随绳子转动惯性变成向后体前交叉反摇绳。两人转体和摇绳节奏一致，摇绳动作随转体连贯进行。

4. 教学提示

（1）先做徒手摇绳转体练习，之后手持短绳进行同时内转 180°练习。

（2）带绳练习：转体 180°变成反摇体前交叉时，绳子不过身体，双脚踩住，多练习几遍。

（3）连续动作练习：练习了双脚踩绳之后，尝试跳过，整个动作连续进行。

5. 重点与难点

摇绳与转身节奏一致，反摇体前交叉动作到位。

6. 易犯错误与纠正方法

（1）易犯错误：反摇体前交叉动作不到位，转回时双手没有往上举。

（2）纠正方法：多做徒手练习，交叉时手臂尽量往外伸。

7. 动作价值

培养身体协调性与团结合作精神。

（七）交叉跳

1. 动作名称

交叉跳，简称"C"。

2. 动作方法

如图 10-3-7 所示，两名跳绳者各握绳子一端，并排站立，绳子置于后面；一人在绳中跳，另一人配合摇绳；两人统一口令，数节奏"1，2，3，交叉"，两人握绳交叉至对侧，跳绳者前交叉过绳，摇绳者送绳交叉给跳绳者；交叉手回复原位，完成交叉跳。具体视频见二维码 10-3-7。

10-3-7　交叉跳

图 10-3-7　交叉跳

3. 动作要领

摇绳者送绳要掌握好交叉时机及送绳路线、幅度。送绳时可把自己握绳手臂看作是摇绳者的另一手臂，想象成跳绳者在体前交叉。

（八）胯下换柄

1. 动作名称

胯下换柄。

2. 动作方法

如图 10-3-8 所示，两名跳绳者各握绳子一端，面对面站立，向前摇绳。统一换柄口令，一起数"1，2，换"的节奏，握绳手臂从胯下穿过，换至另一手握绳；熟练后可以衍生出绳子同时从胯下穿过等不同的胯下换柄动作。具体视频见二维码 10-3-8。

10-3-8　胯下换柄

图 10-3-8　胯下换柄

3. 动作要领

两人要统一口令，及时掌握绳子运行路线和弧度，以及换柄时机。两人转动手腕换柄，节奏一致。

4. 教学提示

（1）徒手练习：先徒手练习单侧腿胯下动作，两人交换练习，先从外侧腿开始胯下换手。

（2）换柄练习：外侧手向前摇绳，抬起内侧腿，在胯下换柄变成内侧手摇绳。

5. 重点与难点

摇绳的节奏与抬腿换柄的时机。

6. 易犯错误与纠正方法

（1）易犯错误：摇绳过快，抬腿高度不够。

（2）纠正方法：降低摇绳速度，多做徒手练习，增加抬腿高度。

7. 动作价值

培养协调性与相互配合能力。

（九）异侧胯下跳

1. 动作名称

异侧胯下跳，简称"C1"。

2. 动作方法

如图 10-3-9 所示，两名跳绳者各握绳子一端，并排站立，绳子置于身后；外侧手向前摇绳，当绳子摇至身体下方时，抬起内侧腿，手放于胯下，另一位跳绳者直摇跳跃过绳，再将胯下的手收回。具体视频见二维码 10-3-9。

10-3-9 异侧胯下跳

图 10-3-9 异侧胯下跳

3. 动作要领

把握抬腿时机，当绳摇至胸前时抬腿，交叉后手臂顺势绕至膝下，保持绳子的饱满度，身体稍前倾。

4. 教学提示

（1）徒手带跳：原地徒手模仿整个动作过程。

（2）带绳练习：每次只跳一次，停下来，再重新开始。

（3）连续动作练习：初学者可以慢速连续练习。

5. 重点与难点

抬腿高度与膝下手臂打开角度。

6. 易犯错误与纠正方法

（1）易犯错误：抬腿高度不够，造成身体前倾过大，手臂不能绕至膝下；膝下手臂打开角度不够，造成绳子缠绕身体。

（2）纠正方法：多做原地提膝动作练习，拉伸髋关节韧带；膝下手臂尽量外伸。

7. 动作价值

发展身体协调性与反应能力。

（十）双摇交换跳

1. 动作名称

双摇交换跳。

2. 动作方法

如图 10-3-10 所示，两人并排站立，外侧手握绳柄，同时摇绳，两人同时跳起，绳子依次轮流过脚。具体视频见二维码 10-3-10。

10-3-10 双摇交换跳

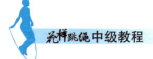

图 10-3-10　双摇交换跳

3. 动作要领

把握摇绳节奏，两人相互配合。

二、车轮跳

车轮跳又称"中国轮"，是指两名跳绳者相同方向的手共同摇动一根绳子，绳体依次交互打地，轮流完成跳绳动作的跳绳方式，因其在侧面看就像车轮在转动而得名。车轮跳要求两人高度相互配合，是很好的团体项目。

车轮跳的花样由转身、换位、交叉、多摇、力量、体操、放绳等组成，所有的花样都是在单绳花样基础之上通过叠加完成的，理论上所有的个人花样都可用车轮的形式完成。

（一）直摇

1. 动作名称

直摇，简称"O"。

2. 动作做法

如图 10-3-11 所示，两人双手持绳并排站立。第一拍，两人同时向上摇动左手带动绳体上移；第二拍，两人同时摇动右手带动绳体上时，左手绳体自然下落，左侧跳绳者顺势跳过；第三、四拍同第一、二拍动作相同，方向相反，循环重复。具体视频见二维码 10-3-11。

10-3-11　车轮直摇

图 10-3-11　直摇

3. 动作要领

（1）两小臂在体侧依次做圆周运动，并且贴近身体。

（2）在摇绳的过程中两手臂保持交替摇绳姿势。

（3）两人在跳的过程中同侧手的动作要一致。

4. 教学提示

（1）徒手轮臂练习：原地徒手模仿整个动作过程。

（2）摇绳练习：两手各握一根短绳，由后向前依次摇动绳子，要求绳子摇动的节奏相同。

（3）跳空绳练习：摇绳的节奏掌握后，试着绳子打地一次就跳动一次，速度尽量慢。

（4）踩绳练习：找到摇绳和跳绳的感觉后，先试着将摇起的绳子左右依次踩住。

5. 重点和难点

（1）重点：掌握摇绳和跳绳的节奏。

（2）难点：在跳的过程中运用手腕发力。

6. 易犯错误及纠正方法

（1）易犯错误：容易将绳子摇成同步。

（2）纠正方法：双手各持一根绳进行摇绳的练习。

7. 动作价值

培养实践判断能力和动手腕的能力。

（二）交叉

1. 动作名称

交叉，简称"C"。

2. 动作做法

如图 10-3-12 所示，在车轮直摇的基础上，当绳子摇过头顶后，两人同时将左手（右手）绳柄向右（左）在体前做交叉贴于腹部，绳子过脚后同时将右手（左手）绳柄向左（右）在体前做交叉贴于左手（右手）小臂上；绳子过脚后，先将左手（右手）绳柄翻腕向下，跳过后向左（右）打开，再将右手（左手）绳柄翻腕向下，跳过后向右（左）打开，还原成直摇。具体视频见二维码 10-3-12。

10-3-12 交叉

图 10-3-12 交叉

3. 动作要领

（1）两小臂在体前做交叉时要贴近身体。

（2）做交叉时要充分动手腕。

（3）在做交叉的过程中始终要保持好节奏。

（4）跳的时候要连续跳两次。

4. 教学提示

（1）徒手交叉轮臂练习：原地徒手模仿整个动作过程。

（2）摇绳练习：两手各握一根短绳，在体前做交叉摇绳练习，要求绳子打地的节奏相同。

（3）跳空绳练习：摇绳的节奏掌握后，试着绳子打地一次就跳动一次，速度尽量慢。

（4）踩绳练习：找到摇绳和跳绳的感觉后，试着将摇起的绳子左右依次踩住。

5. 重点和难点

（1）重点：掌握摇绳和跳绳的节奏。

（2）难点：在跳的过程中用手腕发力。

6. 易犯错误及纠正方法

（1）易犯错误：在做交叉时不能找到摇绳的感觉。

（2）纠正方法：多进行摇绳的练习，建议多做固定交叉摇绳的练习。

7. 动作价值

培养实践判断能力和动手腕的能力。

（三）内转 360°

1. 动作名称

内转 360°。

2. 动作做法

如图 10-3-13 所示，男生绳子摇过女生头顶后，男生顺势向左转身，女生向右转身，同时两人内侧手臂向前摇动，绳体下落时手臂紧贴体侧，此时绳打空不跳，两人同时转体完成 360°后，再将右手绳子向上摇起，下落时恢复到两臂依次摇绳动作，继续完成车轮。具体视频见二维码 10-3-13。

10-3-13　内转 360°

图 10-3-13　内转 360°

3. 动作要领

（1）在做转身时内侧手一定要贴紧身体。

（2）转身时动作尽量慢，身体舒展。

（3）在转回来的时候将绳子向上抬起。

（4）转动时不要偏离原来的位置。

4. 教学提示

（1）徒手进行360°左转与右转的练习。

（2）摇绳练习：两手各握一根短绳，进行360°内转的摇绳练习，要求绳子不能打到自己身体。

（3）双人单绳内转：要求两人同向手握一根绳，另外的手各握一根绳，然后进行内转360°的练习。

（4）熟练掌握后，进行内转360°的练习。

5. 重点和难点

（1）重点：在内转的过程中手要贴紧身体。

（2）难点：在转的过程中将绳子的幅度摇饱满。

6. 易犯错误及纠正方法

（1）易犯错误：做内转的时候容易将手横扫出去，导致失误。

（2）纠正方法：转的时候尽量慢下来，手尽量贴紧身体。

7. 动作价值

培养身体转动与手脚协调配合的能力。

（四）同向内转180°

1. 动作名称

同向内转180°。

2. 动作做法

如图10-3-14所示，在车轮直摇的基础上，两人同时向一个方向做180°转身，手上动作大致与同向360°相同，区别在于做此动作，当转到180°时，两人要依次跳一个反摇（向哪边转哪边先跳），跳过之后将绳子向上抬起，按原路线返回。具体视频见二维码10-3-14。

10-3-14　同向内转180°

图10-3-14　同向内转180°

3. 动作要领

（1）在转身时内侧手一定要贴紧身体。

（2）转身时动作尽量慢，身体舒展。

（3）在返回来的时候将绳子向上抬起。

（4）转动时不要偏离原来的位置。

4. 教学提示

（1）徒手进行 180°左转与右转的练习。

（2）摇绳练习：两手各握一根短绳，进行 180°左转与右转的摇绳练习，然后进行反摇练习，要求绳子不能打到自己身体。

（3）双人单绳同向转练习：要求两人同向手握一根绳，另外的手各握一根绳，然后进行同向 180°的练习。

（4）熟练掌握后，进行同向 180°的练习。

5. 重点和难点

（1）重点：在内转的过程中手要贴紧身体。

（2）难点：在转的过程中将绳子的幅度摇饱满。

6. 易犯错误及纠正方法

（1）易犯错误：内转的时候容易将手横扫出去，导致失误。

（2）纠正方法：转的时候尽量慢，手尽量贴紧身体。

7. 动作价值

培养身体转动与手脚协调配合的能力。

（五）换位

1. 动作名称

换位。

2. 动作做法

如图 10-3-15 所示，第一拍，右边的男生跳直摇；第二拍，左边的女生跳直摇；第三拍，男生向左前方跳直摇；第四拍，女生向右边跨一步跳直摇；第五拍，男生在左边跳直摇；第六拍，女生在右边跳直摇。具体视频见二维码 10-3-15。

10-3-15 换位

图 10-3-15　换位

3. 动作要领

（1）换位时要找准时机，绳子打地时不能移动，绳子快到最高点时移动最佳。
（2）移动位置要适中，不能太大或太小，移动后能顺利过绳为最佳。
（3）在移动过程中依然要保持正常摇绳姿态。
（4）移动后的位置最好是同伴站的位置。

4. 教学提示

（1）先徒手进行换位的练习。
（2）摇绳练习：两手各握一根短绳，进行换位的练习，要求绳子不能打到自己身体。
（3）双人单绳同向转练习：要求两人同向手握一根绳，另外的手各握一根绳，然后进行换位的练习。
（4）熟练掌握后，进行换位练习。

5. 重点和难点

（1）重点：换位的时机。
（2）难点：在换位过程中将绳子的幅度摇饱满，动作做得轻松自然。

6. 易犯错误及纠正方法

（1）易犯错误：在换位的时候没有将绳子摇起来，容易刷到同伴的头。
（2）纠正方法：换位的时候保持手臂放松，不要紧张，幅度可以稍大些。

7. 动作价值

培养在身体移动过程中手脚协调配合的能力。

（六）跑位

1. 动作名称

跑位。

2. 动作做法

如图10-3-16所示，第一拍，右边的男生跳直摇；第二拍，左边的女生跳直摇；第三拍，男生向左前方跳直摇；第四拍，女生向右边跨一步，绳子打空；第五拍，女生向左前方跳直摇；第六拍，男生向右边跨一步，绳子在左边打空；第七拍，男生在右边跳直摇；第八拍，女生在左边跳直摇。具体视频见二维码10-3-16。

10-3-16 跑位

图10-3-16 跑位

3. 动作要领

（1）跑位时要找准时机，绳子打地时不能够移动，绳子快到最高点时移动最佳。

（2）移动位置要适中，不能太大或太小，移动后能顺利过绳为最佳。

（3）在移动的过程中依然要保持正常摇绳姿态。

（4）移动后的位置最好是同伴站的位置。

4. 教学提示

（1）先徒手进行跑位的练习。

（2）摇绳练习：两手各握一根短绳，进行跑位的练习，要求绳子不能打到自己身体。

（3）双人单绳同向转练习：要求两人同向手握一根绳，另外的手各握一根绳，然后进行跑位的练习。

（4）熟练掌握后，进行跑位练习。

5. 重点和难点

（1）重点：跑位的时机，知道该跳哪根绳和不该跳哪根绳。

（2）难点：在跑动过程中将绳子的幅度摇饱满，动作做得轻松自然。

6. 易犯错误及纠正方法

（1）易犯错误：跑位和换位非常相似，区别在于多跳一条绳与少跳一条绳，跑位因为只跳一条绳，所以要求速度快，慢了就容易失误。

（2）纠正方法：在跑位时注意放松，步法要灵活，节奏要稳定。

7. 动作价值

培养在身体移动过程中手脚协调配合的能力，以及反应能力。

（七）叠位

1. 动作名称

叠位。

2. 动作做法

如图10-3-17所示，第一拍，右边女生在右边跳直摇；第二拍，左边的男生向右跨一步到女生身后，绳子在左边打空；第三拍，男生在女生身后，绳子在右边打空；第四拍，女生身后的男生向左跨一步在左边跳直摇，第五拍，女生在右边跳直摇，第六拍，男生在左边跳直摇。具体视频见二维码10-3-17。

10-3-17 叠位

图10-3-17 叠位

3. 动作要领

（1）做叠位时两人的位置是前后叠加的。

（2）在做叠位跳动时两腿开立，方便左右跳动时灵活。

（3）在移动的过程中依然要保持正常摇绳姿态。

（4）两人在跳动时掌握好节奏，一左一右，一前一后。

4. 教学提示

（1）先徒手进行叠位左右跳动的练习。

（2）摇绳练习：两手各握一根短绳，进行跑位左右跳动的练习，要求绳子不能打到自己身体。

（3）双人带绳同向转练习：要求两人每只手各握一根绳，共四根，前后站立，然后进行叠位左右跳的练习。

（4）熟练掌握后，进行叠位练习。

5. 重点和难点

（1）重点：在叠位左右跳动时掌控节奏。

（2）难点：在叠位的左右跳动过程中做得轻松自然。

6. 易犯错误及纠正方法

（1）易犯错误：两人叠加的位置偏离，容易导致失误；叠位时左右跳动节奏不对，导致失误。

（2）纠正方法：多进行徒手左右跳动练习。

7. 动作价值

培养在身体移动过程中手脚协调配合的能力以及反应能力。

（八）直摇内转360°

1. 动作名称

直摇内转360°，简称"O+内360"。

2. 动作做法

如图10-3-18所示，第一拍，右边的男生跳直摇；第二拍，左边的女生跳直摇；第三拍，男生跳直摇，同时；女生向右边转身；第四拍，女生转到背面，绳子在中间打空；第五拍，男生跳直摇；第六拍，女生转到正面跳直摇。具体视频见二维码10-3-18。

10-3-18　直摇内转360°

图10-3-18　直摇内转360°

3. 动作要领

（1）在转身时内侧手一定要贴紧身体。

（2）转身时动作尽量慢，舒展。

（3）在转回来的时候将绳子向上抬起。

（4）转动时不要偏离原来的位置。

4. 教学提示

（1）徒手进行 360°左转与右转的练习。

（2）摇绳练习：两手各握一根短绳，进行 360°内转的摇绳练习，要求绳子不能打到自己身体。

（3）双人单绳内转：要求两人同向手握一根绳，做内转的人外侧手再握一根绳，然后进行内转 360°的练习。

（4）熟练掌握后，进行直摇内转 360°的练习。

5. 重点和难点

（1）重点：在内转过程中手要贴紧身体。

（2）难点：在转的过程中将绳子的幅度摇饱满。

6. 易犯错误及纠正方法

（1）易犯错误：做内转的时候容易将手横扫出去，导致失误。

（2）纠正方法：转的时候尽量慢下来，手尽量贴紧身体。

7. 动作价值

培养身体转动与手脚协调配合的能力。

（九）交叉内转 360°

1. 动作名称

交叉内转 360°，简称"C+内 360"。

2. 动作做法

如图 10-3-19 所示，第一拍，右边的男生跳直摇；第二拍，左边的女生跳直摇；第三拍，男生右手向左做交叉，同时；女生向右边转身，绳子向中间打空；第四拍，女生转到背面，男生左手向右边做交叉直摇跳；第五拍，男生左手向左打开给女生摇绳，女生转身到正面跳直摇跳；第六拍，男生右手向右边打开，给自己摇绳做直摇跳。具体视频见二维码 10-3-19。

10-3-19 交叉内转 360°

图 10-3-19 交叉内转 360°

3. 动作要领

（1）在转身时内侧手一定要贴紧身体。
（2）转身时动作尽量慢，身体舒展。
（3）在转回来的时候将绳子向上抬起。
（4）转动时不要偏离原来的位置。

4. 教学提示

（1）徒手进行 360°左转与右转的练习。
（2）摇绳练习：两手各握一根短绳，进行 360°内转的摇绳练习，要求绳子不能打到自己身体。
（3）双人单绳内转：要求两人同向手握一根绳，一人单手做交叉，一人做内转 360°练习。两人熟练掌握后进行直摇内转 360°的练习。

5. 重点和难点

（1）重点：在内转的过程中手要贴紧身体。
（2）难点：在转的过程中将绳子的幅度摇饱满。

6. 易犯错误及纠正方法

（1）易犯错误：内转的时候容易将手横扫出去，导致失误。
（2）纠正方法：转的时候尽量慢，手尽量贴紧身体。

7. 动作价值

培养身体转动与手脚协调配合的能力。

（十）交叉外转 180°

1. 动作名称

交叉外转 180°，简称"C+外 180"。

2. 动作做法

如图 10-3-20 所示，第一拍，右边的男生跳直摇；第二拍，左边的女生跳直摇；第三拍，男生右手向左边做交叉，给女生摇绳，同时女生向左边转身 180°跳直摇；第四拍，女生左手给男生摇绳，同时男生左手向右边做交叉跳；第五拍，女生向右转 180°到正面，同时右手给男生摇绳，男生右手向右打开给自己摇绳跳直摇；第六拍，男生左手向左打开，给女生摇绳，同时女生跳直摇。具体视频见二维码 10-3-20。

10-3-20　交叉外转 180°

图 10-3-20　交叉外转 180°

3. 动作要领

左边跳绳者始终保持基本交叉姿势，右边跳绳者摇两次转身，连续跳三次。转身节奏保持不变。

4. 教学提示

(1) 先完成同向转体 180°，完成同步交叉。

(2) 右边跳绳者先完成第一拍右手交叉，左边跳绳者向外完成转身 180°；右边跳绳者左手向右边做交叉跳。

(3) 右边交叉跳绳者先解开交叉，左边跳绳者还原转体 180°；右边跳绳者再解开第二只手，左边跳绳者继续直摇。

5. 重点和难点

(1) 重点：转身的跳绳者外转时节奏要清晰，完成两次跳跃。

(2) 难度：反摇时动作的衔接。

6. 易犯错误及纠正方法

(1) 易犯错误：双手用力不均匀，摇绳幅度不饱满。

(2) 纠正方法：双人持绳，模拟摇绳练习，匀速、变速摇绳练习。

7. 动作价值

培养双手动作的协调能力。

（十一）小风车

1. 动作名称

同面正向单人圆周移动跳，简称"小风车"。

2. 动作做法

如图 10-3-21 所示，基本车轮开始，一人摇绳旋转，另一人以圆周方式绕其同步摇绳做车轮跳，旋转一圈并绕到原位置，即完成小风车。具体视频见二维码 10-3-21。

10-3-21 小风车

图 10-3-21 小风车

3. 动作要领

转身的跳绳者连续转身，移动跳的跳绳者围绕转身的跳绳者连续跳过，完成一周回到原地；转身节奏保持不变。

4. 教学提示

（1）先完成同向旋转360°。

（2）转身的跳绳者要保持连续转动，节奏保持稳定；移动跳的跳绳者要注意脚下绳子，抓准跳过的时机。

5. 重点和难点

（1）重点：转身的跳绳者保持连续转动的节奏。

（2）难点：移动跳的跳绳者要找准起跳时机。

6. 易犯错误及纠正方法

（1）易犯错误：转身时绳体横向摇动，双手用力不均匀，摇绳幅度不饱满。

（2）纠正方法：双人持绳，模拟摇绳练习，匀速、变速摇绳练习。

7. 动作价值

培养双手动作的协调能力，为后期完成大风车做准备。

（十二）大风车

1. 动作名称

同面正向双圆周移动跳，简称"大风车"。

2. 动作做法

如图10-3-22所示，第一拍，右边的男生跳直摇；第二拍，左边的女生跳直摇；第三拍，男生向顺时针方向转180°（同时向女生后方移动），女生向顺时针方向转180°跳过右手摇的绳子（同时向男生前方移动）；第四拍，男生向顺时针方向转180°（同时向左边移动），女生向顺时针方向转180°跳过左手摇的绳子（同时向右边移动）；第五、六、七、八拍同第三、四拍。具体视频见二维码10-3-22。

10-3-22 大风车

图10-3-22 大风车

图 10-3-22　大风车（续）

3. 动作要领

两个跳绳者同步完成转身，左边跳绳者向内转、右边跳绳者向外转，左边跳绳者在转身的同时，围绕右边转身的跳绳者旋转一周；转身节奏保持不变。

4. 教学提示

（1）先完成同向旋转 360°。

（2）转身的跳绳者要保持连续转动，节奏保持稳定；另一名跳绳者在完成转身的同时跳过摇动的绳子。

5. 重点和难点

（1）重点：转身的跳绳者保持连续转动的节奏。

（2）难点：移动跳的跳绳者要找准起跳时机。

6. 易犯错误及纠正方法

（1）易犯错误：转身时绳体横向摇动，双手用力不均匀，摇绳幅度不饱满。

（2）纠正方法：双人单手持绳，模拟完整动作；两根绳模拟摇绳练习，匀速、变速摇绳练习。

7. 动作价值

培养空间感知能力，体会双手动作的协调用力，为后期完成多摇难度动作做准备。

第四节　交互绳

一、摇绳

（一）正摇

1. 动作名称

正摇。

2. 动作做法

如图 10-4-1 所示，两名摇绳者相对站立，距离小于绳长，两臂自然屈肘，双手分别持两根绳的一端，手心相对，绳柄微翘，小臂带动手腕依次交替向内摇绳。具体视频见二维码 10-4-1。

10-4-1　正摇

图 10-4-1 正摇

3. 动作要领

绳子弧度饱满，一上一下，节奏相同。

4. 教学提示

（1）固定手型：摇空绳，两人匀速摇绳练习。
（2）两人双脚略宽于肩，屈膝。
（3）双手分别持绳的两端，手心相对，使绳柄微微上翘，以肘关节为轴心，小臂带动手腕，依次交替向内摇绳，摇起幅度饱满，绳子一上一下，互不相撞，双绳节奏相同。

5. 重点和难点

摇绳时用力均衡、饱满，摇绳时手臂运动轨迹合理。

6. 易犯错误及纠正方法

（1）易犯错误：双手用力不均匀，摇绳幅度不饱满。
（2）纠正方法：双人持绳，模拟摇绳练习，匀速、变速摇绳练习均可。

7. 动作价值

培养双手协调用力的能力。

（二）反摇

1. 动作名称

反摇。

2. 动作做法

如图 10-4-2 所示，两名摇绳者相对站立，距离小于绳长，两臂自然屈肘，双手分别持两根绳的一端，手心相对，绳柄微翘，小臂带动手腕依次交替向外摇绳。具体视频见二维码 10-4-2。

10-4-2 反摇

图 10-4-2 反摇

3. 动作要领

摇绳速度要均匀，注意掌握两绳交错时机。

4. 教学提示

（1）徒手练习：两人找准摇绳的技巧。

（2）摇单绳练习。

（3）固定手型：摇空绳，两人匀速摇绳练习。

（4）双手分别持绳的两端，手心相对，使绳柄微微上翘，以肘关节为轴心，小臂带动手腕，依次交替向外摇绳，摇起幅度饱满，绳子一上一下，互不相撞，双绳节奏相同。

5. 重点和难点

摇绳时用力均衡、饱满，摇绳时手臂运动轨迹合理。

6. 易犯错误及纠正方法

（1）易犯错误：双手用力不均匀，摇绳幅度不饱满。

（2）纠正方法：双人持绳，模拟摇绳练习，匀速、变速摇绳练习均可。

7. 动作价值

发挥自主性、创造性和想象能力。

（三）异体位摇绳

1. 动作名称

异体位摇绳。

2. 动作做法

（1）正摇：在正摇的基础上，以左转为例，在左手绳打地时左转180°，同时右脚跨过右手的绳，左脚抬起成C1（异侧胯下交叉）。左转180°，左手经体前还原至体侧摇绳，同时右手摇绳绕过胯下，还原成正摇。

（2）反摇：在反摇的基础上，以左转为例，在左手绳打地时左转180°，同时右脚跨过右手的绳，左脚抬起成C1（异侧胯下交叉）。左转180°，左手经体前还原至体侧摇绳，同时右手摇绳绕过胯下，还原成正摇。

异体位摇绳如图10-4-3所示。具体视频见二维码10-4-3。

10-4-3 异体位摇绳

图10-4-3 异体位摇绳

二、绳中力量

(一) 双手俯卧撑

1. 动作名称

双手俯卧撑。

2. 动作做法

在摇起交互绳中,跳绳者在绳中以俯卧撑的姿态,四肢撑地向上跳过绳的。双手俯卧撑如图10-4-4所示。具体视频见二维码10-4-4。

10-4-4 双手俯卧撑

图10-4-4 双手俯卧撑

3. 动作要领

(1) 俯撑起跳前要屈肘、屈膝,重心下压,身体稍放松,然后双手双脚同时发力向上起跳,要求身体有一定的腾空高度。

(2) 在起跳时要求手脚同时离地,腾空后膝盖微微往前收,双手往胸前靠。

(3) 在起跳的过程中要掌握好时机,绳子快接触地面时就起跳。

(4) 落地时注意手脚同时缓冲。

4. 教学提示

(1) 推墙练习:身体与墙保持一个夹角,双手撑住墙向后推出。

(2) 俯卧撑推手练习:在地上成俯卧撑姿态,双手做连续推地起的动作,将上半身推起,尽量起高。

(3) 俯卧撑蹬腿练习:在地上成俯卧撑姿态,双脚屈膝向下发力,将下半身顶起来,高度尽量高。

(4) 俯撑跳练习:将手脚俯卧撑起跳的动作结合在一起,同时起跳,有节奏地跳动。

(5) 绳中俯撑跳练习:熟练掌握俯撑跳后,方可在绳中进行尝试。

5. 重点和难点

(1) 重点:做到手脚同时发力,同时起跳。

(2) 难点:在绳中做到起跳的节奏与摇绳的节奏统一。

6. 易犯错误及纠正方法

(1) 易犯错误:手脚起跳不同时。

(2) 纠正方法:多进行俯卧撑推手蹬腿的练习,感觉到位后试着起跳。

7. 动作价值

培养手脚协调发力的能力。

（二）单手俯撑跳

1. 动作名称

单手俯撑跳。

2. 动作做法

在摇起交互绳中，跳绳者在绳中以单手俯卧撑的姿态，单手撑地向上跳过绳。单手俯撑跳如图 10-4-5 所示。具体视频见二维码 10-4-5。

10-4-5 单手俯撑跳

图 10-4-5　单手俯撑跳

3. 动作要领

（1）单手俯撑起跳前要屈肘屈膝，重心下压，身体稍放松，然后单手双脚同时发力向上起跳，要求身体有一定的腾空高度。

（2）在起跳时要求手脚同时离地，腾空后膝盖微微往前收，单手往胸前靠，另一手自然搭在腰后。

（3）在起跳的过程中要掌握好时机，绳子快接触地面时就起跳。

（4）落地时注意手脚同时缓冲。

4. 教学提示

（1）推墙练习：身体与墙保持一个夹角，单手撑住墙向后推出。

（2）俯卧撑推手练习：在地上成俯卧撑姿态，单手做连续推地起的动作，将上半身推起，尽量起高。

（3）俯卧撑蹬腿练习：在地上成俯卧撑姿态，双脚屈膝向下发力，将下半身顶起来，高度尽量高。

（4）俯撑跳练习：将手脚俯卧撑起跳的动作结合在一起，同时起跳，有节奏地跳动。

（5）绳中俯撑跳练习：熟练掌握单手俯撑跳后，方可在绳中进行尝试。

5. 重点和难点

（1）重点：做到手脚同时发力，同时起跳。

（2）难点：在绳中做到起跳的节奏与摇绳的节奏统一。

6. 易犯错误及纠正方法

（1）易犯错误：手脚起跳不同时。

（2）纠正方法：多进行单手俯卧撑推手蹬腿的练习，感觉到位后试着起跳。

7. 动作价值

培养手臂力量和手脚协调发力的能力。

（三）双手仰撑交换腿跳

1. 动作名称

双手仰撑交换腿跳。

2. 动作做法

在摇起的交互绳中，跳绳者起始姿态为仰撑。第一拍，屈肘屈膝向下发力，手脚同时离地，身体腾空，绳子摇过后，落地将左腿抬起，双手和右腿做支撑；第二拍，将撑地的双手和右腿发力向下，使身体腾空，绳子摇过后，落地换成右腿抬起，双手和左腿做支撑。依次循环。双手仰撑交换腿跳如图10-4-6所示。具体视频见二维码10-4-6。

10-4-6 双手仰撑交换腿跳

图 10-4-6 双手仰撑交换腿跳

3. 动作要领

（1）仰撑起跳要高，换腿要快。

（2）起跳换腿时节奏要稳。

4. 教学提示

（1）先进行仰撑交换腿不跳的练习。

（2）做仰撑双手单腿跳动不换腿的练习。

（3）动作熟练后进行一拍一动一换腿的仰撑交换腿练习。

（4）把握好节奏后尝试在绳中进行仰撑交换腿的练习。

5. 重点难点

（1）重点：在仰撑交换腿跳中做到手脚节奏一致。

（2）难点：在绳中做到仰撑交换腿跳的频率与绳子节奏一致。

6. 易犯错误及纠正方法

（1）易犯错误：手脚起跳节奏不一致。

（2）纠正方法：进行慢动作练习，做到手脚发力同时，再加快频率。

7. 动作价值

培养手臂力量和手脚协调的能力。

（四）单手仰撑交换腿跳

1. 动作名称

单手仰撑交换腿跳。

2. 动作做法

在摇起的交互绳中，跳绳者起始姿态为仰撑。第一拍，屈肘屈膝向下发力，手脚同时离地，身体腾空，绳子摇过后，落地将左腿抬起，单手和右腿做支撑；第二拍，将撑地的单手和右腿发力向下，使身体腾空，绳子摇过后，落地换成右腿抬起，单手和左腿做支撑。依次循环。单手仰撑交换腿跳如图10-4-7所示。具体视频见二维码10-4-7。

10-4-7 单手仰撑交换腿跳

图10-4-7 单手仰撑交换腿跳

3. 动作要领

（1）单手仰撑起跳要高，换腿要快。

（2）起跳换腿时节奏要稳。

4. 教学提示

（1）先进行单手仰撑交换腿不跳的练习。

（2）再进行仰撑单手单腿跳动不换腿的练习。

（3）动作熟练后进行一拍一动一换腿的单手仰撑交换腿练习。

（4）把握好节奏后尝试在绳中做单手仰撑交换腿练习。

5. 重点难点

（1）重点：在单手仰撑交换腿跳中做到手脚节奏一致。

（2）难点：在绳中做到单手仰撑交换腿跳的频率与绳子节奏一致。

6. 易犯错误及纠正方法

（1）易犯错误：手脚起跳节奏不一致。

（2）纠正方法：进行慢动作练习，做到手脚发力同时，再加快频率。

7. 动作价值

培养手臂力量和手脚协调的能力。

（五）双手前扑

1. 动作名称

双手前扑。

2. 动作做法

在摇起交互绳中，跳绳者在绳中起跳、提臀、双腿上摆或向上收腿、上体下压、双手撑地成倒立的姿态后，两小腿向后折叠，之后同时推手、顶肩、弹小腿，使双脚着地。双手前扑如图 10-4-8 所示。具体视频见二维码 10-4-8。

10-4-8 双手前扑

图 10-4-8 双手前扑

3. 动作要领

（1）此动作要先起跳提臀摆腿再用手撑地，身体要有一个腾空过程。

（2）双手撑地位置要适中：太靠前，身体立不起来；离脚太近，容易翻过去。

（3）前扑起的时候弹腿和推手要同时，使身体在空中有个腾空过程。

（4）落地时注意用前脚掌接触地面，使踝关节和膝关节能得到缓冲。

（5）整个前扑的过程要求节奏一致。

4. 教学提示

（1）倒立练习：练习者在保护下，面向墙进行倒立练习。

（2）快速摆倒立练习：学会倒立后，面向墙迅速摆倒立，要求先摆腿再撑手。

（3）倒立弹腿起练习：在倒立的基础上，进行弹腿起的练习。

（4）前扑完整练习：将快速倒立与弹腿起结合在一起训练，就是前扑跳。

（5）绳中前扑跳：动作熟练后尝试在绳中进行练习。

5. 重点和难点

（1）重点：做到先起跳摆腿再用手撑地。

（2）难点：在绳中做到前扑的节奏与摇绳的节奏统一。

6. 易犯错误及纠正方法

（1）易犯错误：先撑手再摆腿。

（2）纠正方法：将上体向下压，低到双手一伸就能够到地面的高度，以减小腾空过高对练习者造成的恐惧，然后一腿蹬一腿摆，下体一起，双手迅速着地，熟练后再慢慢提高腾空高度。

7. 动作价值

培养腿部力量与手臂力量，以及手脚协调配合的能力。

（六）单手前扑

1. 动作名称

单手前扑。

2. 动作做法

在摇起交互绳中，跳绳者在绳中起跳、提臀、双腿上摆或向上收腿、上体下压、单手撑地成倒立的姿态后，两小腿向后折叠，之后同时推手、顶肩、弹小腿，使双脚着地。单手前扑如图10-4-9所示。具体视频见二维码10-4-9。

10-4-9　单手前扑

图10-4-9　单手前扑

3. 动作要领

（1）此动作要先起跳提臀摆腿再用单手撑地，身体要有一个腾空过程。

（2）单手撑地位置要适中：太靠前，身体立不起来；离脚太近，容易翻过去。

（3）前扑起的时候弹腿和推手要同时，使身体在空中有个腾空过程。

（4）落地时注意要用前脚掌接触地面，使踝关节和膝关节得到缓冲。

（5）整个前扑的过程要求节奏一致。

4. 教学提示

（1）倒立练习：练习者在保护下，面向墙进行倒立练习。

（2）快速摆倒立练习：学会倒立后，面向墙迅速摆倒立，要求先摆腿再撑手。

（3）倒立弹腿起练习：在倒立的基础上，进行弹腿起的练习。

（4）前扑完整练习：将快速倒立与弹腿起结合在一起训练，就是前扑跳。

（5）单手前扑跳：在双手熟练后的情况下，进行单手前扑练习。

（6）绳中单手前扑练习：动作熟练后尝试在绳中进行练习。

5. 重点和难点

（1）重点：做到先起跳摆腿再用单手撑地。

（2）难点：在绳中做到前扑的节奏与摇绳的节奏统一。

6. 易犯错误及纠正方法

（1）易犯错误：先撑单手再摆腿。

（2）纠正方法：跳绳者将上体向下压，低到单手一伸就能够到地面的高度，以减小腾空过高对练习者造成的恐惧，然后一腿蹬一腿摆，下体一起，单手迅速着地，熟练后再慢慢提高腾空高度。

7. 动作价值

培养腿部力量与手臂力量,以及手脚协调配合的能力。

三、绳中体操

(一) 前滚翻进绳

1. 动作名称

前滚翻进绳,简称"G"。

2. 动作做法

在两个摇绳者保持摇绳,把两根交互绳向上举起的同时,跳绳者使用前滚翻进绳,进入绳中后迅速起立,然后摇绳者将绳落下,跳绳者迅速跳过绳子,进行其他动作的练习。前滚翻进绳如图10-4-10所示。具体视频见二维码10-4-10。

10-4-10 前滚翻进绳

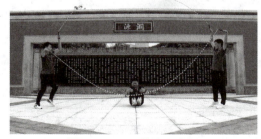

图 10-4-10 前滚翻进绳

3. 动作要领

(1) 前滚翻注意进绳时机,不能太着急,等绳子完全举起再进绳。

(2) 前滚翻要注意团身低头,收紧核心。

(3) 前滚翻要滚到中间,不能太靠近摇绳者。

4. 教学提示

(1) 先学会前滚翻。

(2) 前滚翻定点滚翻练习。

(3) 前滚翻进交互绳。

5. 重点和难点

(1) 重点:前滚翻完成动作的质量。

(2）难点：要滚到绳子中间起立跳过绳子。

6. 易犯错误及纠正方法

（1）易犯错误：前滚翻进绳起不来，或者太靠近摇绳者影响跳绳。

（2）纠正方法：徒手前滚翻练习，团身收紧身体；前滚翻定点练习。

7. 动作价值

该动作是交互绳进出绳的创新，大量练习能够增强交互绳的娱乐性以及队员的互动配合。

（二）后滚翻出绳

1. 动作名称

后滚翻出绳。

2. 动作做法

在两个摇绳者保持摇绳，把两根交互绳向上举起的同时，跳绳者使用后滚翻出绳，出绳以后迅速起立离开摇绳区域。后滚翻出绳如图10-4-11所示。具体视频见二维码10-4-11。

10-4-11 后滚翻出绳

图 10-4-11 后滚翻出绳

3. 动作要领

（1）后滚翻注意出绳时机，不能太着急，等绳子完全举起再出绳。

（2）后滚翻要注意团身低头，收紧核心。

4. 教学提示

（1）先学会后滚翻。

（2）后滚翻出交互绳练习。

5. 重点和难点

（1）重点：后滚翻技术动作的完成质量。

（2）难点：后滚翻出绳一定要远离摇绳者。

6. 易犯错误及纠正方法

（1）易犯错误：后滚翻出绳离摇绳者太近，干扰摇绳。

（2）纠正方法：徒手练习后滚翻，熟练掌握后滚翻技术动作。

7. 动作价值

增强交互绳娱乐性、观赏性，以及队员之间的互动配合。

（三）侧手翻进绳

1. 动作名称

侧手翻进绳。

2. 动作做法

跳绳者站在摇起交互绳外两米的地方，当近侧端的绳子打地而起时，跳绳者立即往摇起的绳子里面做侧手翻，此时摇绳者掌握好摇绳的速度，远侧端的绳子打地后，跳绳者翻过来站好，然后跳过近侧端的绳子。侧手翻进绳如图10-4-12所示。具体视频见二维码10-4-12。

10-4-12 侧手翻进绳

图 10-4-12 侧手翻进绳

3. 动作要领

（1）侧手翻翻转要快。
（2）侧手翻蹬腿有力，摆腿迅速。
（3）侧手翻翻过来时并腿要快，收手及时。
（4）侧手翻翻过来时要及时起跳，跳过绳。
（5）近侧端绳子打地摇起就往里面做侧手翻。
（6）摇绳者要控制好摇绳的速度和节奏，配合跳绳者完成动作。

4. 教学提示

（1）先学会侧手翻。
（2）尝试侧手翻进单绳。
（3）侧手翻进交互绳。

5. 重点和难点

（1）重点：找到侧手翻进绳的时机。
（2）难点：侧手翻进到绳子里面后再找准时机起跳。

6. 易犯错误及纠正方法

（1）易犯错误：进绳的时机不对。
（2）纠正方法：多进行侧手翻进单绳的练习。

7. 动作价值

培养对进绳时机的掌握能力。

（四）踺子进绳

1. 动作名称

踺子进绳。

2. 动作做法

跳绳者站在摇起交互绳外两米的地方，当近侧端的绳子打地而起时，跳绳者立即往摇起的绳子里面做踺子，此时摇绳者掌握好摇绳的速度，远侧端的绳子打地过后，跳绳者翻过来站好，然后跳过近侧端的绳子。踺子进绳如图 10-4-13 所示。具体视频见二维码 10-4-13。

10-4-13 踺子进绳

图 10-4-13 踺子进绳

3. 动作要领

（1）踺子翻转要快。
（2）踺子蹬腿有力，摆腿迅速。
（3）踺子翻过来时在空中并腿要快，收手及时。
（4）踺子翻过来时要及时起跳，跳过绳。
（5）近侧端绳子打地摇起就往里面做踺子。
（6）摇绳者要控制好摇绳的速度和节奏，配合跳绳者完成动作。

4. 教学提示

（1）先学会踺子。
（2）尝试踺子进单绳。
（3）踺子进交互绳。

5. 重点和难点

（1）重点：找到踺子进绳的时机。
（2）难点：踺子进到绳子里面后再找准时机起跳。

6. 易犯错误及纠正方法

（1）易犯错误：进绳的时机不对。
（2）纠正方法：多进行踺子进单绳的练习。

7. 动作价值

培养对进绳时机的掌握能力。

（五）前手翻进绳

1. 动作名称

前手翻进绳。

2. 动作做法

跳绳者站在摇起交互绳外两米的地方，当近侧端的绳子打地而起时，跳绳者立即往摇起的绳子里面做前手翻，此时摇绳者掌握好摇绳的速度，远侧端的绳子打地后，跳绳者翻过来站好，然后跳过近侧端的绳子。前手翻进绳如图10-4-14所示。具体视频见二维码10-4-14。

10-4-14 前手翻进绳

图10-4-14 前手翻进绳

3. 动作要领

（1）前手翻蹬腿有力，摆腿迅速。
（2）前手翻翻过来时并腿要快，收手及时。
（3）前手翻翻过来时要及时起跳，跳过绳。
（4）近侧端绳子打地摇起就往里面做前手翻。
（5）摇绳者要控制好摇绳的速度和节奏，配合跳绳者完成动作。

4. 教学提示

（1）先学会前手翻。
（2）尝试前手翻进单绳。
（3）前手翻进交互绳。

5. 重点和难点

（1）重点：找到前手翻进绳的时机。
（2）难点：前手翻进到绳子里面后再找准时机起跳。

6. 易犯错误及纠正方法

（1）易犯错误：进绳的时机不对。
（2）纠正方法：多进行前手翻进单绳的练习。

7. 动作价值

培养对进绳时机的掌握能力。

（六）侧空翻进绳

1. 动作名称

侧空翻进绳。

2. 动作做法

跳绳者站在摇起交互绳外两米的地方，当近侧端的绳子打地而起时，跳绳者立即往摇起的绳子里面做侧空翻，此时摇绳者掌握好摇绳的速度，远侧端的绳子打地过后，跳绳者翻过来站好，然后跳过近侧端的绳子。侧空翻进绳如图 10-4-15 所示。具体视频见二维码 10-4-15。

10-4-15 侧空翻进绳

图 10-4-15 侧空翻进绳

3. 动作要领

（1）侧空翻进绳时机要把握正确，近侧端绳子打地摇起就往里面做侧空翻。
（2）侧空翻蹬腿有力，摆腿迅速。
（3）侧空翻翻过来时要及时起跳，跳过绳。
（4）摇绳者要控制好摇绳的速度和节奏，配合跳绳者完成动作。

4. 教学提示

（1）先学会侧空翻。
（2）尝试侧空翻进单绳。
（3）侧空翻进交互绳。

5. 重点和难点

（1）重点：找到侧空翻进绳的时机。
（2）难点：侧空翻进绳子里面后再找准时机起跳。

6. 易犯错误及纠正方法

（1）易犯错误：侧空翻进绳的时机不对，以及摇绳节奏慌乱容易挂绳。
（2）纠正方法：先进行侧空翻进单绳的练习，再进行侧空翻进交互绳练习。

7. 动作价值

培养对进绳时机的掌握能力。

（七）前空翻过绳

1. 动作名称

前空翻过绳。

2. 动作做法

跳绳者站在摇起交互绳外两米的地方，当近侧端的绳子打地而起时，跳绳者立即助跑往摇起的绳子里面做前空翻飞跃绳子，此时摇绳的人掌握好摇绳的速度，可往前稍微移动，使跳绳者完全远离摇绳区域，待跳绳者平稳落地并远离摇绳区域以后再恢复摇绳。前空翻过绳如图10-4-16所示。具体视频见二维码10-4-16。

10-2-16 前空翻过绳

图 10-4-16 前空翻过绳

3. 动作要领

（1）前空翻进绳时机要把握正确，近侧端绳子打地摇起就往里面做前空翻。
（2）做前空翻时动作干脆利落，不能犹豫。
（3）摇绳者要控制好摇绳的速度和节奏，配合跳绳者完成动作。
（4）前空翻落地以后可向前移动几步，以远离摇绳区域，避免产生干扰。

4. 教学提示

（1）先学会前空翻。
（2）尝试进行前空翻进单绳练习。
（3）前空翻进交互绳练习。

5. 重点和难点

（1）重点：找到前空翻进绳的时机。
（2）难点：控制好摇绳的速度和节奏。

6. 易犯错误及纠正方法

（1）易犯错误：前空翻进绳的时机不对，以及摇绳节奏慌乱容易挂绳。

（2）纠正方法：先进行前空翻进单绳的练习，再进行前空翻进交互绳练习。

7. 动作价值

培养对进绳时机的掌握能力。

（八）单腿前空翻过绳

1. 动作名称

单腿前空翻过绳。

2. 动作做法

跳绳者在交互绳内面对一名摇绳者保持正常跳绳，当摇绳者摇起双摇的时候，跳绳者立即在绳内做一个单腿前空翻动作；摇绳者控制好摇绳节奏，待跳绳者在绳内翻转一圈平稳落地以后再恢复正常摇绳；跳绳者迅速跳过近侧端绳子。单腿前空翻过绳如图 10-4-17 所示。具体视频见二维码 10-4-17。

10-4-17 单腿前空翻过绳

图 10-4-17 单腿前空翻过绳

3. 动作要领

（1）单腿前空翻起跳时间把握正确，双摇绳开始打地就做单腿前空翻。

（2）做单腿前空翻的时候动作干脆利落，不能犹豫。

（3）摇绳者要控制好摇绳的速度和节奏，配合跳绳者完成动作。

（4）单腿前空翻控制好力度，不能太过前冲。

4. 教学提示

（1）先学会单腿前空翻。

（2）单腿前空翻过单绳。

（3）单腿前空翻出交互绳

（4）交互绳内单腿前空翻。

5. 重点和难点

（1）重点：掌握开始做单腿前空翻的时机。

（2）难点：在单腿前空翻平稳落地以后不挂绳。

6. 易犯错误及纠正方法

（1）易犯错误：前空翻过早或者过晚，以及落地以后脚步慌乱发生踩绳。
（2）纠正方法：在单绳里面练习单腿前空翻，培养节奏感。

7. 动作价值

培养对时机的掌握能力和身体协调能力。

四、绳中舞蹈步伐

（一）开合跳

1. 动作名称

开合跳。

2. 动作做法

在摇起的交互绳中，跳绳者做开合动作，当一根绳子过脚置于空中时，两脚分开与肩同宽，当另一根绳子打地快过脚时，两脚并拢跳过绳，一拍一动，完成开合跳。开合跳如图 10-4-18 所示。具体视频见二维码 10-4-18。

10-4-18 开合跳

图 10-4-18　开合跳

3. 动作要领

（1）脚步打开时双脚分开，与肩同宽。
（2）脚步开合时，由绳子先过脚再打开，由开到合，先合两脚再过绳。
（3）由开到合时上体保持正直，掌握节奏。

4. 教学提示

（1）徒手跳：站在原地徒手模仿开合跳动作过程。
（2）绳外动作练习：在基础摇绳姿势上熟悉开合跳动作后，可站在交互绳外跟随节奏模仿练习。
（3）绳中动作练习：动作熟练后即可在绳中进行练习。

5. 重点和难点

把握开与合过绳的时机和节奏。

6. 易犯错误及纠正方法

（1）易犯错误：脚步开与合过绳的时机把握不准；控制不住绳子的节奏，把握不住开与合的时间差。

（2）纠正方法：由开到合时绳子先过脚，由开到合时先合两脚再过绳。

7. 动作价值

培养身体协调能力和节奏感。

（二）弓步

1. 动作名称

交互绳弓步跳，简称"弓步"。

2. 动作做法

在摇起的交互绳中，跳绳者做弓步跳动作，当一根绳子过脚置于空中时，两脚分开成弓步，当另一根绳子打地快过脚时，两脚并拢跳过绳，一拍一动，完成弓步跳。弓步如图10-4-19所示。具体视频见二维码10-4-19。

10-4-19 弓步

图10-4-19 弓步

3. 动作要领

（1）脚步打开时前一只脚落地，膝盖弯曲角度为30°～60°，后面的脚必须伸直并且脚跟不能着地；两脚的间距在20厘米左右。

（2）脚步成弓步时，由绳子先过脚再打开；由弓步到合时，先合两脚再过绳。

（3）要求做动作时上体保持正直，自然放松，掌握好节奏。

4. 教学提示

（1）徒手跳：站在原地徒手模仿弓步跳动作。

（2）绳外动作练习：在基础摇绳姿势上熟悉弓步动作后，可站在交互绳外跟随节奏进行模仿练习。

（3）绳中动作练习：动作熟练后即可在绳中进行弓步跳练习。

5. 重点和难点

把握弓步跳过绳的时机和节奏。

6. 易犯错误及纠正方法

（1）易犯错误：脚步弓步与过绳的时机把握不准；控制不住绳子的节奏，把握不住弓与合的时间差。

（2）纠正方法：由弓到合时绳子先过脚再做弓步；由弓到合时先合两脚再过绳。

7. 动作价值

培养身体协调能力和节奏感。

（三）并脚左右跳

1. 动作名称

并脚左右跳。

2. 动作做法

在摇起的交互绳中，跳绳者做左右跳动作，绳子过脚置于空中时，双脚并拢向左、右跳，一拍一动，左右两边各跳四次。并脚左右跳如图10-4-20所示。具体视频见二维码10-4-20。

10-4-20 并脚左右跳

图 10-4-20　并脚左右跳

3. 动作要领

（1）并脚左右跳时，间距不宜过长，保持与肩同宽最好，同时要一直并脚。

（2）并脚左右跳时绳子先过脚再落地。

4. 教学提示

（1）徒手跳：站在原地徒手模仿左右跳动作。

（2）绳外动作练习：在基础摇绳姿势上熟悉并脚左右跳动作后，可站在交互绳外跟随节奏进行模仿练习。

（3）绳中动作练习：动作熟练后即可在绳中进行并脚左右跳练习。

（4）做左右跳时，踝关节与膝关节注意放松，控制好节奏与时机，用前脚掌着地，富有弹性；注意身体直立姿态眼视前方，面带微笑。

5. 重点和难点

把握并脚左右跳过绳的时机和节奏。

6. 易犯错误及纠正方法

（1）易犯错误：跳起过绳的时机把握不准；控制不住绳子的节奏。

（2）纠正方法：先进行单绳的左右跳练习，把握绳打地的时机。

7. 动作价值

培养身体协调能力和节奏感。

（四）并脚前后跳

1. 动作名称

并脚前后跳。

2. 动作做法

在摇起的交互绳中，跳绳者做前后跳动作，绳子过脚置于空中时，双脚并拢向前、后边跳，一拍一动，前后两边各跳四次。并脚前后跳如图10-4-21所示。具体视频见二维码10-4-21。

10-4-21 并脚前后跳

图10-4-21 并脚前后跳

3. 动作要领

（1）并脚前后跳时，间距不宜过长，且一直保持并脚。

（2）并脚前后跳时绳子先过脚再落地。

4. 教学提示

（1）徒手跳：站在原地徒手模仿前后跳动作。

（2）绳外动作练习：在基础摇绳姿势上熟悉并脚前后跳动作后，可站在交互绳外跟随节奏进行模仿练习。

（3）绳中动作练习：动作熟练后即可在绳中进行并脚前后跳练习。

5. 重点和难点

把握并脚前后跳过绳的时机和节奏。

6. 易犯错误及纠正方法

（1）易犯错误：脚步前后与过绳的时机把握不准；控制不住绳子的节奏，把握不住前与后的时间差。

（2）纠正方法：先过绳再向前、向后落地。

7. 动作价值

培养身体协调能力和节奏感。

(五) 并腿跳

1. 动作名称

并腿跳。

2. 动作做法

摇绳者在基本交互绳摇绳基础上匀速摇绳，跳绳者进入交互绳里面，当绳体接触到地面时，双脚并拢跳跃过绳，交互绳打地一次跳过一次。并腿跳如图 10-4-22 所示。具体视频见二维码 10-4-22。

10-4-22 并腿跳

图 10-4-22 并腿跳

3. 动作要领

（1）摇绳者控制好摇绳节奏，匀速摇绳，不可过快或过慢。

（2）跳绳者双脚并拢向上跳，落地时只需前脚掌着地。

（3）绳子打地就向上跳一次。

4. 教学提示

（1）摇空绳，两个摇绳者跟随音乐节奏摇绳，熟悉绳感。

（2）跳绳者站在原地徒手并腿跳模仿整个动作过程。

（3）进行单绳并腿跳练习。

（4）进行交互绳并腿跳练习。

5. 重点和难点

把握并脚跳过绳的时机和节奏。

6. 易犯错误及纠正方法

（1）易犯错误：摇绳者节奏无法与跳绳的节奏相匹配。

（2）纠正方法：跳绳者站在摇绳区域旁徒手跳，同时摇绳者保持摇绳，双方同时喊口号，直到节奏统一，再进绳练习。

7. 动作价值

该动作是交互绳练习的基础，大量的练习能够培养良好的绳感。

(六) 提膝跳

1. 动作名称

提膝跳。

2. 动作做法

摇绳者在基本交互绳摇绳基础上匀速摇绳，跳绳者进入交互绳里面，当绳子过脚一拍时，其中一脚向上提膝，另外一只脚直立跳跃过绳，绳子过第二拍时还原并脚跳过绳，反之为另外一只脚动作。一拍一动，左右各四次，完成提膝跳。提膝跳如图 10-4-23 所示。具体视频见二维码 10-4-23。

10-4-23 提膝跳

图 10-4-23 提膝跳

3. 动作要领

（1）摇绳者控制好摇绳节奏，匀速摇绳，不可过快或过慢。

（2）脚步打开时一只脚落地并跳过绳子，另一只脚置于空中；一脚向同一侧摆动，另外一脚直立跳跃过绳；反之为另外一脚动作。一拍一动。

（3）脚步成勾脚时，绳子先过脚再打开。

4. 教学提示

（1）摇空绳，两个摇绳者跟随音乐节奏摇绳，熟悉绳感。

（2）跳绳者站在原地徒手提膝跳模仿整个动作。提膝跳时，下肢部位踝关节绷直，与膝关节水平垂直，大腿与地面平行，控制好节奏与时机，做到前脚掌着地；注意身体成直立姿态，眼视前方，面带微笑。

（3）进行单绳提膝跳练习。

（4）进行交互绳提膝跳练习。

5. 重点和难点

把握提膝过绳的时机和节奏。

6. 易犯错误及纠正方法

（1）易犯错误：提膝与过绳的时机把握不准；跳绳者节奏容易慌乱，把握不住提膝与合腿的时间差。

（2）纠正方法：绳子先过脚再提膝。

7. 动作价值

培养实践判断能力。

（七）勾脚跳

1. 动作名称

勾脚跳。

2. 动作做法

摇绳者在基本交互绳摇绳基础上匀速摇绳，跳绳者进入交互绳里面，背部挺直，目视前方，绳子过脚同时一侧脚向前伸出，脚尖勾起，脚跟点地，再次过绳时还原成并脚动作，双脚依次完成勾脚跳。勾脚跳如图10-4-24所示。具体视频见二维码10-4-24。

10-4- 勾脚跳

图10-4-24 勾脚跳

3. 动作要领

绳子过脚时一侧脚向前伸出，脚尖勾起，脚跟点地。

4. 教学提示

（1）徒手脚步练习。

（2）慢节奏持绳练习。

（3）有节奏地正常速率练习。

5. 重点和难点

把握勾脚过绳的时机和节奏。

6. 易犯错误及纠正方法

（1）易犯错误：过绳时机把握不准，过绳节奏不准确。

（2）纠正方法：脚跟点地时两脚同时离地。

7. 动作价值

培养协调能力。

（八）交叉跳

1. 动作名称

交叉跳。

2. 动作做法

摇绳者在基本交互绳摇绳基础上匀速摇绳，跳绳者进入交互绳里面，绳子过脚时双腿打开与肩同宽，然后双腿交叉再打开，最后还原成并脚动作。交叉跳如图10-4-25所示。

具体视频见二维码10-4-25。

图 10-4-25　交叉跳

3. 动作要领

绳子过脚时双腿打开与肩同宽，然后双腿交叉再打开，注意过绳时机。

4. 教学提示

（1）空绳跳交叉跳。

（2）慢节奏持绳跳交叉跳。

5. 重点和难点

双腿打开再交叉，交叉可多一点，舒展开，手臂动作自然放松。

6. 易犯错误及纠正方法

（1）易犯错误：过绳时机把握不准，过绳节奏不准确。

（2）纠正方法：找准过绳时机。

7. 动作价值

激发学习兴趣。

（九）钟摆跳

1. 动作名称

钟摆跳。

2. 动作做法

左右摆动，膝盖踝关节和脚绷直，身体垂直地面，摆动脚与地面成45°。钟摆跳如图10-4-26所示。具体视频见二维码10-4-26。

图 10-4-26　钟摆跳

3. 动作要领

膝盖踝关节和脚绷直。

4. 教学提示

（1）徒手练习：膝盖踝关节和脚绷直，身体垂直地面，摆动脚与地面成 45°。

（2）单手摇绳练习。

（3）带绳练习：绳子在空中时脚摆开。

5. 重点和难点

绳子在空中时脚摆开，膝盖踝关节和脚绷直，找准过绳节奏。

6. 易犯错误及纠正方法

（1）易犯错误：摆动时脚易打到绳子。

（2）纠正错误：找准节奏，注意过绳时机。

7. 动作价值

培养良好的绳感。

第五节　长　绳

一、进出绳

1. 动作名称

进出绳。

2. 动作方法

如图 10-5-1 所示，两个摇绳相对而立，用同一个方向的手持绳子，拉开适当的距离后绳子向跳绳者由内向下向外向上起摇。跳绳者可面对绳子也可斜对着摇绳，当绳子摇到最高点时，跳绳者向前小碎步调整时机，当长绳即将打底时起跳，长绳摇过即完成一次动作。跳绳者落在正中央，跳绳者以相同的节奏在长绳里完成相应的动作，动作完成后，待绳子再次摇起，在绳子打地前跳绳者往前跳出并小碎步离开即完成出绳。具体视频见二维码 10-5-1。

10-5-1　进出绳

图 10-5-1　进出绳

3. 动作要领

跳绳的节奏和摇绳的节奏要一致，进出绳是跳进和跳出。

4. 教学提示

（1）徒手跳：正常地摇动长绳，跳绳者原地徒手有节奏地跳跃，建立良好的节奏感。

（2）跳荡绳练习：摇绳者将绳子相对自己左右荡起，跳绳者进绳后，以相应的节奏起跳，让绳子在自己脚下荡过；主要练习跳绳者的节奏和起跳的时机。

5. 重点与难点

（1）重点：进出绳的时机。

（2）难点：动作熟练和进出自如。

6. 易犯错误及纠正方法

（1）易犯错误：进绳时机不对，跳绳者碎步进绳后再起跳；出绳时最后一跳落地后再跑出去。

（2）纠正方法：当绳子正常摇起时，跳绳者跳进绳中完成动作后跳出。

7. 动作价值

有利于掌握正确的进出绳方法，为之后的难度动作打下基础。

二、绳中绳

1. 动作名称

绳中绳。

2. 动作方法

如图 10-5-2 所示，跳绳者手持绳子正对摇绳方向做好准备，两个摇绳相对而立，用同一个方向的手持绳子，拉开适当的距离后绳子向跳绳者由内向下向外向上起摇。当绳子正常摇起后，绳子打地再次起摇时，跳绳者跟着起动短绳，节奏方向和长绳一致，绳子摇到最高时，跳绳者往前走调整时机，绳子往下摇时，看准时机起跳，让长短绳子同时过脚。具体视频见二维码 10-5-2。

10-5-2 绳中绳

图 10-5-2 绳中绳

3. 动作要领

短绳的节奏要和长绳一致。

4. 教学提示

初学者的节奏应适当放慢,绳往上摇时带绳者双手举高可降低摇速。

5. 重点与难点

(1) 重点:带绳者起动绳子的时机;短绳的节奏和长绳的节奏要一致。

(2) 难点:动作熟练,运用自如。

6. 易犯错误及纠正方法

(1) 易犯错误:短绳起动时的节奏偏快或者偏慢。

(2) 纠正方法:绳中绳分开练习,跳绳者可以在准备的位置上尝试跟长绳的节奏跳短绳,熟悉之后再组合绳中绳。

7. 动作价值

培养跳绳者的节奏感,为下一步绳中绳多摇花样打下基础;具有一定的观赏价值。

三、彩虹绳

1. 动作名称

彩虹绳。

2. 动作方法

如图 10-5-3 所示,由两根或两根以上的长绳组成的绳中绳,即为彩虹。跳绳者持绳准备,最外边的一组摇起长绳后,第二组以相同的节奏起动摇绳,待节奏稳定后跳进长绳中,同样第三、第四组以相同的方法跳进长绳,最后一位跳绳者看准时机起动短绳跳进绳中,即形成了彩虹。具体视频见二维码 10-5-3。

10-5-3 彩虹绳

图 10-5-3 彩虹绳

3. 动作要领

手臂抬高,摇绳要慢。

4. 教学提示

一组起动摇绳并稳定后,准备组待上一组的绳子打地就起动摇绳。

5. 重点与难点

(1) 重点:摇绳的节奏要一致,相互配合。

(2) 难点:动作熟练,出入自如。

6. 易犯错误及纠正方法

(1) 易犯错误:起动摇绳和进绳的时机不对,起动摇绳与进绳的时机过早或过晚,易导致挂绳。

(2) 纠正方法:多次尝试练习,找到起动摇绳的最佳时机。

7. 动作价值

培养团结协作精神,具有一定的观赏价值。

四、绳网

1. 动作名称

绳网。

2. 动作方法

如图 10-5-4 所示,三组或三组以上的绳子一一对应,然后绳子和人相互交错,各绳子相交于中点,绳子统一向外起摇。待绳子稳定后,跳绳者找准时机跳进绳中完成相应的动作后停绳,然后抓取长绳交结处向上举高。与此同时,摇绳者迅速移动到跳绳者的四周,下蹲把绳子拉直,即形成了绳网。具体视频见二维码 10-5-4。

10-5-4 绳网

图 10-5-4 绳网

3. 动作要领

起动摇绳和摇绳的节奏要一致。

4. 教学提示

(1) 绳网的绳应稍长,为 6~9 米。

(2) 长绳要相互交错于一点。

5. 重点与难点

（1）重点：起动摇绳和摇绳的节奏要一致。

（2）难点：能熟练起动摇绳和控制摇绳。

6. 易犯错误及纠正方法

（1）易犯错误：摇绳的节奏混乱，甚至没有节奏。

（2）纠正方法：增加摇绳次数，增强摇绳感。

7. 动作价值

培养团结协作精神和默契感，具有一定的观赏价值。

五、三角绳阵

1. 动作名称

三角绳阵。

2. 动作方法

如图 10-5-5 所示，用三根等长的绳子围成一个等边三角形，三个摇绳者分别站在三角形的三个角上，双手分别握住两根绳的绳柄，跳绳者分别在等边三角形的三边做好准备，绳同时向三角形内部起摇，待绳稳定后跳绳者同时进绳完成相应的动作后停绳。具体视频见二维码 10-5-5。

10-5-5 三角绳阵

图 10-5-5 三角绳阵

3. 动作要领

三根绳起动和摇绳的节奏要一致。

4. 教学提示

（1）摇绳的三根绳子要等长。

（2）跳绳者可同时在绳中做腾空分腿、转身 360° 等动作。

5. 重点与难点

（1）重点：把握进绳统一的时机。

（2）难点：三根摇绳的统一性和连续性。

6. 易犯错误及纠正方法

（1）易犯错误：三个跳绳者进绳的时机不统一导致挂绳。

（2）纠正方法：指定一个人数节奏，规定进绳顺序。

7. 动作价值

发展跳跃、协调、判断能力，培养团结协作精神。

参 考 文 献

[1] 何谷. 我国跳绳赛事模式的创新研究［D］. 成都：成都体育学院，2023.
[2] 李高杰. 上海市跳绳赛事品牌培育研究［D］. 上海：上海体育学院，2022.
[3] 王义勇. PDCA 模型视域下云南省校园跳绳赛事开展与优化路径研究［D］. 昆明：云南师范大学，2022.
[4] 陈冰洁. 我国跳绳联赛发展的调查研究［D］. 乌鲁木齐：新疆师范大学，2021.
[5] 郭思化. 全国跳绳联赛赛事运作的态势研究［D］. 上海：上海体育学院，2020.
[6] 王奉涛. 花样跳绳初级教程［M］. 镇江：江苏大学出版社，2015.
[7] 蔡颖敏，张燕，刘利. 跳绳运动：高校跳绳教程［M］. 上海：上海财经大学出版社，2021.
[8] 田麦久. 运动训练学［M］. 北京：高等教育出版社，2006.
[9] 王守中. 跳绳［M］. 北京：人民体育出版社，1980.
[10] 白晋湘. 民族民间体育［M］. 北京：高等教育出版社，2010.
[11] 刘树军. 花样跳绳［M］. 北京：高等教育出版社，2013.